Bibliografische Information der Deutschen Nationalbibliothek
Die Deutsche Nationalbibliothek verzeichnet diese Publikation
in der Deutschen Nationalbibliografie,
detaillierte bibliografische Daten sind im Internet
über http.//dnb.dnb.de abrufbar.

Coverbild Teil 1 und Teil 2 · Grafik: Julia Koller

Julia Koller on Balance

www.behance.de ·www.malt.de

Herstellung und Verlag:

BoD – Books on Demand, Norderstedt b. Hamburg 2024

ISBN 9783757891299

Hans-Jürgen Stöhr

Spiritualität · Digitalisierung · Digitalität
Lebenswelten unserer Zeit

Kräfte kulturellen Wandels
im Zeitalter der Künstlicher Intelligenz
Teil 1

Im Jubiläumsjahr 2024
zu Ehren eines deutschen Philosophen
anlässlich seines 300. Geburtstages

IMMANUEL KANT
(1724–1804)

Was ist Aufklärung?

*„Aufklärung ist der Ausgang des Menschen aus seiner
selbstverschuldeten Unmündigkeit.*

Unmündigkeit ist das Unvermögen, sich
seines Verstandes ohne Leitung eines anderen zu bedienen.
Selbstverschuldet ist diese Unmündigkeit, wenn die Ursache derselben
nicht am Mangel des Verstandes, sondern der Entschließung und des
Mutes liegt, sich seiner ohne Leitung eines andern zu bedienen. Sapere aude!
Habe Mut, dich deines *eigenen* Verstandes zu bedienen! ist also
der Wahlspruch der Aufklärung.“

Berlinische Monatszeitschrift
Dezemberheft 1784, S. 481-494

Spiritualität · Digitalisierung · Digitalität

Brauchen wir ein neues Verständnis
über unser modernes Leben?

Was passiert,
wenn Spirituelles und Digitales aufeinandertreffen?

Was macht zwischen Spirituellem und Digitalem
das Verbindende und Trennende aus?

Wie viel Künstliche Intelligenz tut dem Menschen gut?

Wohin geht der Mensch?

Brauchen wir eine neue, auf Spiritualität und Digitalität
ausgerichtete Lebenskultur?

Ist die Zeit reif für eine Ethik des spirituellen und
digitalen Humanismus?

„Nach einer Zeit des Verfalls kommt die Wendezeit.
Das starke Licht, das zuvor vertrieben war,
tritt wieder ein.
Es gibt Bewegung. Diese Bewegung ist aber nicht erzwungen [...]
Es ist eine natürliche Bewegung, die sich von selbst ergibt.
Darum ist die Umgestaltung des Alten auch ganz leicht.
Altes wird abgeschafft, Neues wird eingeführt,
Beides entspricht der Zeit und bringt daher keinen Schaden."

Aus dem Buch der Wandlungen I Ging
zitiert von Fritjof Capra in
Wendezeit. Bausteine für ein neues Weltbild
S. VII, Scherz Verlag 1990

INHALT

Zweiter Teil

Spiritualität · Digitalität · Humanität · Resonanz
Werte neuzeitlichen Lebens

VORWORT

Beginn einer *ver*rückten Idee

Es muss eine *ver*rückte Eingebung gewesen sein, als ich zur Corona-Zeit intuitiv die Phänomene Spiritualität und Digitalisierung in Beziehung setzte. Was sollte sie miteinander verbinden? Beide haben ihren Platz in der Gesellschaft mit einer jeweils eigenen Geschichte. Mir fiel anfänglich nichts dazu ein. Ich war neugierig herauszufinden, welche Gedanken freigesetzt werden, wenn ich die Spiritualität und die Digitalisierung unserer Lebenswelt verknüpfen würde.

Es hatte sich bei mir die Idee festgesetzt, dass es zwischen dem Spirituellen und Digitalen eine reale Verbindung gegeben müsste und es sich philosophisch – dialektisch wie ethisch – lohnen würde, den Zusammenhang, eine Wechselwirkung ausfindig zu machen.

Je mehr ich mir Zeit nahm, eine Verbindung zwischen Digitalisierung und Spiritualität erkennen und beide Phänomene in den aktuellen gesellschafts-(gesundheits-)politischen Kontext stellen zu wollen, desto stärker wuchs die Gewissheit, dass sich zwischen ihnen eine Schnittmenge gegenseitiger Wirksamkeit aufdecken lassen würde.

Es war für mich eine herausfordernde Verlockung, durch Inspiration oder Intuition gespeist, durch die Corona-Pandemie angestoßen und durch die Politik aufgefordert, die Digitalisierung schneller auf den Weg zu bringen, mit dem Digitalen Spirituelles und umgekehrt erfahrbar zu machen.

Mir war bewusst, dass die Suche nach einer bestehenden Wechselbeziehung einem Abenteuer glich, ohne zu wissen, ob sich die Mühe des Nachforschens jemals lohnen würde. Ein positives Ergebnis analytischer, deskriptiv-philosophischer Arbeit konnte ich bei bestem Wohlwollen nicht antizipieren. Es war lediglich die Idee geboren. Sie hatte sich unwiderruflich in meinem Kopf festgesetzt, hierzu ein Manuskript zu verfassen und die vierten Rostocker Philosophischen Tage[1] über den Wirkungszusam-

---

[1] Seit 2016 finden in Rostock die Philosophischen Tage statt. Die ersten Rostocker Tage waren der Frage nach dem guten Leben gewidmet. Die Philosophischen Tage 2018 stellten die Gesundheit in das Zentrum des Diskurses. Für 2020 – aufgrund der Corona-Pandemie auf 2022 verschoben – stand das Altern und Jungbleiben im Mittelpunkt des Philosophierens.

menhang zwischen Spiritualität und Digitalisierung durchzuführen zu wollen. Ich empfand die Herstellung eines derartigen Zusammenhangs als etwas Besonderes und war überzeugt, dass es viele geben würde, die ebenfalls neugierig waren, in einem öffentlichen Diskurs über die Spiritualität *und* Digitalisierung unserer Lebenswelt zu philosophieren.

So hatte ich mir Aufgabe gestellt, mich dem dialektischen Zusammenspiel von Spirituellem und Digitalem zu nähern – und das bei dem Wissen, dass der gegenseitige Einfluss vor etwa dreihundert oder gar erst vor einhundert Jahren seinen Anfang nahm.

Eine Verbindung zwischen ihnen gab es lange Zeit nicht, weil 70.000 Jahre menschliche Geschichte als eine Geschichte des Spirituellen ohne das Digitale verliefen. Die Digitalisierung unserer Lebenswelt, wie wir sie heute kennen, war schlicht und einfach in unserem Leben nicht präsent.

Die Kernthese, mit der ich schwanger ging, folgte der Überlegung, dass die Spiritualität sich als eine Geisteskraft zeigt und wie ein Katalysator wirken muss, um der Gefahr einer ausufernden, unbeherrschbaren Digitalisierung Einhalt zu gebieten. Ich hatte mir die Aufgabe gestellt, diese These zu verifizieren und der Idee nachzugehen, dass im gesunden, von Humanismus getragenen Spiritualismus die Kraft einer Neutralisierung digitaler Ungezügeltheit steckt und zur Wirkung zu bringen ist.

Dabei war es mir wichtig, nicht nur Spirituelles mit Digitalen zu knüpfen, zwischen ihnen Zusammenhänge und Wechselwirkungen aufzudecken, sondern aus der dialektischen Deskription auch die Frage aufzuwerfen: Brauchen wir angesichts eines wachsenden Zusammenspiels beider eine weiterzuführende Ethik, die einen spirituellen und digitalen Humanismus zum Inhalt hat?

Das vorliegende Manuskript verfolgt den Charakter eines philosophischen Sachbuches. Es ist primär für jene geschrieben, die Freude am Philosophieren haben und für jene, die an der beschriebenen Verknüpfung von Spirituellem und Digitalem Interesse zeigen. Es gibt drei Gründe für den teilweise etwas schwerfälligen Zugang zu den Texten:

Erstens. Es ist der Versuch einer philosophischen Annäherung zwischen Spiritualität und einer sich digitalisierenden Lebensgestaltung, der allein in der Sache schwer zu vermitteln ist, weil jeder, der damit konfrontiert wird, sich fragt, was das eine mit dem anderen zu tun hat. Es braucht seine Zeit, den ersten Gedanken einer Verbindungslosigkeit zwischen dem Spirituellen und Digitalen aufzulösen und sich dieser Problematik nähern zu wollen. *Zweitens.* Im philosophischen Diskurs wird hinsichtlich der Logik und Tiefe der Abhandlungen deutlich, dass wir es mit einer *dialektischen* Beziehung zu tun haben, die in der Darstellung wie im Verstehen die Dialektik als Denkprinzip einfordert, um der realen (objektiven) Dialektik in und zwischen dem Spirituellen und Digitalen gerecht zu werden. *Drittens.* Sachverhalte, Gegebenheiten, Prozesse dialektisch zu beschreiben, d. h. in Bedingtheit und Bestimmtheit, in Kausalität, Veränderung und Entwicklung sowie in einer sich ein- wie ausschließende Gegensätzlichkeit abzubilden, ist an sich schon ein schwieriges Unterfangen. Das dialektische Denken und die bewusste Anwendung der Dialektik als Methode zur theoretischen Widerspiegelung unserer Lebenswirklichkeit ist uns Menschen nicht a priori in die Wiege gelegt. Es muss regelrecht erarbeitet werden. Das Alltagsdenken, das vielfach von linearen Kausalitäten lebt und uns nicht selten zu einem animistischen Denken verführt, zwingt uns nicht immer ein dialektisches Denken ab. Dennoch bleibt es mein Anspruch, dialektische Lebenswirklichkeiten mittels adäquater Theorie und Methode, d. h. dialektisch, zum Ausdruck zu bringen.

Dafür gab es nach meinem Dafürhalten zur Zeit der Corona-Pandemie, wie über ihren Ursprung, ihre Wirkungsweise und Umgang mit ihr gedacht wurde, allen Grund. Der Zeitgeist spirituellen Denkens und Handelns hat sich gewandelt; sein Wesen blieb bis heute unberührt. Die moderne Fassung drückt sich nach wie vor in Gestalt des Archaisch-Animistischen aus. Es äußert sich u. a. in menschlicher Urangst, Lebensverunsicherung und Gefahren des Verlustes an Kontrolle über das eigene Leben.

Die Komplexität unserer Lebenswirklichkeit, bestimmt durch den menschlichen Willen einer *gleichzeitigen* Beherrschung von Globalisierung und Digitalisierung, Weltgesundheit und Natur- bzw. Umweltschutz, führt bei einzelnen Menschen zur Überforderung praktischer Lebensüberschaubarkeit. Die heute verfügbare digitale Lebenshilfe, d. h. die Nutzung des kommunikativen Austausches in den sozialen Netzwerken und der Zugang zu den vielfältigsten You-Tube-Kanälen, wurde zu einer Plattform, auf denen sich archaisches und insbesondere animistischen Denken platzieren konnten. Die Vielzahl von Verschwörungsnarrativen zur Corona-

Pandemie, darin eingebunden Weltwirtschaftsverschwörungen, offenbarten sich als ein modernes Format derartigen Denkens. Es wurden Scheinkausalitäten produziert. Ursache-Wirkungsbeziehungen waren auf den Kopf gestellt. Das Fehlen der gemachten Erfahrung erleichterte den Zugang zum spirituellen Denken.

Bei allem Bemühen, der Dialektik des Lebens so nah wie möglich heranzukommen, in der Darstellung uns der realen Lebenswirklichkeit weitestgehend zu nähern, bleibt das Spannungsfeld zwischen einer dialektischen Wirklichkeitsbeschreibung als Erklärung auf der einen und deren Verstehen auf der anderen Seite bestehen. Es mögen mir jene nachsehen, die die Mühe nicht scheuen, sich in die Texte einlesen zu wollen.

In einigen Kapiteln werden Redundanzen vermittelt. Die im ersten Teil des Buches entwickelten Gedanken werden im zweiten Teil erneut aufgenommen, um sie in einen neuerlichen Kontext zu stellen und weiterzuführen. Das macht die gedanklichen Zusammenhänge zwischen dem vorerst Allgemeinen und späteren Einzelnen transparenter. Dabei sind manche Wiederholungen nicht ausgeschlossen, um den Lesenden das Zurückblättern zu ersparen.

Das vorliegende Buch mag Zeugnis sein, sich jenen kraftvollen Wirkungsmächten wie Spiritualität und Digitalisierung anzunähern und sie philosophisch und ethisch zu durchdringen. Philosophisch interessant ist die Verknüpfung zwischen ihnen allemal. Es ist und bleibt die *ver*rückte *Vor*stellung, dass Spirituelles *und* Digitales – so zusammenhangslos sie beim ersten, spontanen *Vor*denken erschienen – das menschliche Leben und die Gesellschaft wirkungskräftig beeinflussen. Jedes Phänomen ist für sich in den Gedanken nachvollziehbar. Eine Brücke zwischen ihnen herzustellen, ihre Wirkungsmächte wechselseitig auszuloten, das ist zweifelsohne philosophisches Neuland. Wir tun gut daran, ihnen Raum für weiterführende Diskurse zu geben.

Ich möchte die Leserinnen und Leser, die Interesse an der Dialektik zwischen Spirituellem und Digitalem zeigen, zum folgenden deskriptiven Wechselspiel einladen, der mit menschlicher Verantwortung in einen resonanten Humanismus mündet.

Hans-Jürgen Stöhr
Rostock im Frühjahr 2024

EINLEITUNG

Einladung zu einer außergewöhnlichen Begegnung

Stein des Anstoßes. Die Idee, Spiritualität und Digitalisierung[2] in einem wechselwirkenden Zusammenhang zu beschreiben, scheint absurd und wenig nachvollziehbar zu sein. Bei einer ersten Betrachtung könnten beide kaum unterschiedlicher sein. Der Versuch, zwischen ihnen eine einträgliche Verbindung zu erkennen oder gar eine Wechselwirkung auszumachen, lässt ihn eher zu einem rein gedanklich herbeigeführten Konstrukt werden.

Ein derartiges Urteil, zwischen Spiritualität und Digitalisierung ließe sich nur Sinnloses, Unüberbrückbares ausmachen, kann angesichts der Tatsache, dass sich vieles mit vielem in einer wechselseitigen Bestimmtheit und Bedingtheit befindet, und beide Realitäten zu unserer unmittelbaren, erfahrbaren Lebenswelt gehören, nicht unkritisch hingenommen werden.

Das Philosophieren käme leichtfüßig daher, wenn es diese Lebenswirklichkeiten unberührt ließe und die These nicht aufnehmen würde: Zwischen Spiritualität und Digitalisierung besteht Verbindendes und Wirkendes. Durch sie werden Kräfte frei gesetzt, die unser Leben maßgeblich beeinflussen.

Jedes der beiden Phänomene spiegelt sich vielfach in den Publikationen wider. Philosophische Betrachtungen sind mit eingeschlossen. Der Diskurs hat erst seinen Anfang.

Seit einigen Jahren sind insbesondere seit der Corona-Pandemie Spirituelles und Digitales näher zusammengerückt. Die Begegnung zwischen ihnen zeigt sich darin, dass mit Nutzung von digitaler Technik die Vermittlung von spirituellen und religiösen Botschaften stärker als je zuvor auf virtuellem bzw. digitalisiertem Weg erfolgt. Die Corona-Pandemie hat die Digitalisierung derartiger spiritueller Botschaften beschleunigt und mani-

---

[2] Der Gebrauch des Terminus „Digitalisierung" ist in unserem Alltagsverständnis weitaus üblicher als der der „Digitalität". Insofern wird in der Einleitung i. S. einer Vereinfachung auf eine differenzierte Betrachtung zwischen ihnen verzichtet, d. h. Digitalität und Digitalisierung werden gleichgesetzt und im späteren Diskurs begrifflich differenziert betrachtet.

festiert. Das führte zur Erweiterung und Vertiefung unserer digitalen Lebenswelt. Die Pandemie wirkte wie Hefe in einem aufgehenden Teig. Sie wurde zu einem zusätzlichen Anschub, zur ergänzenden treibenden Kraft für die digitale Weltennutzung.

Da die Spiritualität schon *vor* der Digitalisierung die Lebenswelt des Menschen eroberte, ist davon auszugehen, dass sie mit der gesellschaftlichen Entwicklung selbst eine Transformation durchlief.

Interessant wird der Blick darauf, wenn nach dem Einfluss des Spirituellen auf das Digitale gefragt wird. In diese Richtung gedacht, liegt der wissenschaftlich-philosophische Diskurs noch brach. Es reicht in die Welt des Zukünftigen hinein, die uns dazu auffordert, Spirituelles und Digitales neu in einem zusammengefügten Kontext zu denken.

Fragen drängen sich auf: Was bedeutet es, wenn die Grenze zwischen Mensch und Technik immer mehr miteinander verschmelzen? Wo führt es hin, wenn humanoide Roboter nicht nur zu denken anfangen, das Lernen lernen und in der Lage sind, nicht nur Gefühle zu äußern, sondern eine eigene spirituelle Daseinsweise hervorbringen? Die Technik 4.0, die das Zusammenwachsen von Mensch und Technik offenlegt, ist nur der Anfang einer weiter fortschreitenden Angleichung zwischen ihnen.

Wir sind gut beraten, diese Fragen bei aller wissenschaftlichen und philosophisch-ethischen Betrachtung nicht zu vergessen. Dabei geht es keineswegs darum, Spiritualität und Digitalisierung nebeneinander zu verorten und für sich zu beschreiben, was als Voraussetzung für eine Betrachtung wechselwirkender Zusammenhänge gilt. Vielmehr geht es darum, einen philosophischen Blick darauf zu werfen, was sie miteinander verbindet, wie sie zueinander in Beziehung stehen und in welcher Verhältnismäßigkeit sie miteinander agieren.

Was kann herausfordernder sein, sich der Spiritualität zuzuwenden, die den Menschen Zeit seines Lebens und in seiner Entwicklung begleitete und dieser über viele Jahrtausende sein natürliches, existenzielles Eigen nennen kann.

Spiritualität ist bis zum heutigen Tag konstitutiver Teil menschlichen Seins und Werdens. Sie ist eine Eigenschaft menschlichen Denkens und Verhaltens, des menschlichen Seins schlechthin. Sie bestimmt sein Wesen. Sie ist eine der den Menschen ausmachenden Essenzen.

Wir können in der Gesamtschau davon ausgehen, dass das Spirituelle nicht nur ihn in seiner Lebensqualität bestimmt, sondern es selbst mit den Entwicklungen von Mensch, Technik und Gesellschaft einen Kulturwandel vollzog, was ihm seine eigene Geschichtlichkeit verleiht.

Das Buch wird von der Idee getragen, die Spiritualität als menschliche Lebenseigenschaft mit Blick auf die Digitalisierung einer philosophischen Betrachtung zu unterziehen. Doch worin besteht der Sinn, wenn zwischen ihnen „Welten" liegen? Zeitlich wie historisch ist das Spirituelle und Digitale unterschiedlich entstanden. Sie sind von unterschiedlicher Qualität. Das Spirituelle ist mit der Physis geistig-ideell *im* und das Digitale technisch *am* Menschen zu verorten. Beide sind sie gleichermaßen Produkte menschlichen Seins und Werdens und dennoch grundverschieden. Das Spirituelle entspringt dem natürlichen Werden des menschlichen Geistes – aus sich selbst; das Digitale ist der kreative Ent- und Auswurf des Menschen mit Hilfe und Nutzung außerhalb von ihm bestehenden Stofflichkeiten.

In dieser Außer- und Ungewöhnlichkeit, im Spirituellen und Digitalen Verbindendes zu entdecken, es zu beschreiben und dessen Wert für das praktische Leben auszumachen, liegt die Herausforderung. Wir tun gut daran, diese beiden scheinbar weit voneinander agierenden und dennoch mit der Historie und Entwicklung des Menschen verbundenen Phänomene nicht für sich zu betrachten, sondern sie in einem *philosophisch-dialektischen* und fortführend in einem *ethischen* Kontext zu diskutieren.

Zur Grundidee. Überall dort, wo sich Entwicklung und Geschichtlichkeit auftun, wo sich Wirkungen und Kausalitäten offenbaren, sich Triebkräfte für Veränderungen zeigen, ist eine dialektische Sicht als philosophische Denkmethode und Betrachtungsweise angebracht. Es geht darum, beide Phänomene, Spiritualität und Digitalisierung, einer philosophischen Kritik zu unterziehen, die davon ausgeht, dass zwischen ihnen ein Wirkungszusammenhang besteht. Die *Dialektik als Denkprinzip* (subjektive Dialektik) ist das theoretisch-philosophische Konstrukt einer bestehenden realen Dialektik (objektive Dialektik) in unserer Lebenswelt. Sie ist deren angemessenes Abbild.

Der vorliegende Diskurs wird nicht in allen Punkten für die Lesenden zufriedenstellend sein. So manches ist fragwürdig, streitbar und von Wert, diese Gedanken mit einer voranschreitenden Entwicklung weiter zu verfolgen. Das gewisse Ungewisse und zwangsläufig Ungeklärte sind auch dem realen Fortschreiten des Zusammenwirkens von Spirituellem und Digitalem geschuldet.

Was schon jetzt in unsere Betrachtung Eingang findet ist, dass mit dem Diskurs über den zu erörternden Zusammenhang von Spiritualität und Digitalisierung sich Gedanken entwickeln werden, die Möglichkeiten aufzeigen, beide Seiten in einem völlig anderen Kontext zu sehen. Das lässt sich allein dadurch begründen, dass wir davon ausgehen können, dass mit der fortschreitenden Digitalisierung des gesellschaftlichen Lebens ein Wandel einsetzte, der ihm den Titel „Kultur der Digitalität" einbrachte.

Mit dem Begriff der *Kultur der Digitalität*[3], der erstmalig 2016 in dem gleichnamigen Buchtitel von Felix Stalder seine Öffentlichkeit fand, wird m. E. der Rahmen der Zwei-Elemente-Beziehung, wie sie zwischen Spiritualität und Digitalisierung besteht, gesprengt. Die Überlegung, die Wirkungsmächte Spiritualität und Digitalisierung in einen gemeinsamen Kontext zu konfigurieren, wird dadurch nicht einfacher. Der Zutritt der Digitalität als Auftritt und Kernbild neuerlicher Kulturentwicklung in der heutigen Gesellschaft lässt erahnen, dass dieser nicht ohne Wirkung auf die Spiritualität und Digitalisierung des gesellschaftlichen Lebens bleibt. Es zeigt sich das Dreiergespann Spiritualität, Digitalisierung *und* Digitalität, das zur Erweiterung des Diskurses beiträgt.

Mit F. Stalders Beschreibung einer Kultur der Digitalität ist der Gedanke angelegt, dass die Digitalisierung nicht nur die Technik oder gar das Spirituelle transformiert, sondern selbst einer Veränderung unterliegt. Durch was es begründet ist, wie und unter welchen Gegebenheiten das geschieht, wird im Buch beschrieben.

Der Einlass der Digitalität als gesellschaftlich tragendes Kulturphänomen in die zu erörternde Beziehung von Spiritualität und Digitalisierung führt uns zur Bestimmung, Spiritali*tät* und Digitali*tät* als Eigenschaften auszumachen, die im und mit dem Menschsein begründet und verbunden sind. Es wird aufzuzeigen sein, dass trotz gemeinsamer Klammer des mit

---

[3] Das Buch des Autors erschien im Berliner Suhrkamp Verlag.

dem Menschen Verbundenen sie miteinander fremdeln – das Spirituelle mehr zum einzelnen Menschen und das Digitale mehr zur Gesellschaft gehörig – enger in Beziehung zueinanderstehen, als wir es vermuten.

Die Digitalisierung der Technik und deren Eindringen in alle Bereiche menschlichen Lebens, aufgetan wie ein über die Lebenswirklichkeit geworfenes Netz, wirken wie ein Schleier, der den Alltag des Menschen und die Gesellschaft umgibt. Das führt uns zur These, dass die Digitalisierung wie ein Kraftquell für eine neuartige Spiritualität und Kulturentwicklung wirkt und dabei selbst eine Wandlung vollzieht. Das lässt sich durch folgende Gedanken ergänzen:

Erstens. Spiritualität und Digitalisierung sind Phänomene menschlichen Lebens und gesellschaftlicher Entwicklung mit einer ungleich begründeten Innen- und Außenwirkung. Jedes für sich fordert den Menschen auf neuerliche Weise heraus. Sie setzen Marken für ein gesellschaftliches Miteinander und verändern dabei das menschliche Leben.

Zweitens. Mit dem Eintritt der Digitalisierung in die von Spiritualität getragene Lebenswelt entsteht eine wechselseitige wirkungsbestimmende Beziehung. Die Wirkungsmacht beider führt zu einer *kontextlichen* Aufmerksamkeit, die über eine jeweils separate philosophische Betrachtung von Spiritualität und Digitalisierung hinausgeht.

Drittens. Das Fortschreiten der Digitalisierung in der Gesellschaft, deren allseitig durchdringender Einfluss auf alle Lebensbereiche des Menschen, zeugt nicht nur von einem Technikwandel des Analogen hin zum Digitalen, sondern offenbart einen durchgreifenden Kulturwandel, der als „Kultur der Digitalität" beschrieben wird. Diese ist Ausdruck von Lebensqualität, deren Umfang (Lebensbereiche) und Tiefe (Wirkungsintensität) von der Digitalisierung gesellschaftlichen Lebens bestimmt ist.

Viertens. Spiritualität und Digitalisierung verfügen jeweils über einen Bereich eigener Selbstwirksamkeit. Sie sind in ihrem Wesen selbstbestimmt, originär im Charakter, Entstehen und Wirken. Zugleich sind sie durch menschliches Hinzutun in der Lage, Macht auf deren Existenzweisen auszuüben. Ihre Eigendynamik besteht genauso aus einer unausweichlichen und erkennbaren Dialektik wie das wechselseitige Wirken zu- und aufeinander. Widerspruch, Wirkkraft und Geschichtlichkeit sind ihre dialektischen Kernmerkmale.

Fünftens. Mit der Konstituierung einer Kultur des Digitalität werden Spiritualität und Digitalisierung in einen gesamtgesellschaftlichen, soziokulturellen Kontext hinein- und in diesem aufgehoben. Die Digitalität zeigt sich als Charakterzug gesellschaftlicher Entwicklung unserer Zeit, in der Digitales *und* Spirituelles zusammenfließen. Insofern ist das Entstehen einer (Kultur der) Digitalität mit der Digitalisierung einer komplexen Lebenswirklichkeit begründet, aber keineswegs das alleinige Ergebnis des technischen Wandels vom Analogen hin zum Digitalen. In der Kultur des Digitalen steht das Spirituelle nicht passiv und unvermittelt daneben, sondern wird selbst zum Akteur und Markenbotschafter einer soziokulturell bestimmten Digitalität.

Sechstens. Die Identität und das Selbstverständnis für das Menschsein werden sich mit der Kultur der Digitalität verändern. Jene Kultur steht für Gewordenes in der gesellschaftlichen Entwicklung und wird zum Ausgangspunkt für neuerlich Weiterführendes. Dabei zeigen sich die Zukunftsaussichten für den Menschen prekär und hoffnungsvoll zugleich. Prekär insofern, wenn der Mensch die Digitalisierung des gesellschaftlichen Lebens derart vorantreibt, dass (Welt-)Räume für das Analoge und Spirituelle eingeengt werden, der analoge Mensch sich immer mehr fortschreitend digitalisiert und seine eigene Bedeutungslosigkeit vorantreibt. Wiederum hoffnungsvoll stimmt eine Raumentwicklung, wenn der Mensch über ein Potenzial verfügt, sich dessen bewusst zu sein, dass das in ihm immanente Spirituelle Kräfte freigibt, sich einer dem Menschen umklammernden und damit schadenden Digitalisierung entgegenzustellen. Es macht Sinn, in der Kultur der Digitalität Spirituelles (Spiritualität) zu entdecken bzw. einzuführen.

Siebtens. Mit der digitalen Welterweiterung droht die analoge Welt zu schrumpfen oder gar zu verkümmern. Sie entzieht dem Menschen seine innere und äußere Natürlichkeit – das, was menschliches Leben existenziell ausmacht. Diversität und Vielfalt, Unterschiede und Gegensätzlichkeiten gehen in den Komplexitäten natürlichen wie soziokulturellen Lebens verloren. Die Weltensimplifizierung vollzieht sich ungebremst, wenn nicht der Wille des Menschen dieser Entwicklung Einhalt gebietet. Die innere Kraft des Willens ist der im Menschen tief verwurzelte Humanismus.

Achtens. Der Humanismus des Menschen verfügt über das Potenzial, das Spirituelle (Spiritualität) und das Digitale (Digitalität) in sich aufzunehmen. Es ist seine Toleranz, aus sich heraus einen spirituellen und digitalen Humanismus zu kreieren. In beider Verbundenheit kann ein neuzeitlicher Humanismus entstehen, der der Spiritualität und Digitalität menschlichen Lebens gerecht wird. Eine verstärkende Wirkung lässt sich erreichen, wenn aus dem spirituellen und digitalen Humanismus ein von Resonanz geprägter Humanismus erwächst. Sie sprechen jeweils mit eigener Stimme und sind dennoch aufeinander, sich gegenseitig fördernd, eingestimmt.

Philosophieren auf vier Denksäulen. Die philosophische Annäherung an die Spiritualität, Digitalisierung und Digitalität verfolgt vier Zugänge. *Erstens*: Selbstverständnis, Klärung und Zuordnung von Begrifflichkeiten; *zweitens*: Blick auf den dialektischen Charakter der jeweiligen Sachverhalte; *drittens:* Erfahrung und Erkenntnis über jene Phänomene des gesellschaftlichen Lebens sowie die Frage nach deren Wahrhaftigkeit und *viertens:* Werte menschlichen Denkens und normativen Handelns sowie die Frage nach dem Sinn des Lebens im Zeitalter der Digitalisierung und wachsender Künstlicher Intelligenz.

Der Anfang ist gemacht, wenn wir unserem Verständnis von Spiritualität, Digitalisierung und Digitalität auf den Grund gehen, eine begriffliche Klärung im Inhalt (Intension) und in der Umfänglichkeit (Extension) herbeiführen, um so einen begrifflichen Marker für den Dialog zu setzen. Damit wird der Boden für ein zu entwickelndes Verständnis vorbereitet. Es ist zu fragen: Was ist (soll) unter Spiritualität, Digitalisierung und Digitalität zu verstehen (verstanden werden)? In welchem Lebenskontext lassen sich diese Begriffe konfigurieren? Was sind ihre Essenzen?

Darüber hinaus gelten Überlegungen, die nicht nur auf Begriffsklärungen und Beschreibungen gesetzter Beziehungen (hier: Spiritualität, Digitalisierung und Digitalität) beruhen, sondern auch darauf aus sind, reale wechselseitige und gestaltbare Wirkungszusammenhänge zu decken. Wir öffnen die Tür für eine dialektische Betrachtungsweise, die die Bedingtheit und Bestimmtheit, Ursache und Wirkung, Veränderung und Entwicklung zur Grundlage hat. Das setzt voraus, dass wir diese Eigenschaften als Eigenschaften des objektiv Realen (das Objektiv-Dialektische) und deren

Beschreibungen (das Subjektiv-Dialektische) zu dem jeweiligen Sachverhalt als gedankliches Abbild anerkennen. Es wird zu klären sein: Was macht deren Historie aus? Gibt es zwischen ihnen eine beeinflusste wechselseitige Bedingtheit? Wie tritt sie in Erscheinung? Wie sind ihre Wirkungsfaktoren, die im Menschen selbst und gesellschaftlichen Werden begründet sind, ausgestattet, so dass sie in der Lage sind, Zukunft zu gestalten?

Wir fragen weiter, wenn wir uns auf den erkenntnistheoretischen Kontext dieser Problematik einlassen: Können wir unseren Beobachtungen, Wahrnehmungen und Erkenntnissen, die in Wissen oder Theorien münden, trauen, sind sie sicher und wahrhaftig, dann stoßen wir den erkenntnistheoretischen und Wahrheitsaspekt beim Philosophieren an. Wir stehen stets vor der Herausforderung, unser Wissen zu begründen, dessen Wahrheitsgehalt zu überprüfen und mit ihm einen praktischen Zugang zu unserer objektiven Wirklichkeit herzustellen. Ist das, was wir denken, wahr? Haben unsere Gedanken einen Inhalt, der der Außenwelt entspricht?

Keiner wird auf die Idee kommen, die Existenz der Erde oder der Sonne in Frage zu stellen. Doch wie ordnen wir jene Gedanken ein, die Bilder von Göttern und Engeln, Feen und Trollen zum Inhalt haben und deren Existenz beschworen wird? Die Frage nach deren Existenz oder Nicht-Existenz ist mehr als berechtigt. Der Wert und der praktische Nutzen unserer Erkenntnisse und des gewonnenen Wissens werden dadurch bestimmt, ob die Inhalte unseres Denkens einer (objektiven) Wirklichkeit entspringen, ob sie ausschließlich als eigenständige, gedanklich-geistige Kreationen unseres Denkens einzuordnen sind, oder ob wir zu akzeptieren haben, dass unsere Gedanken, Erfahrungen, unser Wissen ein Mix aus beidem sind.

Die Digitalisierung unseres Lebens wird kaum jemand in Zweifel ziehen. Sie ist für jedermann gegenständlich, erfahrbar und hautnah erlebbar. Die Spiritualität, die im Alltagsgebrauch mit Transzendenz, dem Göttlichen, der Existenz von Immateriellem außerhalb des menschlichen Geistes oder mit dem menschlichen Geist selbst in Zusammenhang gebracht wird, gibt die Antwort auf die Frage nach deren Wahrhaftigkeit nicht so ohne

Weiteres frei.[4] Sie wird je nach Ausgangspunkt der Betrachtung unterschiedlich ausfallen.

Diese Art zu denken und nach Wahrheiten zu suchen, ist in unserem Alltag nicht fremd. Die Corona-Pandemie hat mit kollektiver Erkenntnis deutlich gemacht, wie fragil Wahrheiten in unserem Leben sind und Fakten (Tatsachen) und Gewissheiten in Frage gestellt werden. Die Wahrheit unter den Menschen reichte von der Anerkennung des COVID-19-Virus bis dessen Leugnung über eine Verharmlosung als einen gewöhnlichen grippalen Infekt. Dabei wurden auch reale, undurchschaubare Mächte ins Spiel gebracht, die sich gegen die Menschheit verbünden würden, um die Weltherrschaft an sich zu reißen.

Nie waren zur Zeit der Digitalisierung unserer Lebenswelt Wissen und Glauben so eng miteinander verschlungen. Die Wissensverunsicherung ist in komplexen, schwer nachvollziehbaren Lebenssituationen groß. Es stellt sich dann zu Recht der Mensch die Frage: Was ist Wissen? Was sind Unwahrheiten? Wem kann ich Glauben schenken?

Während die mediale Öffentlichkeit in Sachen Politik und Wissenschaft um Aufklärung, Sachverstand bemüht war, die Administrative bei der Bevölkerung um Akzeptanz getroffener Entscheidungen, die die Grundrechte einschränkten, rang, mehrten sich gleichsam in privaten Kanälen und auf der Straße Stimmen, die das politische Handeln in Frage stellten. Die menschliche Machtlosigkeit regte und wehrte sich. Widerstände, begleitet von Verschwörungserzählungen, wurden offenkundig. Die Breite des Zweifels an begründeter, nicht anerkannter Richtigkeit und die Verängstigung der Menschen in der Zeit der Corona-Krise waren unübersehbar.

Die Folgen dieser Krise sind beileibe noch nicht aufgearbeitet und werden uns noch verschiedentlich beschäftigen.

Die Globalisierung erhielt ein neues, pathologisches Gesicht. Die Digitalisierung, die unser Leben in allen Bereichen eroberte, zuvor frei von Covid-19, mischte nun erstmalig global mit der Kraft des Menschlich-Spirituellen mit. Sie erhielt einen neuen Marker, soweit das Spirituelle mit der Digitalisierung versetzt wurde.

---

4 Vgl. GEO WISSEN, Heft 70, Die Kraft der Spiritualität, Gruner + Jahr, Hamburg 2020

Mit Gewissheit lässt sich im Nachhinein sagen: Die Corona-Pandemie hat die Digitalisierung vorangetrieben – das Spirituelle aber auch. Die Corona-*Krise* gab der Spiritualität des Menschen einen qualitativ neuen Nährboden. Das spirituelle Erwachen des Menschen – angefangen von wiedergeborener Verschwörungsgläubigkeit bis hin zu erfahrenen Verunsicherungen, Nöten und Ängsten der Menschen in unserem vermeintlich aufgeklärten und digitalen Zeitalter – ist wert, ihm eine gebührende Beachtung zu schenken. Die Verbindung zwischen beiden ist kaum deutlicher hergestellt wie zu jener Zeit der Pandemie.

Ist der Wert von Erfahrung und Erkenntnis, Wissen und Meinungsbildung für eine einhergehende Wahrheitsfindung ausgemacht, öffnet sich die Tür von Ethik und Moral menschlichen Verhaltens. Für viele Menschen, die ihr Leben spirituell begleiten, wird sich die Frage nach dem Wert und Sinn von Spiritualität weniger oder gar nicht stellen. Sie haben ihre Antwort gefunden. Das Spirituelle wird per se anerkannt, hat im Leben derer seinen Platz gefunden. Das Denken und Handeln hat in Form von Beten, Meditationen oder anderen Ritualen ihre Praxis. Diese Menschen ziehen aus dem Spirituellen Kraft und Energie für das alltägliche Leben.

Dennoch sei die Frage erlaubt, wenn Spiritualität und Digitalisierung – einschließlich Digitalität – in einem gemeinsamen Kontext gedacht und diskutiert werden: Macht es Sinn und ggf. welchen, Spiritualität und Digitalisierung als zwei Seiten (Phänomene) ein und desselben menschlichen Lebens (Gesellschaft) zu verstehen? Ist es nicht richtiger, beide Seiten voneinander getrennt zu denken und ihnen eigenständige Werte und Normative zuzuordnen? Wirkt Spiritualität moralisierend auf das Fortschreiten der Digitalisierung, insbesondere auf die Entwicklung der Künstlichen Intelligenz (KI)? Die Suche nach Antwort auf die Fragen, ob Digitales in Gestalt hochentwickelter KI mit normativer Ethik ausgestattet sein müsste, ob eine derartige Technik mit zutiefst menschlichen Zügen moralisch vertretbar ist, entlässt gleichermaßen menschliche Neugier und Befürchtungen von nicht mehr Beherrschbarem. Wer wird letztlich über wen bestimmen: der Mensch über die KI oder die KI über den Menschen? Wer macht wen zum Instrument seines Daseins?

Werte wie Freiheit, Selbstbestimmtheit und Verantwortung, die einen hohen Stellenwert in der Werteethik einnehmen, bleiben im Verständnis von Spiritualität, Digitalisierung und Digitalität nicht außen vor. Im Gegenteil. Die moderne Ethik wird sich im Zuge zunehmender Digitalisierung und wachsender Qualifizierung Künstlicher Intelligenzen neu positionieren und in den Inhalten weiterentwickeln müssen.

Zum Inhalt des Buches. Das Buch hat zwei Teile mit jeweils drei Kapiteln. Im **ersten Teil** wird der Versuch einer philosophischen *Annäherung zwischen Weltenwandel, erwachendem Denken und Technikentwicklung* unternommen. Veränderungs- und Entwicklungsprozesse von Mensch, Technik und Gesellschaft stehen im Vordergrund des Diskurses und führen uns auf den Weg vom Analogen zum Digitalen.

Das **Kapitel I** *Welt der Moderne im Wandel · Sprachphilosophische Miniaturen* ist der einführende Einstieg, sich den Welten des Lebens, den Realitäten und menschlichen Lebenswirklichkeiten zuzuwenden. Dabei nimmt hier der *Begriff des Wandels* eine zentrale Stellung ein. Er wird in Bezug auf Bewegung, Veränderung, Entwicklung einerseits, Prozess, Fortschritt und Evolution andererseits philosophisch vermessen und sein Alleinstellungsmerkmal zur Diskussion gestellt. Die Frage nach der Bestimmung von Klima*wandel* und Klima*schutz* nimmt dabei einen beispielgebenden Platz ein und macht die Verantwortung des Menschen deutlich.

In diesem Kontext versteht sich die *Beschreibung von Menschenbild*ern in der Historie gesellschaftlicher und technischer Entwicklungen.

Das **Kapitel II** *Bewusstsein und bewusstes Sein* gibt den naturwissenschaftlichen und philosophischen Zugang für die Herausbildung, das Wesen und Werden sowie die Vielfalt von Ausdrucksformen des Menschlich-Bewussten frei. Mit ihnen wird der Boden für weitere Überlegungen bestellt, der uns zum Spirituellen, zur Spiritualität, Digitalisierung und Digitalität führt. Die entwickelten Gedanken sind hilfreich, das Verständnis von Bewusstsein, dessen Realitäten und Wirklichkeiten, Entwicklungen, Abbilder und Formen zu vertiefen und auf diesem Wege einen nachvollziehbaren Zugang zur Spiritualität, Technik und Lebenskultur zu finden.

Im Zentrum dieses Kapitels stehen u. a. die Fragen: Was ist unter Sein, Realität, Wirklichkeit, Bewusstsein und Seinsbewusstsein zu verstehen? Was unterscheidet Ideelles vom Bewusstsein? Macht das Bewusstsein den Menschen zum Menschen? Ist das Bewusstsein ein mechanistisches Ab-

23

bild (Spiegelbild) seiner Außenwelt oder zeugt es von Eigenkreationen, losgelöst von dieser? Was bedeutet es, dass das Bewusstsein die Fähigkeit besitzt, sich von seiner Außenwelt abzukoppeln und ein Eigenleben besitzt? Wie lassen sich diese Fragen im Verständnis des Spirituellen und Digitalen einordnen?

Kapitel III *Technik und Digitalisierung.* Mit der eigens über Jahrtausende, von Generation zu Generation kreierten Technik hat der Mensch seine Geschichte und Sozialisation vorangetrieben, was ihm einen herausstellenden Platz in der Naturentwicklung einbrachte. Der gesellschaftliche Fortschritt ist ohne Technikentwicklung nicht denkbar und mit der Natur des Menschen konstitutiv verbunden: ohne vom Menschen entwickelte Technik kein gesellschaftlicher Wandel, ohne Transformation der menschlichen Gesellschaft auch keine neuerlichen Ideen und Entwicklungen für die Technik. Dabei dürfen die zwar nicht hinreichenden, so doch notwendigen Bedingungen nicht außen vor bleiben. Gemeint sind die Existenz und kreativen Nutzungsmöglichkeiten verfügbarer Naturressourcen wie Feuer und Holz, Erz und Kohle, Erdöl und Erdgas. Mit ihnen wurde vor ca. tausend Jahren das Anthropozän[5] erstmalig signifikant markiert, das mit der Industrialisierung im 18. und 19. Jahrhundert einen neuerlichen, und zwar *den* Qualitätsschub erreichte, der die Nachhaltigkeit menschlichen Lebens zunehmend in Frage stellt.

Die Quelle allen Fortschritts ist in letzter Instanz der Mensch mit seinen Fähigkeiten zu Kreation, Intuition und Inspiration. Sein handwerkliches und geistiges Geschick, die in ihm innewohnenden individuellen und gesellschaftlichen Antriebe versetzten ihn in die Lage, die Natur in eine von ihm geschaffene *Zweit*natur (Technik als Instrument und Verfahren) umzuwandeln, mit jener Zweitnatur erstere einzuverleiben und nach seinen Bedürfnissen beherrschbar zu machen.

Zu der aktuellen Transformationen technischer Entwicklung zählt die *Digitalisierung.* Sie steht für Prozess, Verfahren, Instrument und zeugt von

---

[5] Unter dem Anthropozän wird eine geochronische Epoche, eine Ära des Menschen im Umgang mit seiner Lebenswelt verstanden, die sich darin auszeichnet, dass der Mensch zu einer bestimmenden Einflussgröße auf die bestehenden biologischen, geologischen und atmosphärischen Prozesse geworden ist.

24

einem Wandel des Analogen in das Digitale. Sie revolutioniert die Technik grundlegend. Dieser Wandel lässt die Gesellschaftsentwicklung zunehmend unter einem neuen Label auftreten. Der Mensch vom Typ Homo sapiens ist selbst im Begriff des Wandels – hin zum Homo digitalis.

Die Digitalisierung der Technik, verbunden mit weiterführenden, qualitativ neuen Entwicklungsschüben, hat mit der Technik 4.0 die Kreation der Künstlichen Intelligenz eingeläutet. Der Mensch ist in allem wie eine Spinne mitten im Netz, der ohne seine *Selbst*digitalisierung[6] nicht mehr auszukommen vermag. Fragen stellen sich: Wird der Mensch sein eigener Gefangener? Was bedeutet eine digitale Durchdringung alles Menschlichen und Gesellschaftlichen? Wie passfähig sind Analoges und Digitales zueinander? Wie wird die Digitalisierung die Lebensqualität des Menschen beeinflussen? Die Suche nach einer Antwort auf diese Fragen und nach den Folgen für das Spirituelle im und mit dem Menschen darf dabei nicht unberücksichtigt bleiben.

Der **zweite Teil des Buches**, der den Titel hat *Spiritualität, Digitalität, Humanismus – Wachstumskräfte und Werte neuzeitlichen Lebens*, stellt den wechselseitigen Zusammenhang, die Dialektik zwischen dem Spirituelle und Digitalen unserer Zeit ins Zentrum des weiteren Diskurses. Das, was im Teil 1 des Buches an philosophischem Vordenken geleistet wurde, findet jetzt Zugang in das gegenwärtige und zukünftige Weltgeschehen, für das es nur eine humanistische Perspektive geben kann.

Kapitel IV *Spirit und Spiritualität.* Es ist die *Idee*, von einem Geist geboren und getragen, von innen oder von außen hervorgebracht oder angestoßen – wodurch oder durch was auch immer – die das menschliche Sein, Werden und Vergehen in unserem Bewusstsein formt. Es ist die *Intuition* – im Inneren des Menschen geboren und nach außen gekehrt – oder die *Inspiration* – im Außen angestoßen und im Menschen geistig gebildet, die wir nicht immer als nachvollziehbare Eingebung erfahren. Wir wundern uns über ihr Entstehen und können schwer nachvollziehen, wie Spirituelles

---

[6] Mit der von innen und außen initiierten Selbstdigitalisierung ist gemeint, dass z. B. das vom Menschen selbst einverleibte Smartphone als Teil seines eigenen Daseins anerkannt wird und die Tür zur inneren Digitalisierung, z. B. durch eingepflanzte Chips oder durch eine Infusion digital-codierter Flüssigkeit in den menschlichen Körper bereits offen steht.

Raum für nicht Erklärbares gewinnt. Realitäts- und Sinneserfahrungen werden im Geiste des Menschen, in der Transzendenz über- bzw. in der Immanenz unterschritten. Das Bewusstsein kreiert seine *eigene* Welt, die gegenüber dessen Außenwelt oft fremd, unstimmig, ohne Resonanz erscheint.

Die *Spiritualität* hat als Eigenschaft menschlich-kulturellen Lebens und Verhaltens einen zutiefst natürlichen *und* gesellschaftlich tragenden Grund. Nichts scheint ihr menschlicher als sein eigener Geist zu sein. Dieser Geist verleiht der digitalen Gesellschaft ein *regulatives Korrektiv*.

Das Spirituelle mit einer Transzendenz, mit einem Glauben an die Existenz innerer bzw. äußerer Kräfte, von Mächten des Göttlichen oder Universellen, die eine schützende Hand über den Menschen halten, gleichzustellen, sind *Vor*stellungen, die eine geistig-kulturelle Geschichte aufweisen und dessen Reduktion dennoch zu hinterfragen ist.

Inhalt dieses Kapitels ist, das *Seinsbewusstsein* näher zu bestimmen, deren Urquell zu ergründen, den Grenzgang zwischen Transzendenz und Immanenz auszuloten und die geistigen Wirkungskräfte auf Mensch, Technik und Gesellschaft auszumachen.

Das wirft u. a. die Fragen auf: Was ist die Essenz des Spirituellen und der Spiritualität? Welche Wirkungsmacht haben sie auf die Qualität und den Sinn menschlichen Lebens? Welche Wandlungen hat Spiritualität selbst erfahren? Die Frage nach dem Wert des Spirituellen und dem Sinn menschlicher, kulturbedingter Spiritualität nimmt im Diskurs einen wichtigen Platz ein, wenn es darum geht, den Einfluss des Spirituellen und der Spiritualität auf die Technikentwicklung und Digitalisierung zu ergründen.

Kapitel V *Kulturwandel und Digitalität* haben sich in den letzten dreißig Jahren derart eng umschlungen, dass sie nicht mehr voneinander lassen können. Ein neues Paradigma wird die Bühne der Technik- und Gesellschaftsentwicklung betreten – vorausgesetzt, der Mensch hat weder seinen Verstand noch seine Intelligenz vollends dem Digitalen übereignet und somit sich selbst entmachtet und verfremdet.

Die Digitalität ist mit Felix Stalders „Kultur des Digitalen" entweder *der* neue Kulturschock, der mit einer neuen, großen technischen Innovation in der Gesellschaft einhergeht oder sie ist das Resümee einer auf Digitalisierung aufgebauten Gesellschaft.[7] Das Buch von F. Stalder bietet zwecks Klärung einen Einstieg und ist Grundlage für eine kritisch-philosophische Betrachtung, sich Spiritualisierung und Digitalisierung im Kontext einer soziokulturellen Entwicklung der Gesellschaft anzusehen. Die Digitalität als eine Größe zu betrachten, die uns auf die Qualität des Lebens, auf Zeit und Schnelllebigkeit verweist, führt uns zugleich zur Kultur von gewandelter Drittnatur und digitaler Lebenskultur, die gleichermaßen als Sinn und Unsinn verstanden wird.

Damit drängen sich u. a. Fragen auf, wie: Welche Wirkung zeigt eine *Kultur der Digitalität* auf das gesellschaftliche Leben? Welchen Einfluss hat sie auf das Spirituelle? Welche Rückkopplungen und Einflussnahmen kann es auf eine Kultur der Digitalität geben? Inwieweit lässt sich hierfür eine Referenzialität bzw. Resonanz ausmachen?

Die Frage nach dem Wert und Sinn dieser neuen auf Digitalisierung begründeten Lebenskultur steht im Raum und drängt ebenfalls auf eine Antwort.

Kapitel VI *Spirituelles und Digitales* vereinen Kräfte, Bedingungen, Eigenschaften individuellen *und* gesellschaftlichen Lebens. Schnell lassen sich zwischen ihnen *Parallelwelten* ausmachen, was gemeinschaftliches Wirken eher in Frage stellt. Zwischen ihnen – so scheint es – liegen Welten, was jeden Wechselbezug an Selbst- und Außenwirksamkeit schwer erkennen lassen könnte. Das berechtigt zur Frage: *Was* hat das eine mit dem anderen zu tun? Ist die Herstellung eines dialektischen Zusammenhangs zwischen ihnen ein reines Gedankenkonstrukt oder sind sie Eigenschaften *im* Menschlichen und Gesellschaftlichen und damit als Objektivitäten auszumachen? Was bedeutet es, wenn zwischen ihnen *tatsächlich*

---

[7] Es sei hier an die Maschinenstürmerei (Mechanisierung) Anfang des 19. Jahrhunderts, an die Revolutionierung der technischen Mobilität in deren 2. Hälfte erinnert. Um die Jahrhundertwende veränderte die Entwicklung der Elektrotechnik einschneidend das gesellschaftliche Leben. Es folgte die Elektronik und die Lichter des Digitalen, in Null und Eins konfiguriert, waren in den 60er Jahren am Horizont auszumachen, bis der große gesellschaftliche Durchbruch in den 80er und in den 90er Jahren gelang. Das Analoge wurde zunehmend vom Digitalen abgelöst. Die Gesellschaft ist nicht digital, aber digitalisiert, was F. Stalder dazu hinführt, von einer Kultur der Digitalisierung zu sprechen.

Wechselwirkungen stattfinden?

Sind Spiritualität und Digitalität von Geist *und* Dialektik bestimmt, so führen sie uns zu neuen Qualitäten gesellschaftlichen Lebens. Sie zeigen sich als *digitalisierte bzw. digitale Spiritualität* und *spiritualisierte bzw. spirituelle Digitalität*. Was bedeutet ein derartiger Zusammenfluss von Spiritualität und Digitalität? Finden sie ihre Anerkennung und durchdringen die Lebenswirklichkeit des Menschen, so werden sie einen Platz als *Kraftquellen unserer Zeit* einnehmen. In welchem ethisch-moralischen Kontext wäre dieser Platz zu verorten? Welche Botschaften wären an den Menschen hinauszutragen? Die philosophische Substanz dieses Kapitels wird daran zu messen sein, inwieweit in diesem Diskurs die Ethik Eingang findet.

Der **Epilog** zielt auf die ethisch-moralische Auflösung von digitaler Spiritualität und digitalisierter Spiritualität durch eine Einbindung in einen, für unsere Zeit gemäßen Humanismus. Die Zeit ist reif für einen neuzeitlichen Humanismus. Damit ist gemeint, den spirituellen und digitalen Humanismus zusammenzubringen und sie unter das Dach eines *resonanten Humanismus* zu stellen.

Einen derartigen Humanismus angesichts wachsender, vor allem starker Künstlicher Intelligenz anzuerkennen und wirksam werden zu lassen, wird eine Hausforderung zu sein, an die der Mensch nicht umhinkommt, sie anzunehmen, wenn er sich seines Seins bewusst sein und sich nicht von einer von ihm geschaffenen KI instrumentalisieren lassen will.

Der Abschluss wird durch eine Zusammenfassung in Gestalt von Thesen und Botschaften philosophisch-ethischer Anstöße gebildet. Sie sind der *Schlussstein des Diskurses*. Er ist die Aufforderung an den Menschen, unserer Lebenswelt einen Wandel hin zum resonanten Humanismus zu schenken.

Die kommenden Generationen erleben sich in einer weiter wachsenden digitalen Welt, in der das Spirituelle menschlichen Lebens und dessen Kultur sich zu behaupten hat.

Die zu vermittelnden Botschaften sind dringender denn je, die in die Lebenswelt der Menschen hineingetragen werden müssen. Wie schon zur Zeit Immanuel Kants können es nur Botschaften menschlich-humanistischer Aufklärung sein. Die über zweihundert Jahre alte Geschichte menschlichen Denkens und Verhaltens macht dringender denn je deutlich, dass wir Philosophen an Aufklärung nicht nachlassen dürfen und sie als einen zu leistenden generationsübergreifenden und zeitlosen Auftrag an die Menschenwelt anzuerkennen und zu bewerkstelligen haben.

Es liegt allein bei uns Menschen, wie wir zukünftig der spirituellen und digitalen Lebenswelt gegenübertreten – als *eine* oder als Parallelwelten, devot oder beherrschend, menschenfremd oder in zwischenmenschlicher Resonanz mit *einem* Raum für förderliche Stimmungen des Spirituellen und Digitalen.

Wir können heute beruhigt davon ausgehen, dass weder das Spirituelle noch das Digitale sich untereinander ihre etablierten Plätze in der menschlichen Lebenswelt streitig machen werden. Beide sind sie von unwiederbringlichem Charme. Sie zeugen von vom Menschen ausgehender, für den Menschen gewonnener Stärke.

Das Gute und die Güte sind in ihnen verborgen, was uns als Mensch in die Pflicht nimmt, beiden gleichermaßen Raum für ein gutes Gelingen an menschlicher Zukunft zu geben. Spiritualität und die mit der Digitalisierung begründete Digitalität brauchen einander, wenn das Menschliche in dieser Welt eine Chance auf eine nachhaltige Entwicklung haben will. Wie groß dieser Wille ausfallen wird, steht einzig und allein in der Verantwortung des Menschen. Er allein begründet den resonanten Humanismus und entscheidet darüber, inwieweit er ihm eine Chance auf Zukunft gibt.

ERSTER TEIL

WELTENWANDEL

MENSCH · BEWUSSTSEIN · TECHNIKENTWICKLUNG

Eine philosophische Annäherung

Welt der Postmoderne im Wandel

Bewusstsein und bewusstes Sein

Technik und Digitalisierung

ERSTER TEIL

I. Kapitel

Weltenwandel · Sprachphilosophische Miniaturen

Welten des Menschen und menschliche Lebenswelt

Die Geburt eines Kindes ist der Ausstieg aus seiner über Monate sicheren, geborgenen, sich gut anfühlenden Innenwelt, dem Mutterleib, und der Einstieg in eine Außenwelt, die mit gefühlter Unsicherheit und Abhängigkeit erfüllt ist. Vorstellungen, was das zukünftige Leben bringen wird, sind nicht fassbar. Alles liegt im Dunkeln. Nichts ist für das Kind vorausschaubar, planbar, berechenbar. Das Einzige, was dem Neugeborenen bleibt, ist seinem instinktiven Urvertrauen zu folgen, um sich eine Überlebenschance zu halten, bevor es sich auf den Weg macht, aus dem Überleben in das *eigene* Leben einzutreten.

Die Entscheidung dafür ist halbherzig, solange der Mensch sich seines Selbst nur mangelhaft bewusst ist. Seine Entscheidungs- und Handlungsfähigkeit wird er nur eingeschränkt wahrnehmen oder bleiben bedingt aus, wenn es darum geht, die Geschicke des Lebens in die Hand zu nehmen. Hilfe ist in den Anfangsjahren der Persönlichkeitsentwicklung von Nöten.

Ein lebensentscheidender Diversikationspunkt tritt ein, wenn mit wachsendem Selbstbewusstsein der Mensch für sich die Macht der Selbsterkenntnis und Entscheidungsfähigkeit erkennt, über sein Leben bestimmen zu können. Er kann das Leben beenden oder weiterleben. Ist der Wille für das Leben ausgesprochen, steht die Frage im Raum: Was fange ich mit diesem, selbst nicht gewollten und doch geschenkten Leben an? Diese Grundsatzfrage des Lebens wird uns in Krisen immer wieder, mehr oder weniger, bewegen. Wert und Sinn des eigenen Lebens werden hinterfragt. Lebensentscheidungen sind neu zu justieren. Die Frage nach der eigenen, mit Entscheidungen verbundenen Zukunft, begleitet uns das ganze Leben. Schenken wir dieser Frage keine Bedeutung, stellen wir das Leben selbst in Frage.

Wird die Frage nach dem Leben positiv, entscheidungs- und handlungswillig beantwortet, spätestens dann zeigt sich der Mensch als ein waches, agierendes, sich selbst und seine Welt gestaltendes Wesen. Er nimmt mit den Lebensjahren seine Welt in seinen Besitz, reibt sich an ihr, wird an und mit ihr wachsen, sich entwickeln.

Der Mensch sieht sich nicht nur selbst. Er erkennt, dass um ihn herum sich verschiedene Welten befinden. Sie sind anders als er selbst. Er lebt entweder in einem eher urbanen oder ländlichen Umfeld. Der Mensch macht seine Erfahrungen mit der Natur; was sie ist, wo sie herkommt, ob und wie sie dem Menschen vermeintlich Gutes oder Böses antun kann.

Der Mensch erfährt Freude bei der Nutzung vielfältigster technischer Mittel, die ihm das Leben erleichtern. Zugleich erkennt er, dass Technik durch und für den Menschen aufbauend wie zerstörend wirkt, dass das Leben mit der Technik neben Segen auch Fluch bedeuten kann.

Der Mensch ist ein Wesen, das nur eine Chance auf ein gutes Leben hat, wenn er der Natur mit Respekt gegenübertritt, mit der von ihm kreierten Technik verantwortungsvoll umgeht und sich in die Sozialisation eingebunden fühlt.

Die Kraft der menschlichen Gemeinschaft hat ihre Quelle in der Natur- und Technikentwicklung. Geistige Fähigkeiten und Lebensumstände ließen den Menschen eine zweite, technikbasierte Natur des Menschen entwickeln. Sozialisiertes Leben und die Fähigkeit des Menschen, Natur in Technik zu wandeln, ließen ihn zu einem Wesen mit einem Alleinstellungsmerkmal gegenüber der lebenden Natur wachsen.

Gesellschaftliche Umbrüche waren immer eng mit technischen verbunden. Technik revolutionierte die Gesellschaft, sprengte stets die Fesseln des Alten. Der Wandel von einer Gesellschaftsordnung in eine andere ist Zeugnis dieser Entwicklung.

Doch dieses Werden benötigt letztlich eine entscheidende Bedingung, die im Menschen selbst zu finden ist. Es ist dessen Fertigkeit und Fähigkeit, sich seines Seins und der Kraft seines Geistes bewusst werden zu können. Der Weg dorthin ist eng mit der Menschwerdung des Affen verbunden. Es brauchte Millionen von Jahren, bis der Mensch das wurde, was er heute ist. In ihm verschmelzen Körper, Geist und Seele. Sie sind *Eins*, untrennbar miteinander verbunden. Wir sprechen vom Menschen, der wie kein anderes Wesen eine *bio-psycho-soziale Einheit* verkörpert.

Die Fragen, was ist der Mensch und was macht ihn aus, führen uns zu seinen Welten, in denen er sich bewegt. Welche Welten mit welchen Eigenschaften sind es? Welche stehen ihm nahe und welche sind ihm fremd? Der Blick darauf, seine Welten auszumachen führt uns dazu, zwischen einer Welt des Menschen und einer menschlichen Lebenswelt zu unterscheiden. Worin zeichnen sie sich aus?

Als **Welten des Menschen** seien jene ausgewiesen, die mit dem eigenen Dasein *und* Wirken des Menschen in Verbindung stehen. Das ist zum einen der Mensch mit *seinen inneren* Welten. Nicht umsonst wird von dessen *Körper-, Geistes- und Gefühlswelt* gesprochen, die er sowohl reflektieren als auch auf sie Einfluss nehmen kann. Es ist jene Welt, die der Mensch mit sich selbst erfährt.

Als soziales Wesen ist er Teil einer Gemeinschaft. Der Mensch lebt in Familien, findet sich in Gruppen und organisiert sich in Gesellschaften. In dieser Welt ist der Mensch Akteur, Gestalter, Entwickler und zugleich das Produkt seines eigenen gesellschaftlichen Wirkens. Kinder werden von ihren Eltern erzogen, Werte, Anstand und Sitte vermittelt. Es sind die Regeln des zwischenmenschlichen Zusammenlebens, die von einem Rechtssystem gestützt und beschützt werden und die *soziale, zwischenmenschliche Welt* des Menschen konfigurieren.

Mit diesen beiden Welten eng verbunden ist die *Welt der Technik*. Der Mensch hat mittels Instrumenten und Verfahren die Natur für sich zunutze gemacht, was sein eigenes Werden und die Gesellschaftsgeschichte beflügelte. Die Technikwelt ist die vom Menschen in seine Welt hineingeholte, vereinnahmte Naturwelt.

Die *Naturwelt* ist die von Menschen beeinflusste, veränderte, gestaltete Natur. Pflanzen und Tiere wurden domestiziert, Sorten und Rassen gezüchtet. Der Ur-Wald wurde vielerorts zu einem Kultur- bzw. Nutzwald gewandelt.[8]

---

[8] Der Anteil der vom Menschen nicht berührten Natur hat sich bis in unsere heutige Zeit auf einen kleinen Teil verringert. Sie stünde außerhalb dessen, was hier als Naturwelt des Menschen bestimmt ist. Im Hinblick auf die Betrachtung menschlicher Lebenswelten und des sich vollziehenden Weltenwandels kann dieser unberührte Teil der Natur vernachlässigt werden. Dass der Mensch sich

Doch wie verhält es sich mit jenen Naturgegebenheiten, die sich der menschlichen Wirkungsmacht entziehen und einzig und allein der Beobachtung, Messung bzw. Dokumentation unterliegen? Mond und Erde ziehen ihre Bahnen, ohne dass der Mensch je etwas daran ändern könnte. Sonnen und Galaxien fragen nicht danach, was der Mensch an weiterer Weltenveränderung vor sich hat. Das Erdinnere (Magma) mit seinen sechstausend Grad drängt mit Erdbeben und Vulkanausbrüchen an die Oberfläche, ohne dass der Mensch darauf jemals einen wirkfähigen, d. h. aufhaltenden Einfluss hätte nehmen können. Wie sind jene Naturgegebenheiten einzuordnen, über die der Mensch keine Informationen und Erkenntnisse besitzt? Gehören diese bekannten und unbekannten Naturdinge auch zur Welt des Menschen?

Jener Bereich der Natur, der außerhalb des menschlichen Wissens liegt, bzw. dem reinen Beobachten und Wissen unterliegt, versteht sich hier als eine vom Menschen unabhängige *Welt der Natur*. Sie liegt außerhalb menschlichen Zutuns und weltlicher Erfahrung des Menschen. Die Welt der Natur existiert außerhalb vom Menschen geführter Praxis und lebensweltlicher Veränderung.

Die Welt des Menschen vermögen wir, wie oben dargestellt, zu strukturieren und zu systematisieren in innere und äußere, in veränderte, erkannte und unwissende Welten des Menschen. Doch diese Aufgliederung ist formal und zeigt wenig an Lebendigkeit, wenn es darum geht, unser eigenes Leben besser zu verstehen und es mit den verfügbaren Welten nach menschlichen Bedürfnissen und Zielen zu gestalten. Das verändert sich in dem Moment, wenn wir eine vom Menschen unabhängige Welt in eine von ihm geprägte Lebenswelt verwandeln. Wodurch zeichnet sich diese menschliche Lebenswelt aus?

Menschliche Lebenswelten sind überall dort zu finden, wo der Mensch sich durch *sein Wissen und Wirken* lebensweltverändernd einbringt. Die menschlichen physischen Berührungen, Einflussnahmen, vom Menschen hervorgebrachten Entwicklungen und Kreationen lassen die Welt des Menschen zur Welt des menschlichen Lebens werden. Das be-

---

mit der Industrialisierung zusehends in das Zeitalter des Anthropozäns hineinbewegt hat, ist deshalb nicht unbegründet.

deutet, dass der Mensch in eine Welt des Lebens hineingeboren wird und in ihr zu leben beginnt. Es ist *seine* Welt, die ihn erfasst. Er steht ihr mit seinem Bewusstsein gegenüber. Der Mensch ist konstitutiver Teil dieser Welt. Mit seiner zunehmenden Wirkungsmacht wird die Welt des Menschen eine vom ihm bestimmte Lebenswelt.

Die *Lebenswelt des Menschen* ist die vom ihm gewandelte Welt, zu der er als Mensch und Gesellschaft gestalterischen Zugriff hat. Er verfügt über die Macht, die Welt des Menschen in seine Lebenswelt zu verändern, sie zu kontrollieren und zu beherrschen.

Die Differenzierung dieser Welten in eine Welt des Menschen und in menschliche Lebenswelt ist keineswegs schlüssig, wenn es darum geht, das Anliegen des Diskurses zwischen Spiritualität und Digitalisierung in bzw. als konstitutiver Teil der menschlichen Lebenswelt deutlich zu machen. Es sind zweifelsohne Phänomene *in* der Welt des Menschen. Als solche sind sie mit und durch den Menschen existent und wirksam. Doch inwieweit sind sie der menschlichen Lebenswelt mit Gestaltungs- und damit Veränderungskraft zuzuordnen? Überlegungen führen uns schnell zu dem Schluss, dass Spirituelles und Digitales in die menschliche Lebenswelt einzugliedern sind. Ob dies gerechtfertigt ist, bleibt den folgenden Gedanken vorbehalten.

Die dreiteilig strukturierte Weltenzuordnung – Natur-, Technik- und Menschenwelt – reicht nicht aus, wenn Sein und Bewusstsein in die weiterführende philosophische Betrachtung aufgenommen werden. Sie ist sinnstiftend, weil zum einen die Zuordnung der o. g. Welten passfähiger wird und zum anderen Sein und Bewusstsein in diese Betrachtung Eingang finden. Das wird verständlich, weil das Spirituelle dem menschlichen Bewusstsein als Eigenschaft des Menschen nahesteht und auch wieder nicht, wenn es außerhalb des menschlichen Bewusstseins als Geistig-Übernatürliches, als außerhalb der menschlichen Erfahrung Stehendes angesiedelt wird. Das Verstehen von Sein und Bewusstsein bedarf einer weiteren Aufklärung.

In der philosophischen Ideengeschichte haben die Diskurse über **Sein und Bewusstsein** und deren Beziehung zueinander einen festen Platz. In allen philosophischen Denkepochen und Denkrichtungen waren sie präsent. Der Versuch, die Frage nach dem Wesen zu beantworten, was Sein und Bewusstsein *ist*, gehört immer dann zur klärenden Grundbegrifflichkeit eines Philosophen, wenn er sich dem Existenziellen bzw. dem Sein des Bewussten nähern will.

Der Einstieg ist, zwischen der Welt des Menschen und menschlicher Lebenswelt zu differenzieren. Wie ordnen sich Sein und Bewusstsein in diese Welten ein?

Der Begriff des Seins bildet die Gesamtheit alles Da-Seienden bzw. Existierenden ab. Seiend ist alles das, was existiert. Alles Existierende hat sein Da-Sein. Es sind Dinge und Eigenschaften, die wir sehen, hören, anfassen oder schmecken. Es sind die Beziehungen und Verhältnisse, Umstände und Wechselwirkungen, die sie miteinander eingehen. Alles zeigt sich in einem Da-*Sein*. Das Seiende sind die unabhängig und außerhalb vom Menschen bestehenden, aber auch jene Welten, die das menschliche Leben, Technik und Kultur, Wissenschaft und Bildung etc. hervorbrachten. Es ist das dem Menschen Bekannte und auch Nicht-Bekannte, das gleichsam unwissend existiert. Nicht-Wissendes, aber außerhalb menschlicher Erfahrung und Erkenntnis Bestehendes ist existent und damit dem Sein zuzuordnen.

Diese Grundaussage ist zweifelsohne von erkenntnistheoretischem und praktisch-normativem Wert. Wir gehen von einem wissenden und nicht wissenden, einem vom Menschen abhängig und unabhängig bestehenden Sein aus. Obwohl das Sein für den Menschen unverfügbar ist, reiht sich dessen Wissen in fließende, sich erweiternde Grenzen des Seins ein. Er vermag es, die Wissensgrenze zu seinen Gunsten einer mittels Erkenntnis und Handlung begründeten Weltenaneignung zu verschieben und damit den Raum des Wissens und Handelns zu vergrößern.

Die Verknüpfung von Sein und Wissen führt uns zum relativen Charakter von Wahrheit. Sie ist dann auszumachen, wenn Seiendes in Übereinstimmung mit dessen Erkenntnis steht. Wir beabsichtigen, auf diese Weise Gewissheiten zu erschließen, die zerbrechen, wenn die Übereinstimmung von erlangtem Wissen mit dessen Inhalt (Gegenstand des Wissens) zerfällt.

Das menschliche Streben nach Wissen und Wahrheiten ist der gezielte Griff des Menschen, seinem Leben einen Wert, einen sinnstiftenden Nutzen zu geben.

Es sind die Erfahrungen, die den Menschen reifen und erwachsen werden lassen. Es sind die Grundlagen und angewandten Forschungen, die Neugier und der menschliche Erfindergeist, die ihn zu neuen Ufern des Lebens führen.

Das Seiende *ist* universell und grundlegend. Es ist auf sich selbst bezogen, Existierendes zu sein. Diese Beschreibung ist nichtssagend für das menschliche Denken und Handeln, weil es in sich ruht, im Wesen grund-, zeit- und raumlos zu sein. Das Seiende lässt sich aus seiner wenig aussagekräftigen Unbestimmtheit aufzulösen, wenn wir es als *Wirklichkeit und Realität* verstehen. **Wirklichkeit** ist Seiendes mit dem Qualitätsmerkmal des Wirklichen. *Wirklich* ist alles das, was in bzw. mit Wirkung stattfindet. Es sind wechselseitige Beeinflussungen, die Bewegungen hervorbringen. Ursächlichkeiten lösen Wirkungen aus, die Veränderungen nach sich ziehen. Antriebe und Gegensätze setzen Entwicklungen mit einhergehenden und weiterführenden Folgen in Gang.

Mit der Zuordnung der Wirklichkeit als eine Eigenschaft des Seienden haben wir die Möglichkeit, dem Seienden näher zu kommen, es aus seiner Grund-, Zeit und Raumlosigkeit herauszuholen und es so zu verstehen, *wie* es ist: *wirklich*. Das Wirkliche ist im Hegelschen Sinne die Überschreibung des Seienden. Es sind Wechselwirkungen, Bedingt- und Bestimmtheiten, Bewegungen, Veränderungen und Entwicklungen, die das Seiende zum Leben erwecken. Es sind die Welten des Menschen *und* die menschlichen Lebenswelten. Alle Lebensbereiche des Menschen finden sich hier ebenfalls wieder.

Als Frage bleibt zurück: Ist alles Seiende in Wirklichkeit getaucht? Ist alles Seiende gleichsam das Wirkliche oder ist auch von einem Nicht-Wirklichen im Da-Sein auszugehen?

Diese Betrachtung erscheint metaphysisch und praktisch irrelevant für die menschliche Lebenswelt. Wo befindet sich in unserem Alltagsgeschehen Existierendes außerhalb eines Wirkungsgeschehens, zumal alles in Bewegung, Veränderung bzw. Entwicklung begriffen ist? Unsere Lebenswelt kennt keinen Stillstand und dennoch befinden sich in ihr bewegungslose Artefakte.

Wirklich sind alle in, mit und außerhalb des Menschen existierenden Gegebenheiten, die wirkend auftreten, d. h. entweder sich selbst oder anderes in Bewegung bringen und damit Wirkung erzeugen. Nicht wirklich ist alles das, was wirkungs*los* bleibt. Wo gibt es Derartiges in der Natur? In ihr gibt es keinen Stillstand. Der Versuch, die Welt auf den absoluten Nullpunkt von 0 Grad Kelvin (minus 273 Grad Celsius) herunter zu eisen, was die Teilchenbewegung in unserem Universums zum Stillstand bringen würde und jede Unordnung verschwinden ließe, ist eine reine, theoretisch-physikalische Größe.

Vom Menschen geschaffene Ziffern, Zeichen, Symbole sind wirkungslos, wenn ihnen keine Bedeutung zugeordnet wird. Sie bleiben ohne Wirkungskraft, solange jede für sich außerhalb eines sinnstiftenden Kontextes steht. Diese Überlegung bekräftigt die Aussage: Alles Wirkliche ist Bestehendes im Sein. Nicht alles Existierende zeugt von Wirkfähigkeit und bleibt damit außerhalb der Wirklichkeitsbetrachtung.

Alle Überlegungen über Sein und Wirklichkeit ziehen die Nachfrage nach sich, was Realität ist. Sie ist insofern erforderlich, weil in unserem alltäglichen (und auch wissenschaftlichen!) Sprachgebrauch zwischen Realität und Wirklichkeit kaum unterschieden wird. Doch es macht Sinn, diesen Worten (Termini) unterschiedliche begriffliche Intensionen (Bedeutungen) zu hinterlegen. Insofern kommt der **Begriff der Realität** zu denen des Seins (Seienden) und der Wirklichkeit (Wirklichen) ergänzend ins Spiel. Das wird deshalb notwendig, weil das hier einzuführende Verständnis über Realität (Reales) von üblichen Erklärungen abweicht und eine weitere hinzugefügt wird, die die Sicht auf das Seiende und Wirkliche vervollständigt.

Bei Wikipedia ist zu lesen: „Als **Realität** wird im allgemeinen Sprachgebrauch die Gesamtheit des *Realen* bezeichnet. Als **real** gilt zum einen etwas, das keine Illusion ist und nicht von den Wünschen oder Überzeugungen einer einzelnen Person abhängig ist. Zum anderen das, was in Wahrheit so ist, wie es erscheint bzw. dem bestimmte Eigenschaften „robust" – also nicht nur in *einer* Hinsicht und nicht nur vorübergehend – zukommen. Realität ist in diesem Sinne somit dasjenige, dem „Bestimmtheit" zugeschrieben werden kann."[9]

In diesem Sprachgebrauch wird dem Realen all das zugeordnet, was

---

[9] Vgl. Realität in Wikipedia: https//de.m.wikipedia.org

tatsächlich existiert und der Beweisbarkeit bzw. der Überprüfbarkeit standhält. Doch was heißt tatsächlich? Im Allgemeinen wird darunter das verstanden, was *nachweislich* existiert und als eine Tat-Sache auftritt. Darunter fallen i. d. R. das Materielle und jene Gegebenheiten, die frei, unabhängig vom Wollen und den Wünschen des Menschen existieren. Realitäten stünden nach diesem Verständnis außerhalb jeglicher menschlichen Betrachtung.

Wie verhält es sich mit jenen Lebensdingen, die wir als Illusionen, Wünsche oder Träume kennen oder als Inspiration, Intuition oder Meinung beschreiben? Wo ordnen wir eine vom Menschen wahrgenommene „Fata Morgana" ein, die Objektives vortäuscht und in sich zusammenfällt, wenn dieses Phänomen hinsichtlich ihrer Realität, d. h. Tatsächlichkeit, überprüft wird? Wie bzw. wo verorten wir Wahnvorstellungen, Leugnungen, Hypothesen oder die Gedankenwelt von Menschen mit Alzheimer-Demenz? Sie alle sind zweifellos existent, tatsächlich. Sind sie aber auch real? Sie sind es nicht im Sinne des Materiellen, einer *objektiven Realität*. Sie gehören zur *subjektiven*, einer im Bewusstsein existierenden Lebenswelt des Menschen. Es sind vom Menschen geschaffene Realitäten, die zweifelsfrei aus der menschlichen Gedankenwelt entspringen. Sie sind Produkte eigener, im Geiste des Menschen hervorgebrachter Realitäten. Wir haben es mit einer Realität zu tun, die neben dem Objektiven auch das Subjektive einschließt.

Für die Erfassung der Erscheinungsformen menschlicher, subjektiver Realitäten ist es unerheblich, ob sie der objektiven Tatsächlichkeit, der Beweisbarkeit und dem Kriterium der Wahrheit standhalten oder nicht. In dieser Realität gilt ausschließlich der Tatbestand, ein Produkt des menschlichen Bewusstseins zu sein. Mehr noch: Das Reale zeigt sich in dem, was der Mensch für existierend und/oder wirklich ansieht, unabhängig davon, ob diese Ansicht einer Tatsache (Wirklichkeit) entspricht oder nicht, ob sie *ist* oder *nicht* ist.

Der Streit darüber, ob Götter, Feen oder Geister existieren, Meinungskontroversen ausgetragen werden, ob ein Corona-Virus menschliches Leben bedrohe oder nicht, ob Verschwörungsnarrative wahr oder falsch sind, ist hier unerheblich, weil alle Denkperspektiven in Bezug auf die Realität gleichwertig und in der Welt der *subjektiven Realität* als gültig anzuerkennen sind.

In allem finden auch Märchen, Sagen und Mythen ihren Platz. Sie sind als Erzählungen Teil menschlichen Lebens und Kultur. Sie sind real, im Sinne einer existierenden Erzählung tatsächlich zu sein. Sie sind reale, im Bewusstsein des Menschen verankerte Geschichten, deren Wahrheitsgehalt im Hinblick auf den Inhalt zu vernachlässigen und wirkungslos ist.

In dieser Realitätsbetrachtung ist alles Ideelle tatsächlich, außerhalb des Materiellen im Sinne einer Realität mit ideellem und subjektivem Charakter.

Zugleich wird ein Realitätsbegriff über das Reale verfolgt, der die bisherigen Erläuterungen über Sein und Wirklichkeit einbindet. Was ist damit gemeint?

Realitäten sind all das, was der Mensch für existent und wirklich *betrachtet, bestimmt, annimmt*, ohne in jedem Fall sicher zu sein, dass sie Gewissheiten besitzen, ob sie von tatsächlichem Bestand und Wirkung sind. Realitäten sind von ideellem, subjektivem Charakter, das heißt, sie sind an dem Menschen, an das menschliche Bewusstsein gebunden.

Realitäten sind auch das, was der Mensch nicht nur denkt, sondern auch fühlt. In dem Bereich des Realen befinden sich Gedanken-, Wahrnehmungs- und Gefühlswelten jeglicher Art, unabhängig davon, ob sie ganz, teilweise oder gar nicht der Außenwelt des menschlichen Bewusstseins entspringen und einer Wahrheitsprüfung standhalten. Das Reale wächst in besonderer Weise über das Sein und Wirkliche hinaus, nicht nur objektiv existent zu sein und jeder Wahrheitsprüfung bestehen zu müssen. Reales ist das, was existiert *und* Wirkungscharakter besitzt. Das Reale ist mit dem Sein und Wirklichen verbunden, was bedeutet: Das Reale *ist und wirkt* und zeigt sich zudem auch als menschlich *Erdenkliche*s.

Das Reale schließt die Gesamtheit aller Erscheinungen ein, die mittels Geist (Denkwelt) und Seele (Gefühlswelt) entstanden sind. Real sind alle Phänomene des menschlichen Bewusstseins, mit deren Hilfe der Mensch seine Lebenswelt gestaltet und umgekehrt zum neuerlichen Denken und Handeln angeregt wird.

Das menschlich Bewusste ist nicht nur durch sein Sein bestimmt, sondern auf dessen Grundlage durch seine Wirklichkeit. In ihr steckt die Kraft des Bewussten, Wirkungen, d. h. Veränderungen, hervorzubringen. Es entwickeln sich Gedanken, es entstehen Gefühle, Bilder, Wahrnehmungen etc., angeregt durch die Außenwelt des Menschen (Inspiration) oder durch innere Eingebungen (Intuition). Von ihnen gehen Veränderungen aus, die in die Lebenswelt hineingetragen werden oder aus denen neue Sichtweisen, Haltungen, Einstellungen hervorgehen. Ob das alles vom menschlichen Bewusstsein Erzeugte den Tatsachen entspricht und verifizierbar ist, bleibt in dieser Betrachtung unerheblich. Eine menschliche Idee mit oder ohne Wahrheitsgehalt ist stets real. Sie *ist* Realität.

Jegliche bisherige Begriffserklärung über die Realität und deren Einbindung von Sein und Wirklichkeit macht nur Sinn, wenn sich eine Verbindung zum Grundanliegen des Diskurses herstellen lässt. Insofern steht die Frage im Raum: Was bedeuten alle vorangestellten Überlegungen zur Begrifflichkeit von Realität und Realem für das Verständnis von Spiritualität, Digitalisierung bzw. Digitalität? Wie ordnen sie sich in das Sein, Wirkliche und Reale einerseits und in die Welten des Menschen und menschliche Lebenswelten andererseits ein?

Die *Spiritualität* ist eine im Menschen begründete und der gesamten menschlichen Gesellschaft zukommende Eigenschaft. Sie zeigt sich im Denken, Fühlen und Handeln des Menschen, verbunden mit dessen Lebenskultur. Insofern ist sie sowohl eine dem menschlichen Geist zuzuordnende Eigenschaft *und* Erscheinungsform eines wertebestimmten menschlichen Daseins und Verhaltens als auch ein Qualitätsmerkmal menschlicher Lebensweise und kulturellen Lebens. Spiritualität versteht sich als eine von Sozialisation bzw. Kultur getragene menschliche Lebenswelt.

Das *Spirituelle* ist ein Phänomen, das Realitätscharakter besitzt. Es ist das Wirkliche in der menschlichen Lebenswelt. Orte wie Kirchen, Klöster oder Kultstätten, Räume und Plätze, in bzw. auf denen Rituale gepflegt werden, stützen auf gegenständliche Weise die Spiritualität des Menschen. Jener Teil gehört zur menschlichen Lebenswelt und ist damit konstitutiver Bestandteil menschlichen Lebens und deren Kultur. Sie sind dem Sein und der Wirklichkeit zugehörig. Das Spirituelle zeigt sich im Da-Sein, in der Wirklichkeit *und* in der Realität.

Das Spirituelle hat seinen Bestand in der Existenz und der Qualität des menschlichen Bewusstseins. Es legt die Grundlagen dafür, dass sich menschliches Denken und Verhalten spirituell offenbaren und entfalten kann. Die darzustellende Geschichte des menschlichen Denkens wird aufzeigen, wie eng es mit dem Spirituellen des Menschen verbunden ist.[10]

Die *Digitalisierung* ist die Transformation der Technik, von Instrumenten und Verfahren, aus der Welt des Analogen in das Digitale. Als solche gehört sie zweifellos zur menschlichen Lebenswelt. Sie ist auf der Grundlage materieller, stofflicher Gegebenheiten ein Produkt menschlichen Erfindergeistes. Mit Kreativität eignete sich der Mensch seit Jahrtausenden die Naturstoffe an, um sie in Technik umzuwandeln. Damit schaffte er eine vollkommen neuartige Welt des Lebens – die Welt des Technischen – und stößt mit ihr eine qualitativ neue, komplexere Lebenswelt auf. Das Reale zeigt sich durch die Transformation der Idee sowohl in der Existenz des Digitalen als auch im Wirklichen. Dieser Umwandlungsprozess bewegt sich an der Schnittstelle zwischen ihnen gleichermaßen. Die Digitalisierung ist Idee und vom Menschen vollzogene Transformation. Sie gehört zur menschlichen Lebenswelt und der Mensch gestaltet sie von Grund auf neu.

Wenn wir über die Realität des Digitalen sprechen, so ist sie Teil der realen Lebenswelt und mit ihr auch der Prozess der Umwandlung vom Analogen zum Digitalen. Spätestens hier fällt der *Begriff der virtuellen Realität* ins Gewicht der Realitätsbetrachtung. Das Phänomen der Virtualität unserer Lebenswirklichkeit, die auch außerhalb des Digitalen verortet werden kann, wird jedoch mit der Digitalisierung unserer Lebenswelt „immer mehr […] ein *Modus von Realität* und gerade nicht mehr als eine Art von Realitätsverweigerung oder Realitätsflucht"[11]. Bei aller anzumerkenden Problematik, die mit dem Begriff der virtuellen Realität verbunden

---

[10] Das Kapitel II im Teil 1 des Buches widmet sich dem Entstehen und Entwickeln des menschlichen Denkens. Als Qualitätsmerkmal des Bewusstseins ist es ein wichtiges Charaktermerkmal menschlichen Seins und Werdens. Seine geschichtliche Beschreibung gibt uns den Raum frei, das Spirituelle, Analoge bis hin zum Digitalen zu verstehen. Dabei geht es nicht um das Nachverfolgen einer philosophisch begründeten Ideengeschichte des menschlichen Bewusstseins, sondern um das Nachzeichnen der Entwicklung des menschlichen Denkens aus der Existenz des Bewusstseins heraus.

[11] Jörg Noller: Digitalität. Zur Philosophie der digitalen Lebenswelt, Schwabe Verlag Basel 2022, S. 34

wird, macht es dennoch nach dem hier verfassten Realitätsbegriff Sinn, „Realität so auf die Virtualität zu beziehen, dass sich virtuelle Realität einerseits als genuine *Form* von Realität erweisen lässt, dass aber andererseits keine Nebenwelt eröffnet wird, die jeden Bezug zur physischen Realität verliert."[12] Mit der Anerkennung von Virtualitäten als einen Teilbereich der Realität wird die virtuelle Welt selbst Teil menschlicher, kultureller Lebensweise und fließt in die Digitalität ein.

Die *Digitalität* als ein mit der Digitalisierung verbundenes *kulturelles* Charaktermerkmal menschlichen Lebens und gesellschaftlichen Wirkens lässt den Zugang zur Spiritualität leicht erahnen. Spiritualität als Denkweise, Verhalten und Handlung bietet an sich genügend Raum, sie in der Kultur der Digitalität anzusiedeln und umgekehrt. Das macht alle folgenden Betrachtungen über das Digitale und Spirituelle, über Spiritualität und Digitalität so reizvoll, obwohl zwischen ihnen wesensfremde Welten liegen. Auch wenn sie menschliche Lebenswelten sind, so unterscheiden sie sich grundsätzlich im Geiste und in der Materialität. Was sie verbindet ist ihr Da-Sein, real und wirkungsmächtig zu sein.

Die Begriffsprägungen *spirituelle Digitalität und digitalisierte Spiritualität* lassen erahnen, dass das Herstellen einer gedanklichen Verbindung zwischen Spirituellem und Digitalem sinnvoll erscheint.[13]

Wie bereits oben angezeigt, zeigen sich Spiritualität und Digitalität in ihrer Beschreibung als kulturelle Phänomene. Als **Kultur** wird die Gesamtheit aller von einer Menschengruppe (Gemeinschaft, Gesellschaft) in einer bestimmten Zeitepoche geschaffenen geistigen, künstlerischen, gestalterischen Leistungen, Verhaltens- bzw. Lebensweisen (z. B. Rituale, Sitten) und Artefakte (z. B. Kunstwerke, Tänze, Friedhöfe, Techniken) verstanden. Das *Spirituelle* ist zweifellos Teil einer vom Menschen hervorgebrachten Kultur, Teil seiner Geschichte und gesellschaftlicher Entwicklung. Es hat den Menschen von je her begleitet und geprägt, auch

---

[12] Jörg Noller: a. a. O., S. 35 f.

[13] Vgl. u. a. Th. Hanstein u. A. K. Lanig: Spirituelle Kompetenz in Lern- und Arbeitswelten, Tectum 2020; M. Litzlbauer: Spiritualität in einer digitalen Welt, in: https://www.spiritua.life/die-spiritualitaet-in-einer-digitalen-welt/; https://spirit-online.de/verbindung-von-spiritualitaet-und-digitalisierung.html

wenn es sich wandelte und Neues hinzukam. Das Spirituelle des und im Menschen ist eine von ihm geschaffene Lebenskraft, Quelle einer sich immer wieder zu erneuernden Lebenswelt. Das gilt gleichermaßen für die Technik. Technikdesign und Technikkultur sind eng mit der Technikentwicklung verknüpft. Das Digitale steht für eine Entwicklungsform des Technischen. Es macht insofern keine Ausnahme, wenn es darum geht, es kulturell einzubinden. Digitales ist Ausdruck von menschlicher Kreativität und Design und repräsentiert in höchstem Maße Lebenskultur, die heute nicht mehr wegzudenken ist. Der Computer, das Handy und mit ihr die digitalen Netzwerke, zusätzlichen Gerätschaften und Techniken sind aus unserem Leben nicht mehr wegzudenken. Sie sind der verlängerte Arm und erweiterte Geist des Menschen geworden.

Doch um nicht nur das Sein in seiner Wirkung und im Realen zu verstehen, benötigen wir einen Zugang zum Werden in unserer Lebenswelt. Das folgende Kapitel gibt den Blick frei auf die *Welt des Wandels* und deren Erscheinungsformen.

Weltenwandel und Wandlungen des Menschen

Mit dem Übergang des Wassers von einem festen hin zu einem gasförmigen Aggregatzustand oder dem Keimen und Wachsen einer Pflanze aus einem Samenkorn beschreiben wir eine Veränderung. Sehen wir uns die beiden Naturphänomene etwas genauer an, so werden wir den feinen Unterschied herausfiltern können.

Oft reicht es, bei dieser Charakterisierung zu verbleiben, weil sie für unser alltägliches Leben wenig oder gar nicht von praktischer Bedeutung ist. Versuchen wir, eine Welt- bzw. Lebenssicht aufzuzeichnen, in der wir Natur und Technik, Gesellschaft, Mensch und dessen Bewusstsein mit seinem kognitiven, spirituellen und emotionalen Leistungsvermögen eine dezidierte Betrachtung schenken, so kommen wir um einen differenzierteren Blick auf unsere Lebenswirklichkeit nicht umhin, wenn wir sie adäquat abbilden wollen. Beim Wasser mit den Übergängen in den jeweiligen Aggregatszuständen sprechen wir von einer *Veränderung* oder *Umwandlung*, während wir das *Entstehen* einer Pflanze aus einem Samenkorn als *Wachstum* oder als *Entwicklung* beschreiben.

Unsere Sprache ist diesbezüglich erfinderisch. Deshalb ist es nachvollziehbar, dass das philosophische Denken sich dieser Wortvielfalt annimmt, um ein wenig gedankliche Ordnung im Sprachgebrauch herzustellen. Doch das Bemühen um begriffliche Klarheit hat offensichtlich ihre Grenzen, wie folgender Diskurs deutlich macht.

Im philosophischen Denken haben sich jene Begriffe wie ***Bewegung, Veränderung*** und ***Entwicklung*** etabliert. Sie nehmen einen festen Platz, insbesondere in Konzepten dialektischer Philosophien, ein. Hinzu gesellen sich ***Fortschritt, Geschichte*** und ***Evolution***. Sie alle markieren begriffliche Intensionen (Inhalte, Bedeutungen) und Extensionen (Umfänge im Sprachgebrauch). Sie charakterisieren Seins-Zustände, denen Veränderungen zugeschrieben werden und die beim näheren Hinsehen Unterschiede erkennen lassen. Es macht Sinn, derartige Begriffe in der Sache adäquat zu platzieren, um so Feinheiten zu anderen sich verändernden Phänomenen zu verdeutlichen. Das gelingt uns nicht immer; es entstehen Ungenauigkeiten in Sprache, Bedeutung, Bezeichnung bzw. im kommunikativen Gebrauch.

Weniger in der Philosophie verfestigt und dennoch von höchst aktuellem Interesse ist der **Begriff des** *Wandel*s. Er hat sich im gesellschaftlich-politischen Diskurs der letzten drei Jahrzehnte förmlich eingebrannt und ist nicht mehr wegzudenken. Er hat sich unter den anderen o. g. Begriffen, die in irgendeiner Form Veränderungen beschreiben, eingereiht. Insofern bedarf er einer ebenso charaktergebenden Beschreibung wie alle anderen, die sein begriffliches Alleinstellungsmerkmal verdeutlicht.

Wir sprechen seit längerem von einem *demografischen und Klimawandel*. Ein *Kultur- und Bewusstseinswandel* wird angemahnt. Doch was ist damit gemeint? Reicht es nicht aus, auf den bewährten Begriff der Veränderung zurückzugreifen?

Kein Begriff ist heute so hochkarätig und zugleich inflationär angelegt wie der des Wandels. Um ihm näher zu kommen und ihn in den Focus der Betrachtung zu rücken, werden zwei Fragestellungen in den Mittelpunkt gestellt. *Erstens.* Was macht einen Wandel aus? Worin besteht im Vergleich zu den anderen o. g. Veränderungsphänomenen der Unterschied? In welcher Hinsicht steht der Begriff des Wandels in einem philosophischen, ethisch-moralischen Kontext? *Zweitens.* Wie bettet sich der Wandel in die Lebenswirklichkeiten von Spiritualität und Digitalisierung ein? Inwieweit nährt das Spirituelle und Digitale den Wandel unseres alltäglichen Lebens?

Um den Begriff des Wandels zu verstehen und ihn entsprechend einzuordnen, ist ein philosophischer Rückgriff sinnvoll, weil er in die Begriffsfamilie der Veränderungen verortet werden kann.

Soweit in der Philosophie dialektische Betrachtungsweisen platziert sind, nehmen Begriffe wie Bewegung, Veränderung und Entwicklung eine zentrale Stellung ein. Die Geschichte des dialektischen Denkens erhält in der Hegelschen Philosophie, kategorial in der Logik der Wissenschaft, seinen konzeptionellen Status, der von Friedrich Engels in seiner Dialektik der Natur[14] aufgenommen wurde.

Das Bewegtsein ist ein Zustand, der in allem unsere Lebenswirklichkeit ausmacht. Nichts in und mit ihr ist ohne Bewegung. Sie ist unser *wirkendes* Sein. Es zeugt von Wirklichkeit. Anders formuliert: Eine aus Wirkungen bestehende Realität ist im Dasein von Bewegungen begründet, die

---

[14] Vgl. Marx-Engels-Werke (MEW), Bd. 20, S. 307 – 568, Dietz Verlag, Berlin 1968

wiederum durch sich entladende Spannungen, treibende Kräfte, sich auflösende Gegensätze, durch Attraktionen, Repulsionen, Resonanzen oder Antinomien neuerliche Bewegungen erzeugen.

Bewegung ist universell, wie G. W. F. Hegel (1770–1832) schreibt, in Kausalitäten als Verhältnis von Ursache und Wirkung, in Gegensätzen und Widersprüchen, im Spiel von Qualität und Quantität und im Werden durch Negation der Negation begründet. Insofern nimmt die Bewegung in der dialektischen Betrachtung eine zentrale Stellung ein und hat sich zur philosophischen Kategorie etabliert. Der Begriff der Bewegung äußert sich in seiner Abstraktheit und Universalität und schließt alle anderen oben und unten zu erklärenden Bewegungsbegriffe mit ein.

Neben diesem sei auf jenen Bewegungsbegriff verwiesen, wie er in der Physik, insbesondere in der Mechanik, angesiedelt ist. Hegel greift in der Logik der Wissenschaften[15] die damaligen verfügbaren naturwissenschaftlichen und Erkenntnisse der Mathematik auf und stellt die Bewegung in den Kontext von Gleichförmigkeit und Beschleunigung, Geschwindigkeit und Kraft.

In Friedrich Engels' (1820–1895) „Dialektik der Natur" nehmen die Grundformen der Bewegung einen breiten Raum ein, die er auf der Grundlage des damaligen naturwissenschaftlichen Erkenntnisstandes dezidiert erläutert. Er kommt zu dem Schluss, dass die „Bewegung in dem allgemeinsten Sinne ... als die Daseinsweise der Materie, als inhärentes Attribut der Materie gefaßt" werden kann und „alle im Universum vorgehenden Veränderungen und Prozesse in sich, von der bloßen Ortsbewegung bis zum Denken" als Bewegung zu begreifen sind.[16] Wir haben es hier mit zwei Begriffen der Bewegung zu tun: Zum einen Bewegung als philosophische Kategorie im Kontext von Raum und Zeit, Bewusstsein und Materie; als Daseinsweise alles in der Realität Wirkenden. Zum anderen zeigt sich die Bewegung als Begriff und im Verständnis der Mechanik, zur Beschreibung konkreter physikalischer Bewegungen wie Geschwindigkeit oder Beschleunigung, in der Wärme- bzw. Elektrizitätslehre. In diesem Sinne zeigt sich Bewegung in unserem Alltagssprachgebrauch.

---

[15] Vgl. 1. Buch, 2. Abschnitt, Quantität, 2. Kapitel Quantum
[16] Vgl. a. a. O., S. 354 ff.

Der Begriff der **Veränderung** ist in der Philosophie, in vielen anderen Wissenschaften und umfänglich in unserem Lebensalltag gebräuchlich. Veränderung wird in unserem Verständnis universell und zugleich gegenständlich abgebildet.

Mehr als mit Bewegung verknüpfen wir in konkreter Weise Veränderungen mit unserer Wirklichkeit. Alles ist nicht nur in Bewegung, sondern mit ihr in Veränderung. Nichts scheint wahrnehmbarer zu sein als tagtägliche Veränderungen. Jeder Tag ist anders. Wir sagen nicht: Alles hat sich bewegt, sondern alles hat sich verändert. Insofern steht die Veränderung der Bewegung im Verständnis sehr nahe. Gleichsetzen wollen wir sie nicht, weil wir zwischen ihnen, zumindest gefühlt, einen Unterschied wahrnehmen und verschieden verwenden (wollen). Was ist ihr auszumachender Unterschied?

Bewegung ist Veränderung; sei es allein eine Ortsveränderung. Veränderung äußert sich stets in Arten von Bewegungen. Insofern ist Veränderung eine philosophische Kategorie, die der Bewegung gleichwertig zugeordnet werden kann: „Bewegung [...] ist *Veränderung überhaupt*"[17]. Doch zugleich ist sie von konkreter Fassung, wie sie von Hegel zugrunde gelegt wird. Er bringt sie in Verbindung mit Qualität und Quantität, Quantum und Maß.[18] Das Wechselspiel von Qualität und Quantität, wie wir sie in vielen Veränderungen kennen, ist uns allzu gut bekannt. Das Anhäufen, Wachsen oder Vermehren führt zum Umschlagen in eine neue Qualität. Eine Menge einzelner Schneekristalle lassen aus ihr einen Schneeteppich werden. Das Teilen einer Zelle zum wiederholten Male bringt eine Zellkugel hervor. Einzelne Menschen, die sich zusammenfinden, zeigen sich in einer Geschlossenheit als Demonstrationszug.

Veränderungen sind immer Gegenstands-, Situations- bzw. Zustandsveränderungen. Sie gehen mit einem Wechselspiel von Kontinuität und Diskontinuität einher. Mit der Abbildung von Veränderungen nähern wir uns konkreteren Wirklichkeitsbeschreibungen. Die Brücke zu den anderen Wissenschaften ist damit gebaut, weil Veränderungen in allen Wirklichkeitsbereichen zu finden sind. Aus diesem Grund ist es erklärbar, dass

---

[17] F. Engels, a. a. O., S. 513

[18] Vgl. a. a. O., 1. Buch, 2. Abschnitt; vgl. auch F. Engels, a. a. O, S. 111 ff.

viele Wissenschaften den Veränderungsbegriff gleichsam in ihrer Sprache und für die Beschreibung fachwissenschaftlicher Gegenstände benutzen.

Die Begriffsvielfalt, um Veränderungen zu beschreiben, geht weit darüber hinaus, um Veränderungen besonderer Art kenntlich zu machen, auch wenn diese als Synonyme verwendet werden. Die Aufmerksamkeit gilt den Begriffen der Evolution, Prozess, Entwicklung, Geschichte und Wandel. Unter ihnen nimmt der Begriff der **Entwicklung** eine exklusive Stellung ein, weil er im dialektischen Verständnis von Hegel zu einer philosophischen Kategorie *aufgehoben* wurde. Das in der Wirklichkeit angelegte Widersprüchliche, das das Positive und Negative in wechselseitiger Bedingtheit, Ein- und Ausschließlichkeit eint[19], führt uns zu Hegels Entstehen und Vergehen, zum Aufheben des Werdens, zu Negation und Negation der Negation, was Entwicklung charakterisiert.

Entwicklung ist das Aufeinanderfolgen von Zuständen, Ereignissen, Situationen, die sich so verändern, dass sie – an einem Zyklus angekommen – eine scheinbare Rückkehr zu ihrer Ausgangssituation erfahren.

Negation ist das Erzeugen von Neuem und zugleich das Aufbewahren von Bisherigem in diesem Neuen. Altes mischt sich mit Neuem, weil Altes im Neuen aufbewahrt, aufgehoben wird.

Entstehen und Vergehen ist *Werden*. Aus einem Samenkorn *wird* eine Pflanze. Sie entwickelt sich im Rahmen ihres Wachstums, steht im Zuge ihrer Reife in voller Blüte. Am Ende ihres Gewordenseins werden Früchte oder Samen, die zu einem späteren Zeitpunkt eine neue Pflanze hervorbringen. Es ist die scheinbare Rückverwandlung zum Alten, obwohl es nicht das Alte ist, sondern es ist ein anderes Altes, das sich als Erneuertes zeigt.

Eng mit dem Entwicklungsverständnis verbunden ist das von Prozess und Fortschritt. Ein **Prozess** charakterisiert Entwicklungsabläufe als Her- bzw. Vorgänge. Prozesse sind Entwicklungen, denen Dynamiken bzw. Phasen (Etappen) zugeschrieben werden. Sie sind Entwicklungen im o. g. Sinne, in der sich Gestaltendes widerspiegelt. Die Lebenswirklichkeit folgt Prozessen bzw. zeigt sich in ihrem Prozesscharakter. Damit ist nicht selten die Aufforderung verbunden, die Realität nicht nur als Veränderung, son-

---

[19] Vgl. G.W. F. Hegel: a.a.O., 1. Buch, 1. Abschnitt, 2. Kapitel

dern in ihrer Prozesshaftigkeit zu beschreiben.

Mit dem Begriff des **Fortschritts,** der vor allem im Wissenschaftlich-Technischen bzw. im Gesellschaftlichen angesiedelt ist, wird Entwicklung bzw. Geschichte in der Gesellschaft als ein primär qualitatives Fortschreiten i. S. einer kontinuierlichen Niveausteigerung angesehen. Sie wird mit Verbesserung an Lebenssituationen und Lebensqualität für die in der Gesellschaft lebenden Menschen verknüpft. Fortschreiten versteht sich als der Weg zum Besseren als zuvor.

Von ihm hebt sich ab, was unter Evolution verstanden wird. Der Begriff der **Evolution** steht in der Geschichtsbetrachtung der Gesellschaft in Verbindung mit dem der *Revolution*. Evolution als eine kontinuierliche Veränderung des Gesellschaftlichen erfährt unter bestimmten Bedingungen einen Qualitätswandel. Es ist eine Revolution, die einen neuen evolutiven Gesellschaftsprozess einleitet. Evolution und Revolution sind konkrete Fassungen über das Verhältnis von Quantität und Qualität, sowohl bezogen auf die Gesellschafts- als auch Technikentwicklung, in der immer wieder Qualitätssprünge auszumachen sind. Wir sprechen von einer beginnenden industriellen Revolution im 18. Jahrhundert und einer sich allgemein gesellschaftlich durchsetzenden industriellen Revolution im 19. Jahrhundert.[20] Die Entwicklung und zunehmende Verbreitung digitaler Technik seit den 60er Jahren des 20. Jahrhunderts sind ebenso ein beredtes Zeugnis für einen Sprung im wissenschaftlich-technischen Fortschritt. Er ist das Resultat einer vollzogenen Innovation mit revolutionärem Charakter. Revolutionär nicht nur deshalb, weil gesellschaftlich übergreifend und bestimmend, sondern auch deshalb, weil heutzutage von der Idee über die technische Entwicklung hin zur Markteinführung oft nur ein Zeitraum von einer Generation (ca. 20 bis 25 Jahre) oder weniger besteht. Zu Beginn der industriellen Revolution vor 200 Jahren beanspruchte dieser Prozess der Innovation bei weitem mehr an Lebenszeit – weit über eine Generation hinaus.

Einen anderen Akzent setzt der *Evolutionsbegriff in den Biowissenschaften*. Die biotische Evolution als Geschichte des Lebens, ist das Entstehen des Lebens bis hin zum Menschen auf unserem Planeten. Es ist das

---

[20] Sh. Teil 1, Kap. III über die Entwicklung der Technik in der Gesellschaft

Entstehen (Geburt), Werden (Wachsen) und Vergehen (Aussterben) von pflanzlichen und tierischen Arten oder Gattungen. Die biologische Evolutionstheorie beschreibt mittels uns bekannter Evolutionsfaktoren – Mutation, Selektion, genetische Rekombination, Gendrift und Isolation –, wie in ihrem Zusammenwirken biotische Evolutionsprozesse in Gang gesetzt werden, neue Arten in Flora und Fauna entstehen, sich verändern und welchen Einfluss die äußeren Naturbedingungen auf sie ausüben.

Die biotische Evolution zeigt sich durch Bildung neuer Arten, mit deren Veränderung neue Arten entstehen. Insofern ist die biotische Evolution mit Hilfe der Evolutionsfaktoren gleichsam ein Wechselspiel von Qualität und Quantität, von kontinuierlichem Werden und qualitativen Sprüngen, wenn insbesondere durch Mutationen und passende Lebensbedingungen neue Arten, Unterarten oder Rassen hervorgebracht werden.

Nach der Einleitung o. g. Begriffe hat sich in den letzten Jahrzehnten ein weiterer einen Platz in dieser Begriffsfamilie erobert und ist nicht mehr wegzudenken. Es ist vom **Wandel** die Rede. Was ist unter Wandel zu verstehen? Kann er sich von den anderen hinreichend abgrenzen und seine eigene Bedeutung hervorheben? Was macht ihn angesichts der heutigen gesellschaftlichen Entwicklung aus? Zu überlegen ist, ob es Sinn macht, dem Begriff des Wandels eine inhaltliche und funktionelle Eigenständigkeit zu geben und damit seine Unverwechselbarkeit im Vergleich zu Veränderung oder Entwicklung hervorzuheben. [21]

---

[21] Aus der Technik kennen wir den Transformator. Ein Transformator ist ein Umwandler. Gewandelt wird von einer Bewegungsform in eine andere; oder Transformatorenstationen haben die Funktion, Energien von einer Stärke in eine andere, niedere umzuwandeln.
In der Biologie ist der Begriff der Metamorphose angesiedelt. Ich erwähne ihn deshalb, weil er die Brücke zu dem nachfolgenden Abschnitt schlägt. Eine Metamorphose drückt einen Wandlungs- bzw. einen Umwandlungsprozess in der Individualentwicklung bei Insekten aus. Die Umformung können wir selbst bei Schmetterlingen gut beobachten. Nach der Ablage der Eier wandeln diese sich in Raupen. Diese wiederum verpuppen sich, aus denen in Folge der Schmetterling schlüpft. Diese Metabolie ist auch bei vielen anderen Arten, wie z. B. bei Lurchen, bekannt. Es ist die Umwandlung hin zum Adultstadium, hin zum geschlechtsreifen Tier. Der Vollständigkeit halber sei hier darauf

Wir können davon ausgehen, dass der Begriff des Wandels im gesellschaftsverändernden Kontext insbesondere seit der zweiten Hälfte des 20. Jahrhunderts verwendet wird und in vielen Bereichen des gesellschaftlichen Lebens Eingang gefunden hat.

Wie oben erwähnt, ist der Wandel in aller Munde. Es wird vom demografischen und Klimawandel gesprochen. Er zeigt sich als wirtschaftlicher Wandel, Politikwandel, sozialer bzw. Kulturwandel; oder er tritt in unserem Sprachgebrauch als Sinneswandel in Erscheinung. Wir kennen ihn im Sinne eines Bedeutungs- und Strukturwandels. – Synonyme für „Wandel" gibt es reichlich. Für das hier zu vermittelnde Verständnis sind jene hilfreich wie Wende, Wechsel, Umbruch, Er- bzw. Neuerung, auch jene wie Umwandlung, Umgestaltung, Neuorientierung.

Es wird hier der Versuch unternommen, dem Begriff des Wandels *seine* Eigenständigkeit und Berechtigung zu geben, die in der heutigen Verwendung angelegt ist und in der Folge des Diskurses seine Begründung findet.

Jede Wandlung *ist* eine Veränderung, ein Prozess. Der Wandel *ist* Prozess und Resultat und hat sich selbst wieder zum Ausgangspunkt des Geschehens. Er beschreibt eine Veränderung, die nicht auf immer und ewig angelegt, folgt keiner Schleife der Unendlichkeit, sondern hat einen Anfang, Verlauf und ein Ende. Das Besondere ist: Mit dem Wandel wird ein *evolutionärer Paradigmenwechsel* kenntlich gemacht. Das bedeutet, dass Althergebrachtes, Gewohntes nicht mehr zu einer neuerlich entstandenen Grundauffassung passt und gesprengt wird bzw. werden will. Neues Denken bahnt sich seinen Weg und bereitet einen Gestaltungswandel vor und um. Die Lebenswirklichkeit fordert uns auf, das alte, überkommene Denken und mit ihm das Verhalten von Grund auf zu erneuern und damit einer Wandlung zu unterziehen.

Der Wandel unterscheidet sich von allen anderen Veränderungen, Entwicklungen oder Prozessen dadurch, dass er von anthropologischem Charakter ist: Er ist von des Menschen mit Kopf und Hand *gemacht*. Er vollzieht sich ausschließlich mit und im Zutun menschlichen Denkens, Entscheidens und Handelns. In diesem Sinne wird er seinem Wesen gerecht.

---

hingewiesen, dass der Begriff der Metamorphose auch in der Botanik, Geologie und Musik etabliert ist.

Das schmälert nicht seine Objektivität, auch wenn ein derartiger Wandel an den Menschen gebunden ist, die ihn auf den Weg zu bringen haben. Er unterliegt objektiven Gegebenheiten, (gesellschaftlichen und technischen) Zwängen, die einen Wandel dringend notwendig machen. Alles bisherige Weitermachen würde die menschliche Gesellschaft in Gefahr, in Richtung Stagnation bzw. Rückschritt bringen. Der Wandel braucht einen zu gestaltenden Nährboden, der eine Wandlung als Ausgangsbedingung hervorbringt und den bewussten Akt einer zu verändernden Lebensgestaltung zulässt.

Der Wandel ist ein Vorgang, der nicht nur sich in der Sache verändert, sondern sich auch im Verlauf wandelt. Das heißt, die Wandlung vollzieht sich in Phasen.

Phase 1 – Latenz - Evolution: Bisheriges an Veränderung war bestimmt durch Kontinuität und vollzieht sich in einem bleibenden, dynamisierten Gleichgewicht. Oft sind es dann äußere Umstände, die Ungleichgewichte, Verwerfungen, Dissonanzen hervorbringen und einen *Wandel des Negativen* einläuten. Der demografische oder Klimawandel sind zwei beredte Beispiele, wie über Jahrzehnte menschengemacht die Bevölkerungsstruktur, Natur, Umwelt und Klima aus dem Gleichgewicht geraten und nachhaltig die Gesellschaft bzw. deren Lebensumstände verändern. Bruch und Dissonanzen einer bisherigen kontinuierlichen Veränderung offenbaren sich.

Phase 2 – Wahrnehmung - Bewusstwerdung: Die Veränderung dringt als Gefahr für den Menschen unbestimmt und diffus ins Bewusstsein. Sie wird als Wirkung für die menschliche Gesellschaft zur Kenntnis genommen. Es werden Tatsachen ausgemacht, die als mögliche Bedrohungen ausgemacht werden. Die Ernsthaftigkeit für das Handeln fehlt. Die Komplexität, das ganze zu erwartende Ausmaß, lässt sich noch nicht erfassen. Ein erforderliches Umwandeln ist noch nicht ausgemacht.

Phase 3 – Bestimmung - Bewusstheit: Es manifestiert sich im menschlichen Bewusstsein und in der Gesellschaft, dass ein nachhaltiger, in seinen Ursprüngen herstellbarer Veränderungsprozess in Gang gekommen ist, der das Niveau eines grundlegenden Wandels einnimmt. Es ist die Erkenntnis gewachsen, dass ein „Weiter so" der Entwicklung der Gesellschaft zum Nachteil gereicht und menschliches Denken und Handeln selbst einen

Wandel erforderlich macht. Ein gezieltes und gedeihliches Eingreifen bzw. Gegensteuern wird zu einem dringenden Erfordernis der Gesellschaftsentwicklung.

Phase 4 – Bewertung - Evaluation: Die Erfassung des Wandels wächst aus der Phase der Kognition hinein in die der Evaluierung. Wissenschaftliche Analysen und Studien bereiten den erforderlichen Wandel vor – raus aus der Destruktion hin zur Konstruktion. Das direkte Eingreifen und die Gestaltung einer Wandlung i. S. der Bewahrung und Entwicklung der Gesellschaft werden vorbereitet.

Phase 5 – Entscheidung – Intervention: Mit dieser Phase werden die grundlegenden Weichen für die Zukunft der Gesellschaft gestellt. Die Qualität getroffener Entscheidungen setzt den Maßstab für Entwicklung, Zukunft und Nachhaltigkeit. Der Abgleich zwischen objektiven Veränderungsprozessen, die von Mensch und Gesellschaft zu ungewollten, unwiederbringlichen Entwicklungen führen und der von ihnen eingeleitete Wandel ist als Antwort vollzogen.

Phase 6 – Handlung - Verwirklichung: Die praktische Umsetzung macht den Wandel zu einem konstruktiven menschlichen Handlungsprozess. Er zeigt sich in einer hohen Komplexität. Es ist ein Wandel mit Hoffnung hin zum Guten, der sich über einen langen Zeitraum, ggf. über Generationen, vollzieht. Wandlungen brauchen eine generationsübergreifende Gestaltungszeit. Der vom Menschen in Gang gesetzte Wandel braucht mehr Zeit als der Veränderungsprozess selbst, der den Wandel ausgelöst hat. Die Wirkfähigkeit eines derartig vom Menschen eingeleiteten Wandels als Gegenreaktion ungewollter Veränderungen ist deshalb ungewiss, in der Entwicklung offen. Keiner kann sagen, ob der Wandel von gewünschtem Erfolg sein wird.

Die Beschreibung des Wandels macht folgende Besonderheiten kenntlich:

1. Der *Begriff des Wandels* beinhaltet das in der objektiven Wirklichkeit angelegte *und* letztlich das vom Menschen erkannte Erfordernis, eine Veränderung einzuleiten.

2. Wandel steht für eine vom Menschen ursächlich hervorgebrachte Veränderung, die für Mensch verstörend und die Natur zerstörerisch wirkt. Sie ist die Aufforderung an den Menschen, selbstverpflichtend

einen Wandel gedeihlicher Entwicklung einzuleiten.

3. Der Wandel ist von objektivem und subjektivem Charakter.[22] Er ist ein gesellschaftliches Produkt sowohl in der Schaffung seiner gewollten wie ungewollten Bedingungen als auch in der gewachsenen Einsicht und im anerkannten Erfordernis, dem Wandel einen Gestaltungsrahmen zu geben.

4. Ein Wandel vollzieht sich in Phasen, dem stets ein objektiver Veränderungsprozess vorausgeht, bevor eine Wandlung eingeleitet wird. Es ist die unbewusste Latenz einer für den Menschen nicht im Bewusstsein verankerte, aber für ihn selbst außergewöhnliche und relevante Veränderung (Phase 1), die über die Kognition (Phase 2 bis 5) zur Aktion führt (Phase 6). Mit dem Wandel verbinden sich menschliche Unbestimmtheit und Hoffnung.

5. Es ist der Mensch mit seinem Willen, auf diesen Prozess einzuwirken, ihn aufzuhalten, umzulenken, auf ihn katalytisch oder innovativ Einfluss zu nehmen. Der Wandel ist im Vor-Gang ein vom Menschen begründeter und im Nach-Gang bewusst eingeleiteter, korrektiver Akt der Selbstbewahrung.

6. Wandel steht für An-Wandlung, Wende und Ver-Wandlung; er ist ein mit Risiko und Gefahren verbundener Paradigmenwechsel.

Mit der Beschreibung des Wandels machen wir auf reale Prozesse der gesellschaftlichen Entwicklung mit einer besonderen Dynamik aufmerksam. Das heißt, die Geschichte der Gesellschaft lässt Wandlungen zu, die sich in Struktur oder sonstigen Veränderungen widerspiegeln. Gesellschaftliche Ordnungen gehen in andere über. Sie folgen in ihrem Charakter ähnlich wie in den Gesetzen der Natur. Sie sind vom Wollen und Willen des Menschen unabhängig, d. h. objektiv, und dennoch vom Menschen

---

[22] Objektiv, d. h. unabhängig vom Willen des (einzelnen) Menschen existierend, bestimmt durch menschliches Zutun und Handeln, jedoch nicht unabhängig vom menschlichen Bewusstsein. Subjektiv, d. h. in Abhängigkeit vom Menschen, getragen durch menschliches Denken, Entscheiden und Handeln – doch unabhängig vom menschlichen Bewusstsein. Der Mensch drückt durch sein Wirken seiner äußeren Lebenswelt den Stempel auf, macht sie für sich zu eigen. Er zeigt sich als Handelnder gestalterisch, einflussnehmend auf seine Lebenswirklichkeit.

gemacht. Die Kraft des Menschen, sich die Ressourcen der Natur aneignen zu können, sie für sich zu seinem Nutzen zu wandeln, lässt das Verhältnis zwischen Mensch und Natur grundlegend verändern. Es kommt Brüchen gleich, die die menschliche Gesellschaft zum Wandel auffordert.

Der kreative, von Bedürfnissen und Zielen verfolgte menschliche Eingriff in die Natur hinterlässt mit seinem Werden einen zunehmend irreversiblen Abdruck. Die Lebenswelt des Menschen ist sein Fußabdruck. Es ist das *Anthropozän*. Mit ihm wird eine geochronologische Epoche charakterisiert, in der nicht die Natur den Menschen beherrscht, sondern der Mensch mit seinem Wirken zum wichtigsten einflussbestimmenden Faktor auf die Prozesse der lebenden Natur, auf die Beschaffenheit, auf die Atmosphäre der Erde und über sie hinaus wird. Der Mensch drückt der Erde *seinen* Stempel auf. Insofern setzt der Wandel vor dem Anthropozän ein. Es werden irreversible Marker gesellschaftlicher Entwicklung gesetzt, die sich auf sein natürliches Dasein auswirken. Es ist ein vom Menschen vollzogener Wandlungsprozess, der eine neuerliche Transformation – wie oben als Wandel beschrieben – erforderlich macht, wenn er sich seiner Lebensgrundlagen nicht berauben will.

Der Mensch löst sich mit seinem Fortschritt an Gesellschaft und Technik immer mehr aus seiner natürlichen Lebenswelt heraus. Er macht sich immer mehr von seinen natürlichen Lebensbedingungen unabhängig. Die Natur wird zu seiner Magd und zum Herrschaftsinstrument. Der Mensch bedient sich ihrer, beutet sie aus, ohne annähernd in Erwägung zu ziehen, dass deren Ausbeutung zur Zerstörung ihrer Beziehung führt. Wird der Mensch in seiner Geschichte sein eigener „Totengräber"?

Diese Mensch-Natur-Technik-Entwicklung ist von grundlegendem, evolutionsgeschichtlichem Charakter. Vor diesem Hintergrund baut sich die Frage auf, ob eine derartige Evolution menschlich-gesellschaftlicher Entwicklung einem Naturgesetz folgt. Das würde bedeuten, dass jegliche Menschwerdung und der vom Menschen ausgehende Antrieb zur Naturaneignung ein in ihm zutiefst verwurzelter Akt nach Lebensveränderung und -verbesserung ist. Er ließ dem Menschen keine andere Wahl, als das zu tun, was er tat: Die Naturaneignung mit dem Ziel existenzieller Bedürfnisbefriedigung, menschlicher Sicherheit und Naturkontrolle.

Stellen wir uns vor, der Mensch hätte eine derartige Naturnachhaltigkeit bereits vor Tausenden von Jahren gelebt. Wäre die Naturentwicklung und Gesellschaftsgeschichte eine andere geworden? Die Frage ist spekulativ und stellt sich nicht, weil der Mensch zur Zeit seines frühen Entwicklungsstandes und kulturellen Lebens, das mehr als vierzigtausend Jahre zurückgeht, ein Verhalten der Demut und des Respektes zur Natur zeigte. Seine gelebte Spiritualität war per se natur- und menschengedeihlich angelegt, so dass die Natur alle Voraussetzungen für eine schadensfreie Reproduktion hatte. Erst mit der Verstädterung vor ca. zehntausend Jahren, veränderte sich die Situation zwischen Mensch, Natur und Technik. Sie ging mit einem Klimawandel, einer Erwärmung einher. Sie begünstigte die Sesshaftigkeit des Menschen; Ackerbau- und Viehzucht, Handwerk und Handel blühten auf. Von nun an sollte sich der Umgang des Menschen mit der Natur verändern. Die Eingriffe in die Natur waren nicht mehr zu übersehen. Sie wurden zusehends nachhaltig in den Folgen für Mensch *und* Natur.

Dieser einmal in Gang gesetzte Prozess gesellschaftlich-technischer Entwicklung war nicht mehr aufzuhalten. Die im Menschen innewohnenden Triebkräfte haben sich entfesselt. Sie entfachten sich vor allem dann, wenn nicht nur menschliche Neugier und technischer Erfindergeist das Fortschreiten der Gesellschaft vorantrieben, sondern vor allem Macht, Geld und Gier des Menschen alle Naturethik vergessen machten.

Heute ringt der Mensch mehr denn je um Nachhaltigkeit, um Balance zwischen Mensch und Gesellschaft, Technik und Natur. Doch alles bewegt sich in „Kinderschuhen", weil der Wille zum Wandel bis heute halbherzig ist.

Die Kräfte des heutigen Wandels, die das Anthropozän des 20. und 21. Jahrhunderts prägen, zeigen volle Wirkungskraft. Sie heißen *Globalisierung,* die Jahrhunderte zuvor ihren Siegeszug antrat, *Digitalisierung* als Wandlung im Rahmen der Technikentwicklung seit Mitte des vergangenen Jahrhunderts und *Weltklimaveränderung*, die seit mehr als fünfzig Jahren signifikant zu beobachten ist. Diesen Kräften nebengeordnet und mit Wandlungspotenzial ausgestattet sind zwei mit dem Menschen direkt verbundene Transformationen, die ihn selbst betreffen. Es ist der *demografische Wandel* als die Veränderung der Altersstruktur in vielen, insbesondere industriell geprägten Ländern Europas, Asiens und Amerikas; und es ist die Gesundheit des Menschen. Letztere hat sich spätestens mit der Corona-Pandemie als *Weltgesundheit* etabliert, die gleichsam einem Wandel nicht umhinkommt. Der Mensch hat in seiner Geschichte, wenn auch mit Millionen von Opfern bzw. Betroffenen, alle bisherigen Pandemien überstanden. Doch die heutige Welt des Menschen ist nicht die der Pest vor etwa 500 Jahren, die die Menschen dahinraffen ließ. Die Spanische Grippe, eine Influenza-Pandemie nach dem Ersten Weltkrieg 1918/19 mit geschätzten 500 Millionen Infizierten und über 25 Millionen Todesfällen, hat den Menschen nicht aussterben lassen. Die Corona-Pandemie hat der Mensch gemeistert; und dennoch ist die Welt heute eine andere. Wir haben es mit Veränderungen zu tun, die angesichts der o. g. Kräfte neuartige Dynamiken des Weltgeschehens auslösen werden. Zu allem kommen immer wieder sich wandelnde politische und ökonomische Kräftekonstellationen, die globales Geschehen verändern lassen.

Die Kräfte des Wandels sind in ein gesamtgesellschaftliches, globales Weltgeschehen eingebettet. Wir haben es hier mit Akteuren eines in konzertierter Aktion wirkenden Weltenwandels zu tun. Sie wirken im Netzwerk und als Agierende üben sie auf- und miteinander Einfluss aus. Die Gesundheit des Menschen bedarf einer globalen Sichtweise. Das Gesundheitsmanagement ist technisch digitalisiert und demografisch geleitet. Technik und Gesundheit waren in der Geschichte des Menschen nie so verbunden wie heute. Sie beeinflussen gleichsam Altern und Alter des Menschen. Sie haben die Lebenserwartung weltweit wachsen lassen.

Die Globalisierung ist ein weltumspannendes Wirtschaften; sie ist das Durchdringen eines wirtschaftlichen Handels im Weltmaßstab. Die gewachsene Menge an Informationen und deren Austausch einerseits und deren Bedarf an Schnelligkeit bei der Vermittlung zwischen Sender und Empfänger andererseits setzen den Rahmen für das Entstehen und die immer weiter sich ausbreitenden, digitalen neben einer eher im Rückzug befindlichen analogen Welt.

Die Kräfte des Wandels stehen miteinander in Wechselwirkung. Sie sind für sich und noch mehr bei gegenseitiger Einflussnahme von *Komplexität* und treten rekursiv als *Netzwerk* auf. Sie verändern und verändern sich selbst. Die Kräfte des Wandels wandeln und werden rückwirkend gewandelt. Sie sind gleichermaßen Ursache, Triebkraft und das Resultat eines sich verändernden Geschehens.

Der an die Gesellschaftsentwicklung und an den Menschen gebundene Wandel wirft ethische-moralische Fragen auf. Hat der vom Menschen hervorgebrachte Wandel einen Wert? Macht er Sinn – wenn ja, welchen? Wie weit reicht seine Verantwortung, was zum Wandel führte?

Der **Wert eines Wandels** zeigt sich als Bedrohung *und* Herausforderung, als Zerstörung *und* Aufbau. Der Wandel ist eine *Offenbarung* bisher gestalteter Lebenswirklichkeit. Er bildet den menschlichen Umgang mit der Natur und Technik ab. Es ist das Eingeständnis menschengemachter Weltzerstörung und der Wille, mit Reue und Demut der Lebenswelt derart gegenüberzutreten, ihr ein gedeihliches, entwicklungsfähiges Gesicht zu geben.

Der Wandel steht in Unmittelbarkeit zum menschlichen Denken, Entscheiden und Handeln. Er ist weder wertfrei noch wertlos, weil der Mensch gestalterisch dieses Geschehen bedingt, verursacht und trägt. Der Mensch hat seinen direkten und indirekten verursachten Wandel zu verantworten.

Als Akteur und Entscheider seines Handelns fließen die Werte *Freiheit und Verantwortung* ein. Deren Qualität und Ausprägung bestimmen das Niveau des Wandels. Der Mensch kann sich von ihm frei machen, die Verantwortung des Wandels von sich weisen oder ihn distanziert als einen außerhalb von ihm vollziehenden Vorgang betrachten. Er ist konstitutiver Teil dieses Vorganges. Die Zeit des Anthropozäns entlässt ihn in keiner Weise aus seiner Verantwortung. Der Mensch steht in der Verantwortung für seine genommene Freiheit an Gestaltungs- und Wirkungsmacht, die er in den Wandlungsprozess einbringt. Die Freiheit fordert den Menschen zwangsläufig zur Übernahme von Verantwortung für sein Handeln auf.

Freiheit und Verantwortung werden durch die Werte Vertrauen und Dialog (Kommunikation) begleitet. Vertrauen geht einerseits einher, *sich zu trauen*, Verantwortung für jene genommenen Freiheiten der Ressourcenaneignung und -nutzung zu übernehmen, sie nicht dem Selbstlauf zu überlassen oder zu bagatellisieren. Verantwortung ist auch das Geben einer nachhaltigen und damit wertschätzenden Antwort auf einen initiierten Wandel. *Verantworten* heißt, den für Mensch und Natur gefahrvollen Umbruch zu einem neuerlichen, gedeihlichen Aufbruch zu wandeln – einen Paradigmenwechsel zu vollziehen.

Vertrauen bedeutet auch, sich seiner menschlichen Freiheit und Gestaltungskraft bewusst zu sein, nicht nur zerstörerisch wirken zu können, sondern mit einem Willen agieren zu wollen, Nachhaltigkeit im Aufbauen und Entwickeln zu schaffen.

Verantwortung für und Antwort auf derartige Wandlungen realisieren sich nur über einen Dialog; sie brauchen den Diskurs. Der Wandel muss durch menschliche Kommunikation getragen werden. Sie ist eine notwendige Bedingung, wenn der Wandel gelingen soll.

Kommunikation ist die Gestaltung zwischenmenschlicher Beziehungen in einem gesellschaftlichen Raum. Wandlungen brauchen Kommunikation. Ohne Kommunikation, die als Dialog bzw. als Diskurs zu führen ist, sind Freiheit, Verantwortung und Vertrauen in ihren Werten begrenzt. Der Wandel kommt schwerlich in Gang, bleibt ggf. auf seinem Weg unvollkommen oder stecken. Ein nicht kommunizierter Wandel ist verformt, *wird* kein Wandel zum Guten. Es fehlt ihm an Gutem *und* Güte.[23] Dem Wandel mangelt es an menschlicher Überzeugung und Gestaltungskraft.

Sind diese Werte verinnerlicht, sind sie zu Grundüberzeugungen menschlichen Handels herangereift und geben dem Wandel einen Sinn. Doch was ist der **Sinn eines Wandels**?

Die Bestimmung von Sinn ist in Werten und damit in dem menschlichen Erleben von Wandlungsvorgängen begründet. Freiheit und Verantwortung, Dialog und Vertrauen *geben* Sinn, weil sie mit dem menschlichen Handeln einen Wandel einleiten. Sie *machen* Sinn, weil sie dem Wandel eine Richtung anzeigen und der Gesellschafts- und Naturgeschichte eine Zukunft vermitteln.

Mit dem Sinn des Wandels geht ein *Sinneswandel* einher. Er ist die Um- bzw. Neubewertung gesellschaftlicher Geschehnisse, die in Veränderung begriffen sind. Das geht mit einem Perspektivwechsel kollektiven Bewusstseins, mit aufgeladener Wirkungsmacht einher.

Die Denkrichtung ist dabei nicht immer eindeutig, wie es sich im Ver-

---

[23] Vgl. Hans-Jürgen Stöhr: Scheitern im Grenzgang, Romeon Verlag, Kaarst 2017, S. 16 ff.

ständnis und in formulierten Handlungszielen über den **Klimawandel** darstellt. Braucht ein vom Menschen gemachter Klimawandel einen Sinneswandel? Ist „Klimawandel" im Hegelschen Verständnis *positiv*[24] besetzt,
so heißt das, den Wandel auf das zu Bewahrende; Erhaltende auszurichten.
Er zielt dann auf Rückführung auf Früheres, für Gut-Befundenes. Der i. d.
S. positiv besetzte Klimawandel orientiert sich an der Wiederherstellung
von Klima-Markern, die bis in die Zeit vor der industriellen Revolution um
Mitte des 19. Jahrhunderts zurückreichen. Es steht an, eine weitere Erwärmung des Weltklimas zu stoppen. Der 1,5 Grad zusätzlicher Welt-
Klimaerwärmung zu jener Zeit vor gut 150 Jahren soll nicht überschritten
werden. Wir haben es hier mit einer Rückbesinnung bzw. einer Fixierung
eines Status quo zu tun.

Der Klimawandel kann andererseits auch *negativ* in Betracht gezogen
werden, was bedeutet, den Klimawandel als Chance für einen grundlegenden Neuanfang zu sehen. Der bestehende Druck auf Veränderung löst sich
von der Umklammerung des Vergangenen. Wiedergewolltes wendet sich
ab und dem Zukünftigen zu, weil Althergebrachtes nicht wieder einholbar
ist.

Wir haben es hier mit zwei in der Orientierung unterschiedlichen Aus-
richtungen für einen Klimawandel zu tun. Die Bewertung dessen bleibt der
Autor den Lesern*innen schuldig. Eigene Überlegungen geben Anstoß für
ein Aufeinandertreffen von normativer und Werteethik.

Die Werteethik gibt den Raum frei für die Ethik menschlich-
normativen Handelns. Veränderungen in Gesellschaft, Natur und Technik,
die Wandlungscharakter einnehmen, stehen im Focus von Fragen über das
Wollen, Dürfen bzw. Müssen menschlicher Aktionen: Ist der sich vollziehende Wandel gewollt oder sieht sich der Mensch diesem fatalistisch ausgesetzt? Inwieweit darf der Mensch, und wenn ja mit welchen Mitteln in
eine Wandlung eingreifen? Unter welchen Bedingungen müssen Wand-

---

[24] „Positiv" heißt das Bestehende, Bewahrende, Erhaltende. Das folgende „Negative" beinhaltet das Verändernde. Insofern werden „positiv" und „negativ" anders, im hegelschen-dialektischen Sinne, im Sinne der Wortbedeutung gebraucht, während sie in unserer Alltagssprache von gegensätzlicher Konnotation sind.

lungen vom Menschen in Gang gesetzt, ggf. provoziert werden?

Die Frage nach dem Bedarf von und einem Bedürfnis nach einem Wandel in der menschlichen Lebenswirklichkeit einerseits und dem Verständnis des Wandels als ein objektives Geschehen andererseits kann nicht übergangen werden. Das allein deshalb nicht, weil jeglicher Wandel in Verbindung mit dem Menschen steht. Der Klimawandel ist eingeschlossen, auch wenn dieser gegenüber Wandlungen in der gesellschaftlichen Entwicklung mehr außenhalb, dem Menschen gegenüberstehend, zu verorten ist.

Der Umstand der Klimaveränderung, der sich als deklarierter Klimawandel mit in andere gesellschaftliche Wandlungen einreiht, gibt in besonderer Weise und in verschiedener Hinsicht einen philosophischen Blick frei. Ihm gilt beispielgebend die nachfolgende Betrachtung.

Wir haben zur Kenntnis zu nehmen, dass in der geologischen Geschichte auf der Erde immer Klimaveränderungen unterschiedlichen Ausmaßes stattgefunden haben. Der Meteoriteneinschlag vor 60 Millionen Jahren kam einer Klima- und Naturkatastrophe gleich. In Europa herrschte vor ca. 1 Million Jahren subtropisches Klima. Aber auch dickes Eis und Gletscher überzogen flächendeckend immer wieder die nördliche Halbkugel. Sie wurden von wärmeren Klimaperioden abgelöst.

Klimaveränderungen sind naturgegeben und zeigten sich bereits zu jener Zeit, als der Mensch noch nicht die Wirkungsmacht hatte, durch sein Handeln auf das Klima Einfluss zu nehmen.

Mit Ackerbau und Viehzucht, dem Sesshaftwerden, der Besiedlung und einer zunehmenden Verstädterung (Urbanisierung) natürlicher Räume wuchs zwar mit der Produktivität die Lebensqualität der Menschen, doch sie hatte den Preis der menschlichen Naturaneignung – mit Folgen auf die Naturentwicklung. Die Abholzung der Wälder für die Bebauung und die Brandrodung gehörten bis ins späte Mittelalter zum Alltag der Menschen. Der Abbau von Kohle und Erz, das Schürfen von Edelmetallen waren die ersten durchgreifenden An-Wandlungen für das Leben in der Natur und menschlichen Gesellschaft.

Die Verschmutzung urbanisierter Räume war zur Zeit des späten Mittelalters nicht zu übersehen. London erstickte um 1300 im atmosphärischen Smog, so dass König Edward I. das Kalkbrennen innerhalb der

Stadtgrenzen untersagte. Mit der Mechanisierung der menschlichen Lebenswelt im 18. und der Industrialisierung im 19. Jahrhundert erhielt die Wirkungskraft der Naturaneignung einen neuen Entwicklungsschub.

Gezielte Wetterbeobachtungen und Klimaaufzeichnungen um 1880, die mit der Verfügbarkeit entsprechender Messtechnik möglich wurden, ließen ein beobachtbares und dokumentiertes Klimabild entstehen, das in der Gesamtschau von einer wachsenden, globalen, klimatischen Veränderung zeugt.

Der Klimawandel ist nicht die Klimaveränderung schlechthin, sondern *erstens* der Umschlag von Regionalität in Globalität, *zweitens* die Wirkungskraft des Menschen, in globaler Weise das Wetter zu beeinflussen und *drittens* dem Klima auf unsere Planeten seine Rekonvaleszenz (Wiederherstellung, Gesundung) zu nehmen.

Die Bedrohung wurde erkannt, jedoch nicht als Herausforderung und Weckruf angenommen. Das hat sich heute geändert. Die Klima*veränderung* wurde in den Status des Klima*wandel*s gehoben. Der Klimawandel ist die Erkenntnis des Menschen über eine qualitativ neuartige Klimaveränderung mit einer einhergehenden Bedrohung, sie als Herausforderung anzunehmen.

Bevor der Klimawandel im weltweiten kollektiven Gedächtnis Platz fand, war vom Klima-, Umwelt und Arten*schutz* die Rede. Sie stehen für Maßnahmen menschlichen Handelns, den Klimawandel als Herausforderung zu begreifen. Es stellt sich in diesem Kontext die Frage: Inwieweit ist der Mensch zum Schutz verpflichtet, für Klima, Natur und Umwelt, für Fauna und Flora Sorge zu tragen?

Diese Frage ist nicht ohne Weiteres mit klaren Vorgaben menschlichen Handelns zu beantworten, wenn davon auszugehen ist, dass Naturveränderungen ohne Zutun des Menschen stattfinden. Jenen Teil herauszufiltern, der menschengemacht ist und zum Nachteil der Umweltentwicklung wurde, bedarf einer dezidierten Analyse und Erkenntnis. Inwieweit die Selbstreinigungskraft der Natur einzupreisen ist, sei dahingestellt. Die Antworten, selbst wissenschaftlich begründete, gehen in manchen Teilen uneins auseinander, auch wenn der Anteil des Menschen an der Klimaveränderung unbestritten ist. Erneut nachgefragt: Brauchen wir einen Klima*schutz*? Hat der Mensch die Pflicht, das Klima zu schützen? Was heißt das?

Schützen heißt Bewahren. Was soll geschützt bzw. bewahrt werden: das Klima, die Tier- und Pflanzenwelt, die Atmosphäre vor einer übermäßigen Kohlendioxidbelastung? Geht es bei dem festgestellten Klimawandel wirklich um einen Klimaschutz?

Skeptiker des Klimawandels stellen ihn grundsätzlich in Frage. Andere reden die Klimaveränderungen klein oder zeigen sich optimistisch, weil sie primär durch sich selbst bestimmt sind und sie eine Selbstreinigungskraft als ein wertvolles Gut der Natur innehabe. Das Fazit dieses Gedankens ist: Die Natur wird es selbst „richten". Wieder andere haben einen fatalistischen Blick auf die Natur- und Klimaveränderung, indem sie sagen: Der Erde und deren Lebenswelt mit ihren klimatischen Bedingungen ist es egal, was mit ihnen geschieht. Erde und Natur bleiben – deren Aussehen ist ohnehin im stetigen Wandel begriffen.

Diese Argumentation ist nicht von der Hand zu weisen und wird genährt, wenn wir in der Zeit des Klimawandels am Klima-, Umwelt- und Arten*schutz* festhalten. Fordert uns der Klima*wandel* zum Schutz des Lebens auf unserem Planeten auf? Wäre es nicht angebrachter, angesichts des Klimawandels die Mission des Menschen auf die Klima*entwicklung* statt auf den Klimaschutz zu lenken?

Das was wir als Klimawandel beschreiben und mit einer defizitären Konnotation hinterlegen, als Weckruf zur Rückbesinnung und Korrektur verstehen, sollte in unserem Denken und Handeln als Klima*entwicklung* umbewertet bzw. umgebaut werden.

Ein *Klima entwickeln* heißt, den Wandel als Kraft und Mensch, Technik und Gesellschaft als wirkungsmächtige Akteure anzuerkennen. Aus der Bewegung des Wandels heraus ist ein Klima zu entwickeln, das Raum und Zeit für eine natürliche und menschliche Lebenswelt freigibt.

Ein Zurück wird es bei bestem menschlichen Willen nicht geben. Entwicklung bzw. Geschichte ist irreversibel. Sie folgt einer scheinbaren Rückkehr zum Gewesenen. Insofern sind wir gut beraten – und die Forschung befindet sich dahingehend schon auf dem Weg –, Pflanzen, vor allem Nutzpflanzen und Tierarten zu züchten, die den sich verändernden Klimabedingungen gerecht werden.

Der kritische Blick auf den Klima- und Naturschutz hat eine zweite Seite. Bei genauerem Hinsehen geht es gar nicht – weder einzig noch allein! – um deren Schutz. Alles Wirken des Menschen, Klima, Umwelt und Arten zu schützen, ist in letzter Instanz ein auf den Menschen ausgerichteter Schutz. Wir haben es mit *Menschenschutz* zu tun. Bedeutet diese Denkperspektive, dass der Mensch nur deshalb Umwelt und Natur im Blick hat und schützen will, weil es um seine Existenz geht, die er bewahren möchte? Ist der Klimaschutz ein Menschenschutz, um gesellschaftliches, ökonomisches, soziokulturelles Leben sicher zu stellen? Beantworten wir diese Fragen zustimmend, dann ist der Klimawandel als Herausforderungsannahme für einen gezielten Menschenschutz anzusehen. Dann ist Klima-, Umwelt- und Artenschutz ein Instrument zum Schutz des Menschen.

Wir sollten nicht so tun, als wäre alles und allein menschliches Handeln gegenüber der Natur-, Tier- und Pflanzenwelt ein Akt des Altruismus, menschlich uneigennützig. Dem Menschen ist sehr wohl bewusst, dass seine Existenz und Entwicklung von der Qualität der natürlichen Gegebenheiten abhängen. Dem Menschen ist auch bewusst, dass jede von ihm erzeugte Klimaveränderung Auswirkungen auf die Qualität der Flora und Fauna hat. Das Vergehen alter und Entstehen neuer Arten ist ein sich über Millionen von Jahren vollziehender Prozess – der Werdegang der biotischen Evolution. Das ist die Natur des Gesetzes. Doch das menschliche Hinzutun angesichts seiner Wirkungskraft der Naturaneignung hat das Naturgesetz ins Wanken gebracht. Dieses in den letzten Jahrzehnten vielerorts entstandene Ungleichgewicht bedroht das natürliche Ökosystem regional und auch global. Diese vom Menschen geschaffene Dissonanz schlägt nun als Repulsion der Natur zurück. Es ist ein Akt der Fremd- und Selbstentfremdung des natürlichen Lebensraumes und des menschlichen Lebens.

Der Mensch sieht sich in der Sorge, dass seine Lebensbedingungen und -ressourcen schwinden, wenn er sich nicht hinreichend und *gedeihlich* um Klima, Natur und Umwelt kümmert. Das mag anthropozentrisch anmuten – das ist es auch, solange der Mensch die Natur und Umwelt für seine Zwecke nutzt, sie unter sich stellt und ihnen nicht mit Achtung partnerschaftlich, gleichberechtigt gegenübertritt. Solange Macht, Profit und Gier menschliches Verhalten bestimmen, wird es schwer sein, Natur und Umwelt mit Respekt zu begegnen. Aller Klimawandel bleibt halbherzig, wenn

Ausbeutung von Mensch, Umwelt und Natur zusammengehen. Die Umweltpolitik bisheriger Regierungen trägt maßgeblich dazu bei, weder die Umwelt noch die nachfolgenden Generationen zu schützen.[25]

Wir haben es hier mit einem Paradoxon zu tun, das zum gleichberechtigten Schutz von Mensch *und* Umwelt aufzulösen ist.

Wie würde sich die Lebenssituation des Menschen darstellen, wenn der Menschenschutz *nicht* an den Klima- und Artenschutz gekoppelt wäre? Der Mensch ist bevorzugt auf sein Wohl bedacht. Er nimmt sich das Recht, kraft seiner Intelligenz und den von ihm geschaffenen Werkzeugen die Natur beherrschen zu dürfen. Hätte der Mensch das nicht getan, wäre er dennoch das, was er heute ist? Das ist schwer vorstellbar. Des Menschen Geschichte ist eng mit der Technikentwicklung und Naturnutzung verbunden. Doch wo fängt die irreversible Ausbeutung der Natur an und wann hat sie den Charakter einer nachhaltigen Nutzung?

Der Mensch stößt weniger an seine Grenzen der Naturnutzung, sondern eher an die Grenze des Reproduzierbaren von Natur und Umwelt. Wäre deren Reproduzierbarkeit unerschöpflich, würde der Mensch dennoch ressourcenschonend, klima- und umweltschonend aktiv sein? Ein Klimawandel stünde hier und heute nicht zur Disposition. Es gäbe keinen. Die Frage nach dem Wert und Sinn eines derartigen Wandels würde sich gar nicht stellen. Die Betrachtung des Klimawandels im Hinblick auf den Menschenschutz, das Stellen der Frage nach der Wertfreiheit und Wertlosigkeit menschlichen Entscheidens und Handelns in seiner Lebenswirklichkeit löst sich von selbst auf.

Doch jeder Wandel, auch ein Klimawandel, schließt den Menschen als dessen *konstitutiven* Teil, als Verursacher, Akteur und Träger, als Be-

---

[25] Das Urteil aus Karlsruhe vom 29. April 2021 greift nachhaltig in das Bundesklimaschutzgesetz ein, die Reduktionsziele für die Treibhausgasemissionen für die Zeit nach 2030 neu zu regeln. Damit wird den jungen Beschwerdeführern und Beschwerdeführerinnen zugesprochen, die sich durch die alte Regelung in den Freiheitsrechten eingeschränkt sehen. In der Erklärung des Urteils wird davon gesprochen, dass eine „radikale Reduktionslast" die nachfolgende Generation nicht hinzunehmen habe, die zu „umfassenden Freiheitseinbußen" führen würden. „Die Vorschriften verschieben hohe Emissionsminderungslasten unumkehrbar auf Zeiträume nach 2030."

troffenen und Schadensnehmenden ein. Er ist gleichermaßen Subjekt *und* Objekt. Als *Subjekt*, weil der Wandel vom Menschen verbunden und nicht abzukoppeln ist und mit einer eigenen verfügbaren Gestaltungskraft auf die Entwicklung der sozio-technischen Gesellschaft einwirken kann. Als *Objekt* ist der Klimawandel „Verhandlungs- und Handlungsmasse" menschlichen Wirkens, wenn der Mensch sich diesem Wandel gegenüber oder gar darüber stellt. Der Mensch macht aus dem Klimawandel einen Entwurf und *wird* so zum Projekt.

Das **Resümee** des Diskurses über den Weltenwandel ist: Der Klimawandel ist weder wertfrei noch wertlos. Mit ihm sind eng verbunden Respekt und Demut des Menschen gegenüber der Natur. Die gedeihliche Achtung der natürlichen Lebenswelt ist nicht nur Ausdruck menschlicher Vernunft, sondern zugleich Ausdruck des Willens eine Spezies zu bewahren, die sich homo sapiens sapiens nennt.

Der Klimawandel ist der Spiegel des Menschen in sich selbst. Er zeigt sich in dem Wert von Bedrohung *und* Herausforderung, als Risiko *und* Chance. Sie machen Begrenzungen deutlich und weisen auf eine zerstörerische, unkorrigierbare Verletzbarkeit des Menschen hin.

Im Klimawandel steckt sinnstiftend die Botschaft einer Aufforderung zum Handeln, ihn als Auftrag zu verstehen, anzunehmen und gedeihlich werden zu lassen.

Aller Natur- und Klimaschutz zeugt nicht nur von dessen Bewahrung, sondern zielt gleichermaßen auf die Sicherung einer natürlichen Lebenswelt, die der Mensch für seine Existenz und Entwicklung benötigt. Ein derartiger Schutz schließt eine nachhaltige Entwicklungsfähigkeit beider Seiten mit ein.

Mit dem Begriff des Wandels ist eng der Begriff der *Wendezeit* verknüpft, zu dem sich seit Ende Februar 2022 mit dem Überfall der russischen Armee auf die Ukraine ein weiterer auftat und unser Denken und Handeln maßgeblich bestimmt. Es hat sich in unserem Gedächtnis der Begriff der *Zeitenwende* eingebrannt. Was drücken sie aus und in welchem Zusammenhang stehen diese Begriffe mit dem des Wandels?

Der Bundeskanzler Olaf Scholz sagte drei Tage nach diesem Angriff auf der Sondersitzung des Bundestages: „Der 24. Februar 2022 markiert eine Zeitenwende in der Geschichte unseres Kontinents." Der Begriff der Zeitenwende zeigt an, wie sich innerhalb kurzer Zeit ein Denken verändert, das zu neuartigem Entscheiden und Handeln auffordert. So heißt es in einem Artikel von Jan Sternberg „Ausblick in eine neue Epoche"[26]: „Der Begriff der Zeitenwende ermöglichte es Scholz, seit dem Ende des Kalten Krieges entwickelte Tabus in der Verteidigungsbereitschaft zu überwinden und zugleich die Vorsichtigen im Lande zu beruhigen […] Die Möglichkeit ist Realität geworden. Die Vorkriegszeit, die niemand für eine solche hielt, ist an ihr Ende gekommen."

Inwieweit sich dieser Begriff in unserem politischen wie dialektischen Denken und Handeln festigen wird, wird die Zukunft zeigen. Er lässt sich in die Ethik einbinden und charakterisiert mit seinem narrativen Normativ einen Bruch in der Geschichte gesellschaftspolitischer Entwicklung. Eine Zeitenwende ist keineswegs ein Zufallsereignis, das bedingungslos vom Himmel fällt; sie hat *ihre Vor*geschichte. Dieses Normativ ist die Aufforderung, das *Vor*geschehen zur Kenntnis zu nehmen und mit ihm zu brechen und die Zukunft auf neuerliche Füße zu stellen. Der Begriff der Zeitenwende ist in seiner Fassung der ethisch-moralische Aufruf zum neuen Denken und Handeln mit dem Anspruch, die Lebenswelt neu zu justieren. Es ist die Zeit herangereift, die mit Macht aufgrund eines gravierenden Ereignisses zur Wende aufruft. Es ist eine Wende, die keine Zeit erlaubt, länger zu warten oder Bisheriges zu dulden. Es bedarf keines Aufschubs. Es ist die Zeit der schnellen Entscheidung.

*Zeiten*wende als „Zeit der Wende" erklärt sich weniger in einem zeitlichen Kontext. Zeit steht hier für Epoche bzw. Ära. Zeitenwende heißt: Es ist eine bisherige (Zeit-)Epoche zu Ende gegangen; eine neue Zeit muss sich ihren Weg unter neuen Bedingungen bahnen – mit Entscheidungen und deren Folgen.

*Zeiten*wende ist keine natürliche Zeit der Wende, die sich von alleine ergibt, sondern ein Handeln mit Bedacht und Verantwortung. Es ist eine

---

[26] Jan Sternberg: Sonntag, Wochenendmagazin des RND, in Ostseezeitung v. 28./29. 5. 2022, S. I
Vgl. auch Philosophische Zeitschrift HOHE Luft, H. 4/2022 Wohin sind wir unterwegs. Schwerpunkt Zeitenwende

Zeit, die uns als Mensch und Gesellschaft zu etwas (Ungewolltem) zwingt. Dabei stellt sich heraus, dass dieses Entscheiden und Handeln notwendig war, sich ggf. fremd anfühlt und doch in diese neue Zeit (Epoche, Ära) hineingehört. Zeitenwende bedarf der Einsicht in die Notwendigkeit, die alte Zeit zu beenden und eine neue einzuleiten. In dieser Einsicht spiegeln sich die Freiheit und mit ihr die Verantwortung, die gepaart mit Dialog und Vertrauen neue Marker in der Lebens- und Denkkultur des Menschen setzen.

Bereits in den 80er Jahren des vergangenen Jahrhunderts prägte Fritjov Capra mit seinem Buch[27] über die Bausteine für ein neues Weltbild den Begriff der Wendezeit. Er charakterisiert mit ihm den Aufbruch zu einem neuen Bewusstsein in Wissenschaft und Gesellschaft. Wendezeit ist eine Zeit, die das zeitliche Geschehen in besonderer Weise charakterisiert. Sie charakterisiert Krise und Wandel. Wendezeit ist der Wandel der Gezeiten hin zu einem neuen Paradigmenwechsel. Sie ist eine natürliche, nicht bewusst herbeigeführte Zeit – unabhängig davon, ob vom Menschen gemacht oder nicht. Es ist eine Zeit, die step by step in eine Gesellschafts- oder Wissenschaftsentwicklung hineinführt, ähnlich wie einem Naturgesetz folgend. Die Zeit der Renaissance und des Aufbruchs von Wissenschaft und Technik, die u. a. mit den Namen wie Nikolaus Kopernikus (1473–1543), Galileo Galilei (1564–1642) und Isaac Newton (1643–1752), verbunden ist, zeugte von einem Aufbruch hin zu einem neuen Denken – in die Zeit der Moderne.

Eine derartige Wende der Zeit neuerlicher Forschung und Erkenntnisgewinnung gab es auch im 20. Jahrhundert, als das mechanistische Weltbild in sich zusammenfiel, Erkenntnisse von Max Planck (1858–1947), Albert Einstein (1879–1955) und Werner Heisenberg (1901–1976) das Tor für ein neues Weltbild öffneten und die Theorie der Selbstorganisation[28] das naturwissenschaftliche Weltbild jener Zeit in weiten Teilen zusammenfallen ließ.

---

[27] Fritjof Capra: Wendezeit, Bausteine für ein neues Weltbild, Scherz Verlag, Bern, München, Wien, 1990

[28] Vgl. u. a. https://de.wikipedia.org/wiki/Selbstorganisation; https://silo.tips/download/4-theorie-der-selbstorganisation-synergetik

Eine derartige Zeit ist in ihrem Geschehen von besonderer Qualität, die nicht einfach und in der Schnelle umgestoßen bzw. gewandelt werden kann. Es ist eine Zeit, die sich ihre Zeit nehmen muss, damit es gut wird. Der Wandel von Vorstellungen und Ideen, die mit paradigmatischen Veränderungen in der Theorienbildung verknüpft sind, braucht sowohl in dieser und auch in Hinsicht des Denkens und der Weltbildveränderung oft Zeit, die mehr als eine Generation in Anspruch nimmt.

Kein Gedanke kann es besser ausdrücken als jener in I Ging, in dem es heißt:

„Nach einer Zeit des Verfalls kommt die Wendezeit.
Das starke Licht, das zuvor vertrieben war,
tritt wieder ein.
Es gibt Bewegung. Diese Bewegung ist aber nicht erzwungen ...
Es ist eine natürliche Bewegung, die sich von selbst ergibt.
Darum ist die Umgestaltung des Alten auch ganz leicht.
Altes wird abgeschafft, Neues wird eingeführt,
Beides entspricht der Zeit und bringt daher keinen Schaden. "[29]

Wendezeit und Zeitenwende – sie drücken Geschehnisse *in* der Zeit mit unterschiedlichen inhaltlichen Akzenten aus. Was sie miteinander verbindet: Sie sind Formen bzw. Qualitäten eines Wandels. Mit Wendezeit und Zeitenwende stehen uns Begriffe zur Verfügung, mit denen wir einen Wandel in besonderer Weise charakterisieren können.

Das schließt nicht aus, dass wir einen Wandel, wie wir ihn als demografischen oder Klimawandel kennen, in seinem objektiven Prozessgeschehen als Wendezeit ausmachen und durch gemachte Erfahrungen, gezieltes Entscheiden und Handeln eine Zeitenwende einleiten und die Wendezeit in einen fokussierten Akt menschlich gewollter Zeitenwende verwandeln.

---

[29] F. Capra a. a. O., S. VII

Menschenbild und digitalisierte Lebenswelt

Die Auseinandersetzung des Menschen mit der Lebenswirklichkeit hat im Rahmen seiner Geschichte dazu geführt, dass er ein Bild über sich selbst entwerfen konnte. Es ist ein Bild, das Selbstbeobachtung und Selbstwahrnehmung, Selbsterfahrung und Selbsterkenntnis in sich trägt und in Selbstbewusstsein mündete. Es ist menschliches Selbstbewusstsein, das einen geschichtlichen, soziokulturellen Wandel durchlebte.

Das **Menschenbild** ist ein historisches, gewandeltes Produkt seines Selbst-Seins, das in Auseinandersetzung mit Natur und Umwelt, Technik und Gesellschaft gewachsen ist. In ihm bilden sich seine geistig-kreativen Fähigkeiten zur Naturaneignung und -beherrschung, Konstruktion, Entwicklung und Handhabung von Werkzeugen, die Vorstellungen und das praktische Zusammenleben mit und unter anderen Menschen ab.

Das *Menschenbild* folgt den Veränderungen menschlicher Lebensweisen. Es ist nicht statisch, sondern wie die Gesellschaftsgeschichte selbst dynamisch angelegt und wandelt sich mit grundlegenden Veränderungen in Natur, Technik und Gesellschaft.

Das *Menschenbild* versteht sich als ein geschichtlich gewonnenes und geronnenes Verständnis über das Menschsein. Es bildet das Wesen des Menschen in einem zeitlich-geschichtlichen Kontext ab und vermittelt eine Orientierung im Umgang mit sich und seiner Lebenswelt. Mit ihm sind Annahmen und Überzeugungen verbunden, die der Mensch in seinem Denken und Handeln zum Ausdruck bringt. Es ist *das* Bild, das der Mensch in Gestalt von Leit- und Handlungsmotiven sich selbst bereitstellt.[30] Als solches übt es eine wichtige normative Leitfunktion im und für das Zwischenmenschliche, den Umgang mit Natur und Technik aus.

Das *Entstehen eines Menschenbildes* hat unterschiedliche Quellen. Es ist zum einen das Ergebnis des Lebens selbst, eine mit und aus der Lebenspraxis unmittelbar gewonnene Lebensweisheit über das Menschsein. Es

---

[30] Es ist nicht mein vordergründiges Anliegen, eine umfassende Geschichte und einen dezidierten Wandel des Menschenbildes zu beschreiben. Das Augenmerk wird auf Paradigmenwechsel und Menschenbilder gelegt, die direkt oder vermittelt mit der Spiritualität und Digitalität verknüpft sind.

ist ein Menschenbild der Gegenwart. Zum anderen entsteht das Menschenbild aus der Praxis und Erfahrung des Lebens, oft über Generationen und wechselnde Kulturen hinweg. Dieses Menschenbild wird aus der Vergangenheit gezeichnet und in die Gegenwart geholt. Des Weiteren lässt sich auch ein Menschenbild konzeptionalisieren. In dieser Form fungiert es als Projekt, als Entwurf für ein zukünftiges Bild über das Menschsein. Es gleicht einer Vision eines auf Zukunft ausgerichteten Menschenbildes. Dessen Vorausschau steht im engen Zusammenhang mit einem gesellschaftlichen Zukunftsbild. Das Resultat dieser Menschenbildbeschreibung, weil von Wissenschaft und Philosophie, Gesellschafts-, Kultur- und Technikentwicklung getragen, fällt im Entstehen oft unterschiedlich aus.

Alle drei Geschichtsperspektiven sind in der folgenden Betrachtung von Interesse, wobei das Menschenbild insbesondere im Focus von Spiritualität (Spirituellem) und Digitalität[31] (Digitalem) steht. Damit wird unterstellt, dass sie bei der Formung des Selbstbildverständnisses einen wesentlichen Einfluss ausübten, ausüben und ausüben werden.

Die Aufzeichnung des Menschenbildes im Zusammenhang mit dem Spirituellen und Digitalen ist der Einstieg in die nachfolgenden Kapitel und gleicht einer gedanklich-konstruierten Zerreißprobe philosophischer Betrachtung, mit der die Spannung zwischen Spiritualität, Digitalisierung und Digitalität hochgehalten wird.

Es ist unstrittig, dass Spirituelles und Digitales mit dem Menschen zutiefst verbunden sind. Das war nicht immer so. Das Digitale als eine Entwicklungs- und Gestaltungsform menschlicher Technik ist erst im 20. Jahrhundert zu verorten, während das Spirituelle weit in die Anfänge der Geschichte der gesellschaftlichen Entwicklung des Menschen zurückreicht.

Des Weiteren wird hier davon ausgegangen, dass Spiritualität und Digitalität soziokulturelle Eigenschaften des menschlichen Lebens sind. Das

---

[31] Der Autor bleibt den Lesenden vorerst eine Bestimmung und Erklärung, was unter Spiritualität und Digitalität, verstanden wird, schuldig. Der Diskurs darüber ist den jeweils folgenden Kapiteln vorbehalten, weil es einer dezidierten Entwicklung dieser Begriffe bedarf, die von Digitalitätsbeschreibungen anderer Autoren abweichen werden.

heißt, sie sind historisch und charakterlich zwar unterschiedlich aufgestellt, jedoch stets in Verbindung mit dem Menschen zu betrachten.

Zugleich wird unterstellt, dass das Spirituelle und Digitale eine Wirkungsmacht besitzt und einen maßgeblichen Einfluss auf das Menschenbild ausübt.

Unter dieser Maßgabe leiten sich Fragen ab, die Gegenstand nachfolgender Betrachtung sind: Inwieweit hat die Spiritualität das Menschenbild beeinflusst? Welche Wirkung zeigt die mit der Technikentwicklung entstandene Digitalisierung auf das Menschenbild? Was bedeutet das für die Lebenspraxis und die Menschenbildbestimmung?

Die Geschichte der menschlichen Gesellschaft brachte stets ihre ureigenen Menschenbilder hervor. Nicht selten waren aufgrund unterschiedlicher Weltsichten auf den Menschen gleichzeitig mehrere Bilder präsent. Soweit wir auf den bioevolutiven Ansatz einer Menschenbildbeschreibung zurückgreifen, zeigt sich der Mensch als ein mit Vernunft ausgestattetes Wesen, das sich aus der Gattung *homo* hin zum *homo sapiens* entwickelte. Die Vernunftbegabung des Menschen kategorisierte sich neu, als der moderne Mensch hominide Vorformen wie z. B. den Neanderthaler verdrängte und überlebte, und sich seit jener Zeit zum alleinigen Menschen auszeichnen sollte.

Die Vernunftbegabung wurde in stammesgeschichtlicher Abgrenzung zum wichtigen Alleinstellungsmerkmal, was in der Zuordnung dazu führte, den modernen Menschen, wie er sich vor ca. 40.000 Jahren herausbildete, als *homo sapiens sapiens* zu beschreiben.

Die Betrachtung des Menschenbildes wäre einseitig und entstellt, wenn nicht auf die zweite Seite des Menschseins eingegangen wird. Der Mensch ist nicht nur Mensch, weil er die Fähigkeit entwickelte, aus für ihn zweckdienlich geformten Naturmaterialien (Werkzeuge der Qualitätsstufe 1) mit deren Hilfe neuerliche Werkzeuge (Qualitätsstufe 2) herzustellen. Zweifelsohne führte die Herstellung von Werkzeugen durch Werkzeuge zu einer gesteigerten Effizienz der Naturaneignung. Dieser Entwicklungsschritt der Technikentwicklung sollte die Geschichte der Gesellschaftsentwicklung, von Kultur, Technik und Natur neuerlich beeinflussen. Die Wirkungskraft des Menschen auf seine Lebenswirklichkeit hat mit ihm eine neue Qualität erreicht und ist der Ära des Anthropozäns[32] näher gerückt.

Die Herstellung von Werkzeugen mittels eines Werkzeuges bringt den Menschen im Vergleich zu den anderen Arten und Gattungen aus dem Tierreich, die Menschenaffen eingeschlossen, in eine exponierte Stellung. Es ist *ein* wichtiges Unterscheidungsmerkmal zwischen Mensch und Tier.

Diesem ist ein weiteres Kriterium hinzuzufügen, das im ideell-geistigen Bereich zu verorten ist. Der Mensch besitzt die Fähigkeit, mit der antizipatorisch und kooperativ angelegten Sprache seine Mitmenschen zum gemeinsamen Handeln zu bewegen. Sie ist einzigartig und führt ihn zu einer neuerlichen, höheren Effizienz der Naturaneignung. Kommunikation und Informationsvermittlung in einer derartigen vorausdenkenden bzw. vorausschauenden Sprache brachten Mensch, Natur und Technik weiter zusammen.[33] Unter diese beiden Merkmale fallen alle weiteren Beschreibungen über den Menschen, sobald der Gedanke naheliegt, ihm sein charakteristisches Bild zu geben.

Stets von Neugier angetrieben galt das menschliche Trachten danach, nachdem er sesshaft wurde, Ackerbau und Viehzucht seine Lebensweise bestimmten, das beschwerliche Leben von Generation zu Generation hinter sich zu lassen. Die wirtschaftliche Nutzung des Feuers, das Schürfen von

---

[32] Die Ausbeutung der Naturressourcen durch den Menschen erreichte vor ca. eintausend Jahren ihren ersten qualitativen Höhepunkt, der darin bestand, dass der Mensch die Natur nachhaltig zu verändern begann. Es ist der Einstieg in das Anthropozän, der Einfluss des Menschen in und auf die Natur, deren Rückverwandlung in das Ursprüngliche zusehends ausfiel und so der Mensch bleibende Spuren seines Wirkens hinterließ, die Jahrtausende zuvor, in kleinen, noch nicht wirkungsmächtigen Schritten seinen Anfang nahm.

[33] Näheres wird im Kap. II „Erwachendes Denken" beschrieben.
Ob die Beschreibung des Alleinstellungsmerkmales ausreichend ist, wird die Entwicklung der Künstlichen Intelligenz (KI) zeigen. Deren Fortschritt wird die Frage nach dem stellen, was Bewusstsein ist und ob ein Computer auch mit Bewusstsein ausgestattet sein kann. Das wirft die Frage nach dem Wesen des Denkens und der Intelligenz auf. Der Versuch einer Grenzziehung und Unterscheidungsfindung zwischen Mensch und Computer löst sich auf, wenn beiden „Bewusstsein" zugestanden wird. Dann bleibt der Rückgriff auf die menschliche Seele – es sei denn, wir wollen hinterfragen, was es ist, ob eine KI auch eine Seele haben kann.

Kohle und die Verarbeitung des Erzes brachten einen Schub an Technik- und Kulturentwicklung.

Sich über diese Beschwerlichkeiten hinwegzusetzen hatte ihren Preis, den Preis des Mühens und Plagens, das menschliche Überleben sicherzustellen, was mittels technischer Verbesserungen der Werkzeuge immer mehr zu Lebenserleichterungen führte. Es ist die über Jahrtausende an Jahren während Zeit des Menschen im Bild eines *homo laborens*. Es ist die Erzählung des sich schindenden und plagenden Menschen, von dem er sich bis heute nicht vollständig befreien konnte, auch wenn er mehr denn je das *Über*-Leben in ein Leben des *Er*-Lebens umwandeln konnte.[34]

Diesem Entwicklungsschub folgten weitere. Die Zeit des ausgehenden Mittelalters, der Renaissance, des 18. und 19. Jahrhunderts, die als Weckruf einer beginnenden Industrialisierung zu betrachten ist, ließ das Bild vom *homo faber* aufkeimen. Es ist das Menschenbild, das sich in Gestalt eines *homo technicus*[35] wiederfindet.

Der Traum des Menschen, mittels Werkzeugproduktion Güter entstehen zu lassen, die ihm mehr Freiheit und Lebensqualität schenken würden, erhielt in den 60er und 70er des vergangenen 20. Jahrhunderts neuen Nährboden. Die über die Mechanisierung hinausgehende Automatisierung der Produktionsabläufe gebahr die Hoffnung des Menschen, dass Erleichterungen am Arbeitsplatz Einzug halten würden. Doch sie wollten sich nicht einstellen.

Der Wert der Arbeit am Fließband wuchs. Steuerungen und Regelungen von Technik machten die Techniknutzung körperlich leichter; doch die Abhängigkeit des Menschen von automatisierter Technik nahm gleichsam zu.

---

[34] Vgl. Hans-Jürgen Stöhr: Scheitern als Grenzgang, Romeon Verlag, Kaarst, 2017, S, 248 ff.

[35] Es wird hier der Versuch unternommen, den Menschen nicht nur als homo sapiens (sapiens) zu charakterisieren, sondern ihm gleichgestellt *auch* als homo technicus. Vernunft und Technik sind das, was den Menschen in seinem Wesen ausmacht und sich in seinem Wertebild niederschlägt. Während mit homo laborens die allgemeine Situation des Menschen in Auseinandersetzung mit seiner Lebenswirklichkeit beschrieben wird, zeigt sich mit dem homo faber eine historisch gewandelte Spielform des homo technicus.

Die Verbindung zwischen Mensch und Technik wurde enger und wechselseitig durchlässiger. Die Hoffnung, dass es mit dieser Technikentwicklung einen Zugewinn an mehr Lebensqualität geben würde, erfüllte sich nur teilweise und widersprüchlich. Mit jeder körperlichen Erleichterung wuchs die Erwartung nach mehr Effizienz zu erbringender Arbeitsleistung. Der Mühsal verschob sich mehr in den kognitiven, lernoffensiven Anforderungsbereich. Die Hoffnung, sich von der Rolle eines homo laborens et faber zu befreien, ließ viele menschliche Träume und Wünsche offen, auch wenn die auf Kybernetik begründete Technikentwicklung sich in der Ablöse vom Analogen hin zum Digitalen bewegte.

Das menschliche Streben nach mehr Wohlstand und Lebenserleichterung, angetrieben durch Neugier, Macht und Profit, gibt der Technikentwicklung immer wieder neuen Nährboden. Diese Entwicklung hatte ihren Preis, den der wachsenden Abhängigkeit des Menschen von der von ihm selbst kreierten Technik, die ihm nicht nur mehr Unabhängigkeit von den Naturgegebenheiten, sondern im gleichen Entwicklungsschritt auch mehr Gefahren aus Natur und Technik einbrachte.

Es ist eine Illusion zu anzunehmen, dass jede Innovation, jeder Paradigmenwechsel in der Technikentwicklung uns von allem Übel menschlicher Lebensbeschwerlichkeiten befreit. Stattdessen schaffen sie andere, neue, komplexere. Der Gegensatz zwischen Menschenwille und Technikentwicklung ist nicht auflösbar. Jeder Versuch der Auflösung mittels neuerlicher Technikkreation kreiert neue Spannungen und Gegensätze zwischen Mensch und Natur. Der Technikwandel ist somit stets auch ein Wandel neuartiger Verbindungen und Verknüpfungen, die nicht selten in zunehmende Abhängigkeiten münden. Während die Technik sich wandelt, bleiben Struktur und Qualität der Wirkungen in der Mensch-Technik-Beziehung erhalten, was im dritten Kapitel „Technik und Digitalisierung" näher zu beschreiben ist.

Keine neue Technikentwicklung wird das menschliche, von ihm selbst geschaffene Dilemma zu einem ausschließlichen Vorteil außer Kraft setzen. Davon zeugt die Mitte des vergangenen Jahrhunderts aufgestoßene Tür der Digitalisierung. Das Verhältnis von Mensch und Technik erhielt mit ihr einen neuen Qualitätsschub. Es war ein Paradigmenwechsel, der den Wandel der analogen Technik in eine digitale einleitete.

Es gibt heute keinen Bereich der menschlichen Lebenswirklichkeit, in dem die Digitalisierung nicht Einzug hielt. Sie ist in Wirtschaft und Wissenschaft, Kunst und Kultur, Bildung und Sport, Medizin (Gesundheit) und Umweltschutz allseitig präsent. Unser Lebensalltag ist mit digitalisierter Technik durchdrungen.

Es ist für den Menschen kaum vorstellbar, heute und in Zukunft, in einer digital freien Lebenswelt zu sein. Der homo technicus schafft sich *sein* neues Lebens- und Menschenbild – den *homo sapiens digitalis*. Der derzeitige Entwicklungsstand der Künstlichen Intelligenz (KI) zeugt davon, wie eng der Mensch sich mit ihr verbunden hat. Er wird nicht auf halbem Wege stehenbleiben, sondern die Verschmelzung weiter vorantreiben. Das Bündnis zwischen ihnen ist unwiderruflich.

Seit November 2022 hat ChatGPT[36] einen Weltenlauf. Es wird davon gesprochen, dass dieses Programm die Zukunft der Bildung bestimmen wird. Mensch und Maschine sind im aktiven Dialog und rücken auf diesem Wege enger zusammen. Das menschliche Streben in Wissenschaft und Technik – und nicht zuletzt die tief im Menschen bewegte Neugier –, wird ihn auf dem Weg der KI-Entwicklung dahinführen. Dabei wird er nichts unversucht lassen, sein digitales Ebenbild zu schöpfen.

Doch wird es den Menschen von allen vorangegangenen Bildern und Lebensbeeinträchtigungen befreien? Wird das von Digitalisierung geprägte Menschenbild *sein* zukünftiges Selbstbild sein, das ihm die erhoffte Glückseligkeit beschert? Warum sollte der Mensch mit seiner digitalisierten, immer mehr auf Künstliche Intelligenz ausgerichteten Technik in der Lage sein, seine Plagen und Mühen hinter sich zu lassen? Werden diese Anstrengungen seine Lebenszufriedenheit grundlegend verbessern?

Es ist zum einen die Fähigkeit des Menschen, mittels Intelligenz und seiner handwerklich erworbenen Fertigkeiten, sich in seiner Technik zu verwirklichen. Zum anderen verfügt der Mensch über geistige Kompetenzen, die mit seiner Natur viel enger verbunden sind als das Kreieren von

---

[36] ChatGPT nutzt als digitales Programm – ein Prototyp eines Chatbots – Künstliche Intelligenz, um menschliche Sprache zu verstehen, mit dem Menschen eine Kommunikation aufzubauen und im Dialog angemessene Antworten zu geben, die ein menschenähnliches Gespräch zulassen. Das textbasierte Dialogsystem beruht auf maschinellem Lernen, entwickelt vom US-Unternehmen OpenAI.

Werkzeugen, die ihm als *gegenständliche Ent-Würfe* gegenüberstehen. Es sind keine gewonnenen Erkenntnisse und kein geronnenes Wissen, die dem Menschen die Macht der Natur- und Lebensbeherrschung geben. Es ist *eine* Art und Weise des im Menschen innewohnenden Geistigen, das tief mit seinem Wesen verbunden ist und zu seinem Menschsein gehört. Es ist ein natürlicher Teil von ihm, fernab technischer Entwürfe und zeigt sich in Gestalt von Verstand und Vernunft, bestimmt durch logisches Denken, Erkenntnis, Wissen und Theorien.

Über die Ratio und Emotio des Menschen bewegt er sich in seine von ihm geschaffene *mediale* Welt. Sie wird dem Spirituellen zugeschrieben. Spirituelles bzw. Transzendentes, Religiöses bzw. Glaubendes sind vom Menschen hervorgebrachte Geistes- bzw. Ideenphänomene, die ihre Quellen im Bewusstsein des Menschen haben. Sie sind das Ergebnis menschlichen Denkens u. a. in Form von Wahrnehmungen, Vor- bzw. Einstellungen und Gefühlen. Auch das Einlassen auf Sinnliches oder Eingebungen, fernab von allem Rationalen, gehören dazu.

Sie entspringen dem menschlichen Geist. Als gedankliche und emotional geformte Bilder einerseits und als Handlungen andererseits tragen sie auf ihre Art und Weise zur Wirklichkeitsbewältigung bei.

Spiritualität ist eine Eigenschaft menschlicher Lebensweise, Ausdruck von Lebensbewältigung und einer kulturschaffenden Lebensverwirklichung, die menschliche Macht herausfordert und mit ihr zugleich Ohnmacht produziert.

Es würde dem Wesen und Charakter des Menschen nicht entsprechen, ihn ausschließlich als homo technicus auszuzeichnen. Gute Gründe sprechen dafür, den Menschen als homo sapiens, d. h. als weise und verstehend, klug und gescheit, mit Verstand und Vernunft auszuweisen. Diese Kurzfassung von Menschenbild würde ihn nicht volltrefflich beschreiben, weil davon auszugehen ist, dass alle menschliche Lebens- und Wirklichkeitsgestaltung mit dem Spirituellen verbunden ist. Der Mensch ist ein homo sapiens, der sowohl als homo sapiens *technicus* als auch als homo sapiens *spiritualis* auftritt. Der Mensch ist in einer technischen *und* spirituellen Lebenswelt zu Hause.

Es ist für uns selbstverständlich, den Menschen als vernunftbegabt anzusehen, der Werkzeuge zur Naturaneignung und Wirklichkeitsbewältigung schafft und sich gleichermaßen seiner Spiritualität bedient. Umso weniger nachvollziehbar ist, welchen Entwicklungsweg beide Menschenbilder genommen haben. Sie sind nicht verbindungslos, so doch ungleich historisch entstanden. Sie haben ihren gemeinsamen Ausgangspunkt im Menschen und dennoch liegen zwischen ihnen aufgrund ihres unterschiedlichen Wesens und Charakters Welten. Spirituelles und Technisches sind in der Sache uneins.

Das Digitale als eine hochentwickelte Erscheinungsform des Technischen, macht den qualitativen Unterschied zum Spirituellen nicht geringer. Er baut sich weiter auf, je mehr darüber nachzudenken ist, was beide in ihrem Wesen und Charakter für sich und füreinander ausmachen. Es springt die historische und strukturelle Autonomie förmlich ins menschliche Gesicht. Jede weitere Frage und Suche nach Verbindendem scheint überflüssig zu sein. Aber genau das Gegenteil tut sich auf.

Die menschliche Neugierde ist bis auf das Höchste geweckt. Der Mensch will herausfinden, was das Technisch-Digitale und Menschlich-Spirituelle miteinander verbindet und wie sie zueinander in Beziehung zu bringen sind. Wohin werden sich diese beiden Phänomene in Zukunft bewegen? Wie eigen und zugleich verbunden werden ihre Wege sein? Werden sie sich in der Gesellschaft so platzieren, dass ein wechselseitiges Agieren unabwendbar ist und ihr Wirken zur gegenseitigen Veränderung beiträgt?

Werden sie sich unabhängig voneinander zeigen, so ist davon auszugehen, dass das Spirituelle und Digitale als Parallelwelten in der menschlichen Gesellschaft in Erscheinung treten. Sie wird es auch in Teilen geben; doch der Wert zukünftiger Entwicklung liegt in einer wachsenden Verknüpfung beider. Alles spricht heute schon dafür, dass das Geistig-Spirituelle und Technisch-Digitale näher zusammenrücken werden. Ihre Schnittstellen, funktionell und strukturell, werden wachsen und zunehmen. Neuartiges wird aus diesem Zusammenfluss hervorgehen. Insofern steht mit dieser Entwicklungsperspektive die These im Raum: Spirituelles und Digitales, Spiritualität und Digitalität werden sich aufeinander zubewegen (müssen), wenn der menschliche Wille da ist, der Gesellschaft eine nachhaltige Zukunft zu geben.

Wenn ein humanoider Roboter menschliche Gefühle zu „lesen" und sie gegenüber dem Menschen mit Worten zu spiegeln vermag, dann ist der Schritt zum gemeinsamen Dialog zwischen ihnen getan.

Derzeitig liegt der Fokus darauf, den Wandel von der analogen Welt in eine digitale mit allen verfügbaren technischen und wissenschaftlichen Ressourcen voranzutreiben. Nichts scheint den Menschen auf dem Weg wachsender und vertiefender Digitalisierung aufzuhalten. Das lässt die bei Weitem historisch viel ältere und dem Menschen näherstehende Welt des Spirituellen ins Hintertreffen geraten, so dass der Eindruck entsteht, die Spiritualität sei in Bezug zur Technikentwicklung ein zu vernachlässigendes Phänomen in der Gesellschaft und im Alltag des Menschen.

In der öffentlichen Wahrnehmung und Geschichtsschreibung werden Mechanisierung, Automatisierung und Digitalisierung als die treibenden Kräfte der Wirklichkeitsbewältigung angesehen. So ist nachvollziehbar, dass ein menschliches Leben mit Technik offenkundiger in Erscheinung tritt als ein spirituelles, das eher im Verborgenen das Leben bestimmt. Dieses Menschenbild ist nach außen hin eher unterbesetzt, weil es nicht dem entspricht, wie der Mensch sich in seinem Bild sieht. Er ist zutiefst spirituell. Man könnte meinen, dass der Mensch es auch aus tiefstem Herzen sein will, weil er spürt, dass das Spirituelle neben aller Modernität heutigen Lebens in seinem Innern Sein ist. Das scheinbar geteilte Bild vom Menschen vereinigt in seinem Naturwesen beides. Er ist zugleich „Technokrat" *und* „Spiritualist". Dieser Doppelcharakter menschlichen Seins ist das, was den Menschen zu jeder Zeit ausmacht.

Das bedeutet für das Menschenbild nicht, dass es sich nicht wandelt. Mit dem Auftritt der digitalen Technik transformiert sich das Mensch-Spirituelle. Es wird sich grundlegend erneuern. Wert und Sinn des Spirituellen werden sich wandeln. Mit dem Menschlich-Spirituellen wächst Digital-Spirituelles heran. Beide Formen des Spirituellen auseinanderzuhalten wird schwierig, sobald der humanoide Roboter in seiner Formgestaltung immer menschlicher wird. Der Mensch macht sich zu Spirituell-Göttlichem, indem er sein Ebenbild schafft. Das von ihm fabrizierte Ebenbild setzt sich über den natürlichen Menschen an Kraft, Geist, an „menschlicher" Leistungsfähigkeit hinweg. Beide stehen sich gegenüber und beide sehen uns an; spätestens jetzt kommt die Frage auf, ob der Mensch beides für sein gutes Leben bedarf.

Der charakterliche Zusammenfluss von Mensch und humanoidem Roboter ist eine sich schließende Grenzziehung zwischen Mensch und Maschine. Der digital ausgestattete Roboter zeigt „menschliche" Qualitäten: das Kommunizieren und Dialogisieren, das Ausdrücken von Gefühlen und Treffen von Entscheidungen, aus denen eigenständiges Agieren erwächst. Er qualifiziert sich durch Lernen weiter und wird im Zuge seiner Entwicklung immer mehr das „Erwachsensein" zeigen. Das heißt, der humanoide Roboter verfügt über eine sachliche, objektive Weltwahrnehmung, die er als real, wirklich anerkennt. Er verantwortet seine ausgedrückten Gefühle, sein Tun vermag es, über den Dialog Ziele und wertorientiert Interessen, Bedarfe und „Bedürfnisse" zu artikulieren und auszuhandeln.

Alles in allem haben wir es mit einem digital konstruierten und mit menschlichen Eigenschaften ausgestatteten Roboter zu tun, dem man das Roboter-Dasein in der inneren wie äußeren wahrnehmbaren Ausstattung nicht ohne Weiteres ansieht. Der natürliche, biotische Mensch wächst in seine von ihm selbst geschaffene digitalisierte Welt hinein, indem er sie in sein Leben holt. Die digitalen Artefakte sind in seinem Leben integriert. Es spielt sich digital ab. Der Mensch vereinnahmt das eigens geschaffene Digitale, indem er sein Leben digitalisiert und digital ausrichtet. Das Resultat ist eine Digitalisierung des natürlichen Menschen. Was ihm bleibt, ist seine natürliche Fortpflanzung, die – in der Annahme – vorausschaubar jegliche digitale Unterstützung bzw. Begleitung erhalten wird.

Die digitale Durchdringung des natürlichen, menschlichen Lebens erzeugt eine innere wie äußere digitale Lebenswirklichkeit. Nach innen ist es die Implementierung von Digitalem im menschlichen Körper, einschließlich des Gehirns, was dessen Leistungsfähigkeit beeinflusst. Nach außen hin geht es um die Aneignung außerhalb vom Menschen bestehender und nutzbarer digitaler Artefakte.

Das Resultat ist ein Zusammenwachsen, ein geradezu Verschmelzen von Mensch und Maschine, von Analogem und Digitalem. Das Biotisch-Menschliche erfährt seine Digitalisierung und das Digitale in Gestalt eines humanoiden Roboters qualifiziert sich zu Menschlichem.

Dieses Ineinandergehen führt uns zu einem neuerlichen Menschenbild. Das Menschenbild und Technikbild werden zu einem Bild mit Vorder- und Rückseite, wie zwei Seiten einer Medaille. Digitales vermenschlicht sich im humanoiden Roboter. Er ist Freund, Helfer, Dienstleister, Lebensbegleiter und ggf. auch -partner.

Dieses Zusammensein ist bestimmt durch ein Ganzes im Sinne eines humanistischen Umgangs miteinander. Es gelten die Prinzipien von Autonomie und Bindung, Nähe und Distanz, Geben und Nehmen. Sie zeigen sich in gegenseitiger Anerkennung und Wertschätzung. Die Werte Würde und Selbstbestimmtheit sind gleichermaßen auf beiden Seiten verteilt. Die Frage nach dem Recht auf ein digitalisiertes Leben des Menschen stellt sich ebenso wie die Frage nach der Rechtschaffenheit eines mit menschlichen Qualitäten ausgestatteten Roboters.

Alle Macht geht vom Menschen aus – noch! Es verändert sich die Herrschaftskonstellation von einer bisher geteilten Welt von Mensch und Technik zu *einer* Welt. Eine weiterhin geteilte Welt würde der zukünftigen Entwicklung nicht Rechnung tragen. Wir stehen einem veränderten Menschenbild gegenüber, das das Biotische und Digitale gleichermaßen einschließt.

Das Resultat der Menschenbildbetrachtung ist: Das Spirituelle erfährt an neu ausgerichteter, gewachsener Wichtung und Wertschätzung, was rechtfertigt, dem homo *spiritualis* den gleichen Platz einzuräumen wie dem homo *technicus*. Das kann nicht genug betont und herausgestellt werden, weil das Spirituelle *und* Digitale im Leben des Menschen keine getrennten Wege gehen, sondern ihre Begegnungen vielerorts zum gemeinschaftlichen Auftritt in der Lebenswirklichkeit des Menschen führen werden.

Die ersten Stimmen sind publizistisch nicht zu überhören und verkünden das Zeitalter des Sahasrara[37], den Übergang vom digitalen zum spirituellen Zeitalter. Sind diese Stimmen begründet, einen derartigen Wandel hin zum Zeitalter des Spirituellen zu verkünden? Bei aller berechtigter Sorge, dass das Digitale das Spirituelle übertönen würde, so zweifelhaft erscheint, dass das Digitale sich im Spirituellen verlieren wird. Die zwischen Digitalem und Spirituellem stattfindenden Begegnungen in der Lebenswirklichkeit des Menschen werden von neuem Charakter sein und ein neues Selbstbild vom Menschen schaffen, das dem Digitalem *und* Spiritu-

---

[37] Vgl. https://sampurna-seminarhaus.de/das-zeitalter-des sahasrara-der-uebergang-vom-digitalen-in-das-spirituelle-zeitalter

ellem gerecht wird.

Es ist nun den nachfolgenden Betrachtungen vorbehalten, das vermeintliche Zeitalter des Sahasrara zu hinterfragen, bisherige Gedanken zu vertiefen und dem Menschenbild als *homo sapiens technicus spiritualis* kritisch nachzustellen. Was wird dafür und dagegen sprechen, wenn der Mensch der Zukunft als *homo sapiens digita-spiritualensis* in Erscheinung tritt?

II. Kapitel

Bewusstsein und bewusstes Sein

Erwachendes Denken · Erfolgsgeschichte menschlichen Geistes

Es ist ein lauwarmer Sommerabend. Der strahlendblaue Himmel verdunkelt sich von Stunde zu Stunde. Mit Spannung erwarten Sie die Perseiden, die Tränen des Laurentius. Es ist der alljährlich wiederkehrende Meteoritenstrom in der ersten Augusthälfte. Sie legen sich entspannt auf den Rasen oder in einen Liegestuhl und tauchen mit Ihrem Blick erwartungsvoll in die Nacht. Je mehr Sie sich auf dieses astronomische Schauspiel einlassen, desto stärker wächst das Gefühl, mit dem Universum zu verschmelzen. Mit zunehmender Faszination entsteht der Drang, das Unfassbare fassbar, das Unbegreifliche begreiflich, das Unverfügbare verfügbar zu machen. Doch es gelingt nicht. Stattdessen drängt sich der Gedanke auf, klein, unwichtig, machtlos zu sein. Die Kant'sche Frage offenbart sich: „Was ist der Mensch in dieser transzendent anmutenden Welt?" Mit jeder Sternschnuppe, die am Firmament vorbeihuscht, wird rituell ein Wunsch fällig. Aus der Tiefe des Bewusstseins formt sich die Frage nach dem eigenen Sein in dieser unendlich scheinenden Welt. – Woher weiß ich, dass ich *ich* bin? Wie kommt die Außenwelt als Gedanke in meinen Kopf?

Kaum anders mag es sich anfühlen, wenn wir den Blick in das innere Universum des Menschen richten, das wir *Bewusstsein* nennen. Es tritt uns gleichsam faszinierend, schillernd, deutend und bedeutend gegenüber. Wir tragen es in und mit uns und wissen dennoch nicht genau, was es ist, wo es herkommt, wie es entstand und welche Wirkungsmacht in ihm steckt und von ihm ausgeht.

Die Verbindung zu unserem Bewusstsein scheint inniger und zugleich weniger fassbar zu sein als das Eintauchen in den Strom der Perseiden, die die Milchstraße durchfliegen. Wir tragen das Bewusstsein mit und in uns, in unserem Körper.

Die Philosophie ist bis heute um Aufklärung bemüht, zusammen mit den Natur-, Medizin- und Neurowissenschaften, die Noch-Geheimnisse dem Bewusstsein zu entlocken.

Wir sind uns der Existenz des Bewusstseins gewiss, das unser Leben maßgeblich beeinflusst und von bestimmender Wirkungskraft ist. Wir denken, fühlen, nehmen wahr. Wir verändern und gestalten; wir bauen auf und zerstören – alles mit Hilfe unseres Bewusstseins.

René Descartes (1596–1650) war sich dieser Kraft bewusst und leitete zu seiner Kulturzeit mit seiner Philosophie deren Neuzeit ein. Sein Motto „Ich denke, also bin ich" repräsentiert ein ganzes philosophisches Konzept und revolutionierte die Ideengeschichte über das Bewusstsein zu Beginn der Aufklärung. Alles Bisherige an entwickelten Gedanken, die mit dem Bewusstsein in Verbindung standen, wurde in Frage gestellt. Der Zweifel als Erkenntnismethode eroberte in der Wahrheitsfindung sein Terrain. Sinneseindrücke, Beobachtungen und Wahrnehmungen verloren ihren Erkenntnis- und Wahrheitswert. War die Welt bisheriger Erkenntnisse eine Welt von Irrtümern, Unwahrheiten, Fehldeutungen oder Fake News?

Neue Erkenntnisse der Neurowissenschaften poppen auf und geben hinlänglichen Grund, dass die Philosophie – geleitet von den Gehirn- und Bewusstseinsforschungen – sich immer wieder neu der Frage nach dem Bewusstsein stellen muss.

Es ist nicht verwunderlich, dass Neurowissenschaftler, Psychologen und Entwickler der Künstlichen Intelligenz zueinander finden und eine Allianz bilden, die zusätzlich die Philosophen auf den Plan ruft.

Die philosophische Aufnahme des interdisziplinär geführten Diskurses ist insofern hilfreich und interessant, weil mit dem Versuch einer hier zu bewerkstelligenden Annäherung zwischen Bewusstsein und Spirituellem auf die Evolution und Kulturgeschichte des menschlichen Denkens zurückgegriffen werden kann. Eine wichtige Verbindung zwischen Bewusstsein, Denken und Spiritualität baut sich auf.

Das Spirituelle des Menschen ist nur zu verstehen, wenn wir in die Entwicklung des menschlichen Denkens eintauchen. Es wird sich im Zuge der Darlegung herausstellen, dass das Spirituelle nicht allein auf Geistiges, Transzendentes zu reduzieren ist, sondern zugleich in Verbindung mit einer gesellschaftlichen, soziokulturellen Entwicklung steht.

Angesichts dieser Tatsache braucht es begriffliche Klarheit: Was wollen wir unter Abbild, Ideellem, Bewusstsein und Denken verstehen? Zum Denken gesellen sich die Begriffe Verstand und Vernunft, die insbesondere durch Immanuel Kant (1724–1804) in der Geschichte der Philosophie einen zentralen Platz einnehmen. Nicht zuletzt ist durch den angefachten Diskurs über das in den Fokus philosophisch-ethischer Betrachtung gerückt, was unter (Künstliche) Intelligenz zu verstehen ist, wie sich deren Möglichkeiten, Grenzen und Risiken bei der Nutzung gestalten (werden).

Die Berührung zwischen Denken *und* Intelligenz ist nachgefragt zweifellos selbstredend. In unserer Alltagssprache sind sie uns zwar gängig, doch deren Gebrauch oft indifferent. Eine Unterscheidung ist nicht in jedem Fall vonnöten. Es ist nicht leicht, zwischen ihnen den sogenannten feinen Unterschied auszumachen.

Ungeachtet dieser Alltäglichkeit macht es für Weiteres Sinn, zwischen Bewusstsein und bewusstem Sein zu differenzieren und den begrifflichen Unterschied zwischen Bewusstsein und Bewusstheit hervorzuheben. Es geht darum, das menschliche Denken in seinem Entstehen und Werden kenntlich und nachvollziehbar zu machen.[38]

Erwachendes **Denken** impliziert, dass das Denken eine evolutionsträchtige Geschichte[39] hat. Es gibt keinen Zweifel, dass das Denken des Menschen evolutionär, biotisch[40] mit der Primatenentwicklung einhergegangen ist. Der aufrechte Gang, das Freiwerden der Arme und Hände, die Feinkoordination zwischen Daumen und Finger, von Hand und Auge, die Herstellung und Nutzung von Werkzeugen sowie der stetige Gewichtszuwachs des menschlichen Gehirns waren entscheidende anthropologische Entwicklungsmomente, die von der Menschwerdung des Affen zeugen. Das alles geschah im Wechselspiel zwischen Umweltveränderung, natürli-

---

[38] Im folgenden Kapitel dieses Teils wird die Begriffsbestimmung weiter geführt und auf das Bewusstsein näher eingegangen.

[39] Vgl. Stefan Klein: Wie wir die Welt veränderten. Eine kurze Geschichte des menschlichen Geistes, S. Fischer Verlag, Berlin 2021

[40] Es wird hier zwischen biologisch und biotisch unterschieden. Das *Biotische* steht für das Leben, Lebende in seiner Gegenständlichkeit, als Sache bzw. Prozess selbst. Der Begriff des Biotischen bildet die Realität des Lebens ab. Wir befinden uns hier auf der Objektebene. Das *Biologische* beschreibt auf der Begriffsebene unser gewonnenes Wissen über das Biotische. Gemeint sind die Wissenschaft selbst – Biologie – und deren Teiltheorien, Regeln und Gesetze als wissenschaftliche Abbilder über das reale Leben, das Biotische. Mit dieser ausgewiesenen unterschiedlichen Terminologie ist erkennbar, ob Biologisches oder Biotisches Gegenstand der Beschreibung ist.

chem Evolutionsdruck (Selektion bzw. Anpassung) und der wachsenden Fähigkeit des werdenden Menschen, mehr und mehr mit Kreativität und Werkzeugherstellung auf seine Lebenswelt gestaltenden Einfluss zu nehmen.

Die Ausgangsüberlegung ist, dass es zwei signifikante Unterschiede zwischen dem Menschen (homo sapiens) und allen anderen tierischen Lebewesen gibt. *Erstens* ist es die sich herausgebildete Fähigkeit, mittels Werkzeugen, d. h. durch Menschenhand verändertes, nutzengeleitetes Naturmaterial, ein neues Werkzeug zum Zweck der Bedürfnisbefriedigung herzustellen. Die Anfertigung einer Nadel aus Knochenmaterial zur Herstellung eines Fellumhangs erfolgte mittels eines vorab zurecht geschlagenen Feuersteins mit einer scharfen schneidenden Seite oder einer Spitze zur Anfertigung von Bohrungen in ein anderes Material. Es ist davon auszugehen, dass der Stein- und Knochenhobel das Werkzeug zur Werkzeugherstellung war.[41]

Zweitens ist der Unterschied darin auszumachen, dass der Mensch die Fähigkeit einer sprachlich antizipierten, kooperativ angelegten Vermittlung bedürfnisorientierter Ereignisse entwickelte. Gemeint ist ein sozialorientierter Kommunikationsaustausch, der zu einem *gemeinsamen* antizipatorischen Handeln führt, weil der erforderliche Handlungsakt allein nicht zu bewerkstelligen war, sondern dass es eines gemeinschaftlichen Agierens bedurfte. Der Mensch kann gegenüber anderen die Bitte zur Hilfe aussprechen, z. B. den Schrank umzustellen, weil es allein nicht machbar wäre.

Ein weiteres, *drittes* unterscheidbares Qualitätsmerkmal ist angebracht. Es ist von geistig-kulturellem, sozialem Wert. Gemeint ist die Spiritualität. Es ist eine Art des menschlichen Denkens und Verhaltens im Umgang mit

---

[41] Die Zeit der Werkzeugherstellung zur Herstellung neuerlicher Werkzeuge (Werkzeugherstellung der Qualitäts- und Entwicklungsstufe 2) beginnt mit dem Steinhobel und später mit dem Bohrer, wie er aus der Jungsteinzeit bekannt wurde. Über 1 bis 1,7 Millionen zuvor haben sich die Gruppen Homo habilis und Homo erectus ihrer Fähigkeit zur Werkzeugherstellung (Qualitätsstufe 1) zunutze gemacht. Diese Qualität der Werkzeugherstellung und -nutzung können wir unter den heutigen Menschenaffen beobachten, wenn ein Stock präpariert und damit zum Werkzeug *wird*, wenn er z. B. für den Fang von Termiten seinen Einsatz findet. (Vgl. F. Klix: Erwachendes Denken, Deutscher Verlag der Wissenschaften, Berlin 1983, S. 37 ff.)

der Natur, der menschlichen Lebenswelt schlechthin, die außerhalb des Menschen ihresgleichen sucht. Welches Tier und noch mehr welche Pflanze können für sich behaupten, ihr Leben spirituell zu leben oder gezielt zu gestalten? Die Spiritualität verlangt ein äußerst komplexes Herangehen an die Lebenswirklichkeit ab. Es bedarf Anforderungen an die Lebensbewältigung, die ein Höchstmaß an Kognition, Kreativität und Kommunikation voraussetzen.

Diese Qualitätsmerkmale menschlichen Seins und Wirkens sind notwendige Bedingungen, die es letztlich möglich machten, dass zwei unmittelbar mit dem Menschen verbundene Lebenswelten entstehen konnten. Es ist die Welt der Technik, die sich über die Zeit von Jahrtausenden bis ins Heute entwickelte und über die analoge eine digitale entstehen konnte. Es ist die Welt des Kognitiven, Geistig-Spirituellen, die an die menschliche Fähigkeit des archaischen und animistischen Denkens anknüpft.

Um diesen Welten näherzukommen, ist zu fragen: Wie hat sich das menschliche Denken im Laufe seiner Geschichte entwickelt? Welches sind seine charakteristischen Merkmale und Erscheinungsbilder? Wie konnte sich beim Menschen Spirituelles herausbilden? Ist Spiritualität eine Eigenschaft des Denkens? Welche Bedingungen trugen zu dieser Entwicklung bei? Ist sie in der Lage und wenn ja mit welcher Gestaltungskraft, auf die anderen Phänomene des menschlichen Denkens und Verhaltens gestaltend zuzugreifen?

Die Geschichte des menschlichen Denkens führt uns zu den Antworten. Sie wird uns den Zugang zu Funktion, Wert und Sinn des Spirituellen freigeben. Es gibt keinen Grund, die Existenz und Wirkung des Spirituellen auf und im Menschen in Frage zustellen.

Spiritualität und Menschsein gehören genauso zusammen wie Mensch und Technik. Wäre der Mensch noch Mensch, wenn Spirituelles *und* Technik *nicht* zu seinem Wesen gehören würden? Wohl kaum, sondern ein animalisches Wesen fernab geistiger und werkstofflicher Naturaneignung und Bildung.

Der historische Werdegang des bzw. hin zum Menschen ist eine gemeinsame Geschichte von Denken, Spirituellem *und* Technik. Sie ist begleitet von Kreativität und Handeln (Verhalten).

Der nachfolgende Exkurs über die Herausbildung des Denkens weckt das Spirituelle im Menschen auf und erklärt den Unterschied zwischen Denken und Intelligenz.

Die *Historizität des Denkens* findet ihre allgemeine und nachweisbare Anerkennung. Sie ist zweifelsfrei *ein* Produkt naturbedingter, sich veränderter Lebensumstände. Die Kargheit der menschlichen Lebensbedingungen führte immer wieder zu Mangelsituationen, die den Menschen dahin drängten, sich diesen anzupassen. Es war ein Leben zwischen Leben und Tod, zwischen Scheitern und Erfolg.

Der natürliche Selektions- und Anpassungsdruck beförderte die menschliche Lernkompetenz, gemachte Fehler zu korrigieren, erworbene Erfahrungen im Gedächtnis zu speichern und situationsgemäß zur Anwendung zu bringen. So schreibt F. Klix resümierend: „Im Pendel zwischen Mangel- und Bedürfnisbefriedigung, zwischen Not, Lebensangst und eben wieder erreichter Sicherheit wurzeln mithin die emotional-affektiven, entwicklungsgeschichtlich wirksamen Triebkräfte, die die Lernprozesse stimulieren, Verhaltensantworten durch Gedächtnisausbildung verändern und dabei schließlich ausbilden, was im Endergebnis [...]" als eine kognitive Leistungsfähigkeit, als Intelligenz charakterisiert werden kann.[42]

Der evolutionsbiotische und -psychologische Schlüssel für die Entwicklung des Denkens ist in der Wechselwirkung zwischen herausgebildeter Erkenntnisfähigkeit und notwendigem Mitteilungsbedürfnis begründet. Kognitive, kreative Leistungskompetenz und die interpersonelle Kommunikation werden als die beiden wichtigsten Quellen für die Herausbildung intelligenter Leistungen angesehen.[43] Auf diese beiden Faktoren baut sich die Geschichte des menschlichen Denkens auf.

Es ist davon auszugehen, dass kommunikative im Unterschied zu kognitiven Leistungen eine evolutive Vorgeschichte haben. Das heißt, dass die Kommunikation als Informationsaustausch im Tierreich eine weitverbreitet universelle Eigenschaft ist und sich stammesgeschichtlich weit vor dem Menschen herausbildete. Sie ist vererbtes vieler und zusätzlich angelerntes Verhalten einiger Tierarten. Wir wissen um das Tanzen der Bienen, die Lock- und Warnrufe der Vögel, die Hierarchiebildung unter den Tiergrup-

---

[42] F. Klix: a. a. O., S. 37
[43] A .a. O., S. 73

pen, die Kommunikationsmuster mit ein- oder zweiseitiger Ausrichtung aufzeigen.

Der Signalcharakter ist in der innerartlichen Kommunikation früh angelegt, so dass sich der Weg für eine eigengesetzliche Ausgestaltung von bestehenden Signalen öffnete und zunehmend den Charakter von Zeichen annehmen konnte. Der Schritt zur *Semantisierung der Kommunikation*[44] war getan und eine neue Qualität des Informationsaustausches erreicht.

Die Verfügbarkeit naturbedingter und entwicklungsfähiger Kommunikation, eine herausgebildete vereinfachte Kommunikation durch Zeichenbildung und eine in allem mit der kognitiven Leistungsfähigkeit gewachsene Lernkompetenz befeuerten die Gestaltung und Optimierung der Kommunikationsmittel ebenso an wie die der Herstellung und Verfeinerung technischer Gerätschaften zur Existenzsicherung bzw. Bedürfnisbefriedigung des Menschen. Der Schritt hin zur menschlichen Gesellschaft öffnete sich zusehends mit der wachsenden Arbeitsteiligkeit, die wiederum mit der sozialen Kompetenz als Resultat und Voraussetzung einherging.

Die Herausbildung der sozialen Kompetenz, von Macht und Einfluss ist kein Alleinstellungsmerkmal des Menschen, sondern war auch in der prähumanen Phase präsent. Was sie in ihrer Besonderheit auszeichnet ist, dass die weitere Differenzierung der Sozialstrukturen neue Qualitätsmerkmale hervorbrachte, die hinsichtlich der o. g. Kriterien den Menschen immer mehr zum Menschen auszeichneten. Er entledigte sich zunehmend der Naturfeindschaft und *machte* seine Lebenswelt mit wachsendem Bewusstsein zur Magd seiner Bedürfnisse. Im Zuge dessen wuchs eine vom Menschen geschaffene und ihm gegenüberstehende Lebenswelt: die vermenschlichte Natur- und aus ihr kreierte Technikwelt.

Die *Herausbildung der sozialen Kompetenz* im Zuge der Menschwer-

---

[44] Unter Semantik in der Kommunikation wird ein Wissensbereich verstanden, die sich mit der Beziehung von Zeichen (Wörter, Termini, Symbole) und deren Bedeutung (Inhalt) beschäftigt. Die Sprache stellt eine Verbindung zwischen Zeichen und Bedeutung, der Begrifflichkeit her. Begriffe sind gedankliche Einheiten, mit denen wir Menschen mit Hilfe unseres Bewusstseins das Wesen, die Grundeigenschaften von Objekten – materieller wie ideeller Natur – abbilden und mit Worten beschreiben. Mit *Semantisierung* wird die Umwandlung vom Begrifflichen in den sprachlichen Ausdruck von Zeichen verstanden.

dung konnte widersprüchlicher nicht sein. Widrige, oft existenzbedrohende Lebensumstände erzeugten einen natürlichen Selektionsdruck, die den Menschen dahin drängten, Überlebensstrategien zu entwickeln. Kooperation und Kommunikation, d. h. der Austausch bzw. die Weitergabe von Erfahrungen und Fertigkeiten, das gemeinsame Handeln als Form einer optimierten Verhaltensstrategie wurden mit zunehmender Verfeinerung zu Qualitätsmerkmalen menschlicher Wirklichkeitsaneignung. Im gleichen Atemzug wuchsen Antrieb und Motivation zur Lebenserleichterung. Das entscheidende Instrument war und ist bis heute die vom Menschen vorangetriebene Technikentwicklung. Sie ist *der* Schlüssel allen menschlichen Fortschritts und zugleich der in ihm wohnende Schatten vom Menschen hervorgebrachter Naturveränderung und späterer nicht wieder gutzumachender Naturzerstörung.

Der Druck auf den Menschen, das gemeinsame Handeln zu optimieren und damit die Kooperationskompetenz auszubauen, forderte den Menschen dahingehend, seine Kommunikationsfertigkeiten und -instrumente zu qualifizieren. Gefördert wurde dies mit stetig wachsender Arbeitsteiligkeit.

Technikentwicklung, verbesserte Lebensweise und optimiertes Denken erreichten in den letzten 40.000 Jahren des Cro-Magnon-Menschen eine derartige Entwicklung, dass dieser rasante Fortschritt sich von der biotischen Evolution ablöste.[45]

Der sich vollziehende Alleingang menschlicher *Entwicklung des Sozio-Technischen* zeugt nicht nur von einem Evolutionsschub im menschlichen Denken, sondern ist zugleich der Einstieg in die *Kulturentwicklung.* Kooperation, Kommunikation und Technikentwicklung sind der Nährboden einer sich herausbildenden Kultur.

Dieser Zusammenhang führt uns zu den Entstehungsformen und zum Verständnis menschlicher Denkformen und Denkweisen. Dem weiteren

---

[45] Es ist die Zeit der neolithischen Revolution, nach dem Ende der Altsteinzeit, was zu einer starken Differenzierung sozialen Verhaltens und gesellschaftlichen Handelns einerseits und technischem Fortschritt andererseits führte. Natur- und sozio-technische Entwicklung gingen von nun ab getrennte Wege, was bedeutet, dass sich seit dieser Zeit die körperliche und geistig-kognitive Konstitution des Menschen im Wesentlichen nicht mehr veränderte. Vgl. F. Klix, o. a. O., S. 144 f.

Interesse des Diskurses folgt das nähere Verstehen von Spiritualität und Digitalisierung, wie sie zueinander fanden und welches Wechselwirken zwischen ihnen ausgetragen wird. Die sich hier stellende Frage ist: In welcher Art und Weise hat das menschliche Denken zur Herausbildung von Spiritualität und Digitalisierung beigetragen? Mit dieser Fragestellung wird unterstellt, dass ein sich herausbildendes und gebildetes Denken eine notwendige Bedingung für das *Entstehen von Spiritualität und Digitalisierung* war. Während wir dies für die Digitalisierung als eine vom Menschen in Gang gesetzte Wandlung der Technik vom Analogen hin zum Digitalen ohne Zweifel anerkennen, ist das Nachvollziehen des Anteils von Denkleistungen im Bereich des Spirituellen eher schwieriger einzuordnen.

Folgen wir den Entwicklungsstufen menschlichen Denkens und der Steigerung der Erkenntnisfähigkeit, so ist der Einstieg das *archaische Denken*.[46] In ihm sind äußere wie innere Bedingungen angelegt, die für die Herausbildung des Spirituellen förderlich waren. Hierzu können folgende Merkmale der gesellschaftlichen Entwicklung festgehalten werden: Der Übergang zur Sesshaftigkeit, die das Leben überschaubarer, berechenbarer machte, das Zusammenwachsen von Mensch und Gemeinschaft und die damit einhergehende Hausbildung von sozialen Funktionen. Das führte zu mehr Zeit für eine Bewertung der Lebensqualität, der sozialen Bedürfnisse und deren Befriedigung. Es stellten sich vermehrt emotionale Rückwirkungen in den zwischenmenschlichen Beziehungen ein. Es bildeten sich Graduierungen an Zuständigkeiten (Verantwortlichkeiten und Hierarchie in der Gemeinschaft) heraus.

Je sesshafter die Menschen wurden, desto stärker wuchsen die sozialen Bedürfnisse nach kommunikativem Austausch und Räumen für Selbstreflexion. Dieses auf Gemeinschaft ausgerichtete Lebensmodell, das Differenzierung, Abhängigkeiten, unterschiedliche Verhaltensmotivationen und Bewertungen der Lebenssituationen mit sich brachte, beförderte gleichsam Spannungen, Widersprüchliches, Konflikte im Zusammenleben. So ist es nachvollziehbar, dass die Antwort darauf nur die Herausbildung von Regeln des Zusammenlebens sein konnte, was dem Prinzip von „Zuckerbrot und Peitsche" gleichkam. Wer dem natürlich gewachsenen (ungeschriebe-

---

[46] Vgl. F. Klix, a .a. O., S. 148 ff.

nen) und von der Gemeinschaft festgelegten (geschriebenen) „Vertrag" des Miteinanders nicht folgte, sich nicht ein- bzw. unterordnete, sich den Tabus widersetzte, der bekam die Härte der Gemeinschaft zu spüren. Diese Bestrafungen unterlagen einem gemeinschaftlichen Handeln. So ist davon auszugehen, dass im Zuge dieser Lebensumstände, in denen Sesshaftes und Kognitives, Kooperatives und Arbeitsteiliges, soziale Abhängigkeiten und Hierarchien zusammenflossen, das Bedürfnis nach *und* die Notwendigkeit eines regelkonformen Lebens wachsen ließ. Die Folge von allem war die *Ritualisierung* des Lebens und die damit einhergehende *Symbolbildung*.[47] Die Ritualisierung des Zusammenlebens und der lebenswichtigen Ereignisse verfolgte das Ziel, das Überleben, die Existenz und den Frieden in der Gemeinschaft zu sichern. Das ging anfänglich mit Symbolbildung einher – Ausdruck und Ergebnis menschlicher Reflexionen auf das gelebte Leben. Dieses reflektierte Denken spiegelt sich u. a. in einem Totem(tier) wider. Es ist Symbol und Zeichen der Gemeinschaftlichkeit, ein Bild der Zusammengehörigkeit und gemeinsamer Geschichte.

Das Denken in und mit Symbolen ist reflektiertes, gegenständlich geronnenes menschliches Denken. Die Zeichen verleihen den Menschen emotionale und gemeinschaftliche Symbolkraft. Sie befördern die Sozialisation und Identifikation. Das Totem ist das Bindeglied zwischen dem einzelnen Menschen und der Gemeinschaft. Es macht das Individuum zu einem sozialen, mit Ritualpotenzial ausgestattetem Wesen. Ein gewähltes Totemtier (ein Falke oder eine Schlange z. B.) symbolisierte die Charaktereigenschaften des Tieres, die auf die Lebensgemeinschaft der Menschen übertragen wurden. Ist diese Identifikation erreicht, ist die Verbindung nicht nur zwischen Individuum und Gemeinschaft, sondern zugleich zwischen Mensch und Tier bzw. Mensch und Natur hergestellt. Das zwischenmenschliche Dasein erreichte über diese Symbolik eine vertiefende Wechselwirkung zwischen Mensch und Natur.

Das archaische Denken wurde damit zum »Türöffner« für das Spirituelle im Leben der Menschen. Es zeichnet sich *erstens* durch die hohe Integrität zwischen Mensch und Natur aus. Die unmittelbare Nähe des Individuums zur Natur vermittelt ihm die Erfahrung von der Existenz außer-

---

[47] A. a. O., S. 149

menschlicher und übernatürlicher Kräfte, die ihn devot und demütig werden lassen. Diese menschliche Naturverbundenheit findet ihren Ausdruck im *animistischen* Denken: Götter, Geister, Dämonen, Feen beleben und beherrschen die Natur. Sie verfügen über Macht und Einfluss, die sie auf den Menschen ausüben können. Die *zweite* Integrationskraft ist das gemeinsame Wirken von Individuum und Gemeinschaft. Dabei spielt das voneinander Abstammen, die soziale Herkunft eine wichtige Rolle. Die Ahnenschaft zwischen ihnen wird selbst zu einer totemistischen Symbolkraft. Angesichts der Mächtigkeit der Natur und des hohen Existenz- und Überlebensrisikos, denen der Mensch ausgesetzt war, wuchs *drittens* die Empfänglichkeit für Emotionen und emotionale Bilder. Dadurch wurde er in besonderer Weise affektiv ansprechbar. Unsicherheit und Unberechenbarkeit, Erregungen wie Wut, Furcht und Ängste, fehlende Sicherheit, Gewissheit und Lebenskontinuität sind für den Menschen nur trag- bzw. aushaltbar, wenn ihm ausgleichende Artefakte und Verhaltensweisen gegenüberstehen. Um gut durch das Leben zu kommen, brauchte es offensichtlich einer Kompensation. Darauf zielt *viertens* die Bildgestaltungskraft des Menschen. Mit seinen Fähigkeiten, seiner Vorstellungskraft vermochte er Bilder zu zeichnen. Die Tiermalerei aus der Höhle von Altamari kann als ein derartiges Zeugnis, aus der Erinnerung Wisente auf die Wand zu projizieren, angesehen werden. Die Zeichnung aus der Höhle Les-Trois-Frères zeigt eine noch größere Symbolkraft. Es stellt ein Fabelwesen dar – halb Mensch, halb Tier –, das vermutlich einen Menschen in Tierkleidung darstellt.[48]

Die hohe Emotionalität und Sinnlichkeit des frühen menschlichen Denkens ist unverkennbar. Die Funktion dieses Denkens ist in dem Umstand begründet, Unbekanntes, Neues, nicht Erklärbares an Ereignissen und Erscheinungen aus der Natur in Verbindung mit Erfahrenem, Bekanntem zu bringen und zu interpretieren. Naturereignisse wie Überschwemmungen oder Trockenheiten werden vom Menschen als Strafe des Übermächtigen für sein regelverletzendes Verhalten angesehen. Naturkatastrophen hätten ihren Grund in Verletzungen menschlichen Verhaltens und von Geboten. So wurden derartige Naturphänomene verständlich und nachvollziehbar.

---

[48] A. a. O., S. 143, 150

Unwissenheit, Unerklärliches wandelte sich so in vermeintlich Wissendes und Erklärbares um. Unsicherheiten im Wissen verfestigten sich in einem Glauben, im animistischen Denken.

Dieses Denken nahm einen wichtigen Platz im Gemeinwesen ein. Die oben angesprochenen Spannungen und Konflikte zwischen Individuen und Familien, Familien und Sippen, Sippen und Stämmen, das darin eingebundene Machtgefälle, das Bestehen von Rollen, unterschiedlichen Kompetenzen und Hierarchien brauchten Instrumente wie Regeln, Gesetze, Rituale, um nach innen einem Zerfall der Gemeinschaft entgegenzuwirken und nach außen handlungs- und abwehrfähig zu bleiben. Insofern sind die damit einhergehenden und herausgebildeten Machtstrukturen ein wichtiges Instrument für eine zu schaffende Geschlossenheit und Identifikationsbildung. Das auf das gemeinschaftliche Leben ausgerichtete animistische Denken entwickelte sich zwangsläufig auf natürlichem Wege, das den inneren Halt der Gemeinschaft sichern half. Insofern waren Ritualen und Zeremonien, Tänze und geschaffene Kultstätten wichtige Instrumente, Gemeinschaftlichkeit zu entwickeln und zu festigen.

Des Weiteren kann davon ausgegangen werden, dass das animistische Denken eng mit dem *archaischen* Denken verknüpft ist. Es ist ein wichtiges Charakteristikum des Archaischen. Die tiefe Verbundenheit des Menschen mit der Natur, die den menschlichen Animismus beförderte, zeigte sich von einer anderen, ihm losgelösten Seite. Es ist der menschliche Blick in Zukünftiges. Diese Fähigkeit des Menschen half, Fehlentscheidungen und Handlungsrückschläge zu vermeiden. Die bioevolutiv angelegte Kompetenz zur Antizipation, der geistigen Vorwegnahme von Ereignissen, war für das Überleben des einzelnen Menschen und für die Weiterentwicklung des gesellschaftlichen Lebens von hohem sozialem Wert. Das erklärt, dass sich im Rahmen des archaischen Denkens dieser Teil kognitiver Fähigkeit weiter herausbildete. Im Ergebnis der Entwicklung entstanden drei Denkstile: *Erstens.* Das induktive, systematische Beobachten räumlich-zeitlicher Zusammenhänge und Abhängigkeiten. Als Beispiel sei die Voraussage des Frühlings bei Ankunft der Störche genannt. *Zweitens.* Das Analogisieren mit dem Feststellen von Ähnlichkeiten. So wird Bitternis in Verbindung mit Gift oder Heilbarem gebracht. Und *drittens*: Die Nachahmung von

Geschehenem, um Zukünftiges zu erzwingen.[49]

Bei der *ersten* Strategie handelte es sich um die Herstellung von vermeintlichen Zusammenhängen, zwischen denen kein unmittelbarer natürlicher kausaler Zusammenhang bestand. In der *zweiten* Denkstrategie wurden Vergleiche zwischen Naturereignissen hergestellt, aus denen Handlungsschlüsse wuchsen, obwohl es real zwischen den im Vergleich gesetzten Ereignissen keine Verbindung gab, die eine derartige Schlussfolgerung rechtfertigte. Und die *dritte* Strategie zielte darauf ab, außermenschliche, mit übernatürlichen Kräften ausgestattete Wesen versöhnlich zu stimmen, um ihnen die Erfüllung menschenfreundlicher Bedürfnisse, wie z. B. die Hoffnung auf einen langersehnten Regen, zu entlocken.

Während die ersten beiden Denkstile halbwegs reale Zusammenhänge abbilden, basiert der letztgenannte auf dem menschlichen Glauben.[50]

Hinzu kommt die kognitive Durchdringung der Wahrnehmungswelt durch Begriffsbildung, die Herausbildung von logischen Denkschlussfolgerungen und das Generalisieren, das das Spirituelle beförderte. Die Grundannahme, Ähnliches verhalte sich ähnlich und müsse deshalb ähnlich oder gleich behandelt werden, führte zu Ähnlichkeitsurteilen und unterstützte Scheinerkenntnisse, obwohl zwischen ihnen die ursächlichen Wirkungsketten grundverschieden waren.

In allem wurden Erklärungen gesucht. Unerklärtes war für die Bewältigung der Lebenswirklichkeit wenig hilfreich. So wurde Unerklärtes erklärbar und handhabbar gemacht. Die Erkenntnis, dass alles was geschieht eine Ursache hat, der eine Wirkung folgt, war selbst zur Frühzeit menschlichen Zusammenlebens nicht fremd. Das Wissen um die Macht übernatürlicher Kräfte auf den Menschen war zu jener Zeit eine wichtige Lebenserkenntnis. Der Drang des Menschen, die Welt der Erscheinungen zu erklären, war nicht zuletzt seinem Willen geschuldet, so weit wie möglich unbeschadet mit *eigenen* Strategien das Überleben zu ermöglichen. Das führte den Menschen zur Spiritualität. Sie *wird* von nun an über Generationen hinweg zu einem lebenswichtigen Konzept menschlicher Erfolgssicherung.

Alles Streben zielt auf Entscheidungssicherheit und erfolgreiche Le-

---

[49] Vgl. a. a. O., S. 153 f.
[50] Vgl. a. a. O., S. 154

bensbewältigung. Daraus wuchs das Bedürfnis, die Welt der wahrnehmbaren Erscheinungen zu erfassen. Bekanntes, selbst Erfahrenes auf Unbekanntes, schwer kognitiv Zugängliches zu übertragen, folgte dem Analogieprinzip archaischen Denkens. Mehr noch: Der im archaischen Denken verankerte Animismus, der einerseits zu den großen Denkirrtümern menschlicher Wirklichkeitsbewältigung gehört, führte andererseits zur Bildung von Primärbegriffen, was mit dem Schließen, Generalisieren und vor allem mit der Analogiebildung einhergeht.[51]

Das animistische Denken im archaischen ist so offenkundig, nachweis- und erklärbar, was einen Zweifel an der Existenz menschlicher Spiritualität erst gar nicht aufkommen lässt. Umso interessanter ist die Nachfrage, wie viel Digitalisierung und Digitalität in der archaischen Kognition stecken. Der Zusammenhang zwischen ihnen scheint auf den ersten Blick weit hergeholt – schon allein deshalb, wenn wir zur Kenntnis nehmen, dass zwischen dem archaischen Denken und der heutigen Technikentwicklung entwicklungsgeschichtlich über zehntausend Jahre liegen. Das macht den Diskurs zu dieser Frage besonders interessant, nach Indizien zu suchen oder Kennzeichen auszumachen, die im Ansatz auf eine Denkweise bzw. kognitive Resultate hinweisen, die in Verbindung mit einer digitalen Technikentwicklung stehen. Hilfreich wäre bereits das Auffinden von Vorgängermerkmalen im Analogen, die die Brücke zum Digitalen bilden.

Wie oben erwähnt, ist das archaische Denken und Verhalten auf das Engste mit dem Aufdecken von Kausalitätsbeziehungen in der Lebenswelt des Menschen verbunden. Das Wahrnehmen und Erkennen von realen und real geglaubten Weltbeziehungen und deren kognitive Registrierung erfolgten nicht allein durch das im archaischen Denken verankerte Analogieprinzip. Das menschliche Welterklärungsbedürfnis und die Erklärungsnot führten zu Totem, Magie und Kult, Riten und Mythen. Sie sind gefüllt mit Symbolen und Zeichen. Sie sind vom Menschen naturbedingt ausgemacht und wurden in diesen Status gehoben. Es sind aber auch Zeichen und Symbole, die das oberflächige Wahrnehmen und Erkennen von

---

[51] Vgl. a .a. O., S. 154, 159, 164. Im Kapitel III, Spirit und Spiritualität, wird der Animismus im Denken und Handeln des Menschen erneut aufgenommen, wenn es darum geht, dessen Regulationsmechanismen von Sozialbeziehungen zu erklären und die Digitalität in einem neuerlichen Kontext zu beschreiben.

scheinbaren Wirkungszusammenhängen durchbrachen. Sie sind Ausdruck eines neuartigen, kognitiven Denkens, das der Grundannahme einer allgegenwärtigen Determiniertheit der Lebenswirklichkeit besser gerecht wurde. Dieser Durchbruch geschah „auf dem Wege der Erkennung von Invarianzeigenschaften (vom Typ) zwischen wahrnehmungsmäßig völlig Verschiedenem. Der entscheidende Zugang zu diesen Invarianzeigenschaften wird mit dem Zählen und Messen, wird über die Erfassung der Funktion der Zahl und der Zahlordnungen erzielt. […] Der Weg zu diesen kognitiven Leistungen hat sich im Zusammenhang mit der Bildung institutionalisierter Gemeinwesen vollzogen; in den Stadtstaaten des Orients vor allem zwischen 10.000 und 200 vor unserer Zeitrechnung.“[52]

Die Zeichen- und Bildersprache und das spätere Entstehen der Schrift sind Artefakte zwischenmenschlichen Lebens sowie Ausdruck der Lebensbewältigung und Wirklichkeitsaneignung. Die kommunikative Zeichenverwendung geht bis in die frühe Phase des archaischen Denkens (50.000 bis 40.000 Jahre) zurück. Diese Zeichenbildung und -nutzung hatte weniger die Funktion, Mitteilungen i. S. von Informationen auszutauschen, sondern diente magischen Handlungen mit der Absicht, „auf etwas anderes zu verweisen, für etwas anderes zu stehen, es zu ersetzen“.[53] Es sind keine Nachrichten oder Informationen, die zu jener Zeit vermittelt wurden, sondern über sie sollte Kraft, Bedeutsames bewirkt oder etwas verhindert werden, um übermenschliche Kräfte gut zu stimmen oder zu überwinden. Zeichen in Form einer Zeichensprache, wie wir sie u. a. in Gestalt von Hieroglyphen bei den Mayas, Ägyptern oder Babyloniern kennen, tragen Informationscharakter. Bildliche Schriftzeichen wandelten sich zu stilisierten, hin zu freien symbolischen Zeichen, um zunehmend auf effiziente Weise Ereignisse mitteilen zu können.

Diese Entwicklung wurde aufgrund menschlicher Denkkompetenz möglich. Die kognitive Leistungsfähigkeit des Menschen war derart ausgestattet, über ein Potenzial der Herausbildung und Nutzung eines für den Menschen in der Gesellschaft förderlichen Zeichensystems zu verfügen.

Mit der gesellschaftlichen Entwicklung einhergehend bildete sich ein

---

[52] A. a. O., S. 175

[53] A. a. O., S. 185

Zeichensystem besonderer Art heraus: Es ist die Entstehung des Zahlenbe-griffs, von Zahlensystemen, Rechenoperationen und eines mathematischen Denkens.[54] Zahlzeichen haben eine bis zu 30.000 Jahre alte Vorgeschichte und gehörten „noch ganz im Rahmen der eiszeitlichen Cro-Magnon-Mentalität des menschlichen Denkens"[55] an.

Es wurde gezählt. Erträge wurden in einer Zählweise festgehalten. Das Bedürfnis und die vom Menschen erkannte Notwendigkeit verfeinerten das Zählen und Registrieren, was wiederum die kognitive Leistungskompetenz förderte und die Zählweise weiterentwickelte.

Zählen *ist Er*zählen. Es ist das Erzählen bzw. Aufschreiben von Mengen an Dingen. Das Beschreiben von Gegenständen forderte die sprachli-che Kompetenz heraus.

Die Nutzung des Zahlenwerks machte die menschliche Lebenswelt überschaubarer und berechenbarer. Erfolge wurden planbarer. Handel und Tausch standen mit dem Zählen auf neuartigen Füßen.

Mit der Voraussagbarkeit von Lebens- bzw. Naturereignissen über ein etabliertes Zahl- und Zählsystem konnte das animistische Denken zurück-gedrängt werden. Zugleich war es auch ein Rückgriff auf das Spirituelle. Die Fähigkeit des Menschen, Sachverhalte in Zahlen auszudrücken und sogar regelmäßig wahrnehmbare Ereignisse vorauszusagen, befeuerte das spirituelle Denken in einer neuen Qualität. So zählt die Voraussage einer Sonnenfinsternis durch Thales von Milet (624/23–548/44 v. Chr.) aus dem Jahre 585 v. Chr. zu jenen geschichtlichen, antizipierten Ereignissen, die die Geschichtsschreibung bewahren konnte. Das Voraussagen von Natur-ereignissen war zu jener Zeit für die meisten Menschen unheimlich, nicht nachvollziehbar. So waren die Götter wieder im Spiel des Spirituellen.

Mit dem Zählen als kognitive Mengenbildung brauchte der Mensch Zahldarstellungen, um das Zählen dokumentieren zu können. Die mensch-liche Zeichenbildungskreation war vielfältig. Altindische Kharostisti-Ziffern, römische und ägyptische Ziffern wurden zu einem Instrument für das Zählen und menschliche Bildung. Wir nennen es *Rechnen*. Es ist nicht nur das Aufzählen, sondern gleichsam das Subtrahieren, Multiplizieren

---

[54] Vgl. a. a. O. S. 202 ff.

[55] A. a. O., S. 203

und Dividieren – Operationen, die in Rech(n)enschrift gekleidet waren. Mit den babylonisch-mathematischen Strukturen wurde der Durchbruch vollzogen, die Schranken des archaischen Denkens hinter sich zu lassen, wenn auch nicht endgültig und zu allen Zeiten menschlicher Denkgeschichte. Durch das Zahlensystem war der Weg frei, Zusammenhänge menschlicher Lebenswirklichkeit besser zu erkennen, die sich hinter der Erscheinungswelt verbargen.[56]

Die Herausbildung der kognitiven Leistungsfähigkeit des Menschen mit ihren Artefakten war keineswegs nur ein reiner Akt rationalen Denkens, sondern er war zutiefst in das gesellschaftliche, sozioökonomische und kulturell-geistige Lebensumfeld eingebunden. Mit dem archaischen Denken, das der Mensch mit den Hochkulturen jener antiken Zeit vor ca. 2.000 Jahren v. Chr. zurückließ, löste sich mit ihm das animistische Denken nicht gänzlich auf. Die Welt der Götter, Mythen und spiritueller Handlungen blieb erhalten. Sie lebten sich in den hochentwickelten Kulturen weiter aus und nahmen neuartige Gestaltungsformen an. Die Welt der Zahlen und Ziffern, Symbole und Zeichen, des Messens und Wiegens tat dem Spirituellen keinen Abbruch. Sie lebte mit und bedingt auch in der Welt des Spirituellen. Sie störten einander nicht. Ihre Welten zeigten kaum gegenseitigen Einfluss und wenig Wechselwirkung. Das sollte sich erst später verändern.

Das neue Welt-Denken begründete viele innovative Entwicklungsschritte und legte den Zugang frei, *zählend* die Wirklichkeit abzubilden. Techniken und technische Verfahren (wie die Erfindung des Rades, das Wissen um die Hebelwirkung eines Aufzuges zur Beförderung von Lasten oder der Bau von Viadukten) sind Ausdruck einer hohen kognitiven und innovativen Leistungsfähigkeit, die mathematisches Denken beinhaltet. Es ist *analoge* Technikentwicklung. Der Weg zur Digitalisierung sollte noch weitere 4.000 Jahre dauern.

Sicherlich ist der Versuch, eine historische Brücke zwischen jener Zeit und der sich weiter fortschreitenden Welten-Digitalisierung herzustellen, weit hergeholt. Die Feststellung ist, dass a) die digitale Technikentwicklung die analoge zur Voraussetzung hat, b) jenes Denken in Zahlen und Zeichen, in Symbolen und mathematisch geformten Bildern das Spirituelle

---

[56] Vgl. a. a. O., S. 230

im menschlichen Denken nicht auflöste und c) die in Ziffern (Zeichen) zum Ausdruck gebrachten Zahlen auch Neues an Spirituellem bereithielt. Der Fortschritt kognitiver Denkleistungen setzte das Spirituelle im Menschen nicht außer Kraft.

Das führt zur *ersten These*: Die vom Menschen vorangetriebene Technikentwicklung löst das spirituelle Denken und Verhalten nicht auf; es bleibt erhalten. Eine zunehmende Digitalisierung menschlicher Lebenswirklichkeit erzeugt im Gegenzug eine veränderte Spiritualität. Sie haben eine gemeinsame historische Wurzel: das archaische und darin eingebundene animistische Denken.

Das menschliche Denken entwickelte sich auf seinem Weg zu logischen Denkstrukturen. Die Erkenntnis von Invarianten, Allgemeinem und Einzelnem, die Bildung von Ober- und Unterbegriffen oder die Ableitung von neuem aus bereits geschöpftem Wissen, das Einfließen menschlicher Denkkreativität, wie wir sie u. a in der Analogiebildung, bei der Inspiration und Intuition kennen, sind kognitive Denkleistungen, die die Entwicklung von Gesellschaft, Technik und Kultur beförderten und das Spirituelle einschränkten. Ungeachtet dieser Veränderung ist der Platz des Spirituellen im menschlichen Denken und Fühlen, Entscheiden und Handeln geblieben.

Wie vollzog sich der Wandel zwischen Mensch und Technik? Trägt das animistisch-spirituelle Denken, eingebettet in das archaische, einen keimenden Ansatz von Digitalem, weil es mit Zeichen, Symbolen und Bildern ausgestattet ist? Eine Assoziation liegt nahe und verführt zu Spekulationen und Fehlschlüssen. Die Tatsache, dass Zeichen, Symbole, Bilder einen Platz im Spirituellen *und* Digitalen haben, gibt Raum für die obige Fragestellung, die vorerst unbeantwortet bleibt und in einem späteren Kapitel weiterführend aufgenommen wird. [57]

Was sich sagen lässt ist, dass das archaische Denken genauso wie jedes menschlich-kreative Konstruieren von Anschaulich-Bildlichem begleitet ist. Zudem gilt, dass das archaische Denken den Animismus mit sich trägt. Er ist Teil der archaischen Denkweise; er wird sie verlassen und geschicht-

---

[57] Die Begründung dieser These und die dazu erforderlichen näheren Beschreibungen sind den Kapiteln „Spirit und Spiritualität" und „Kulturwandel und Digitalität" im zweiten Teil des Buches vorbehalten.

lich im erwachenden Denken des Menschen einen neuen Platz finden.

Die Wechselwirkung von gegenständlichem und logisch-abstraktem Denken, das Abbildungen von Anschaulichem in begriffliche Repräsentationsformen und umgekehrt hervorbrachte und damit das kreative Denken beförderte, führte zur Bildung und Entdeckung völlig neuer Zusammenhänge. Hier offenbart sich in genialer Form die *menschliche* Intelligenz.

Des Weiteren macht die Geschichte des menschlichen Denkens deutlich, dass das entstandene logisch-begriffliche Denken das Spirituelle nicht außer Kraft setzte. Mit ihm veränderten sich die spirituellen Artefakte. Mit dem Wandel des archaischen Denkens hin zum logisch-begrifflichen verlor das Totem seine animistische Bedeutungskraft. Stattdessen füllten nach Jahrtausenden Zahlen und neue Zeichen diese Lücke wieder auf. Denken wir an das Pentagramm mit seiner Invarianzeigenschaft, einer ihm innewohnenden ausweisbaren Gesetzmäßigkeit, das von den Pythagoräern als magische Symbolfigur ausgewiesen wurde. Erinnern wir uns an bestimmte Zahlen wie die Sieben oder Dreizehn, der wir mit Ehrfurcht begegnen und ihnen bis heute magisch-spirituelle Kräfte zuteilen.

Mit dem logisch-begrifflichen Denken war der Weg frei geworden für das *abstrakte* Denken. Die menschliche Kreativität hatte neben dem gegenständlichen, anschaulich-sinnlichen (wahrnehmbaren) und animistischen Denken für sich ein weiteres Terrain menschlicher Denkart erschlossen.

Das führt uns zur Frage nach der Kreativität und relativen Eigenständigkeit des menschlichen Bewusstseins, auf die im folgenden Kapitel näher eingegangen wird. Sie macht uns auf das *Verständnis von Denken und Intelligenz* aufmerksam.

Das *menschliche* **Denken** ist eine geistige Fähigkeit, mit deren Unterstützung wir ideelle Abbilder in unserem Bewusstsein generieren. Es ist ein im Gehirn des Menschen angelegter Vorgang, eine Handlung im Geistigen (Ideellen)[58]. Das *Denken* ist eine Leistung und erzeugt Denkresultate. Als Prozess zeigt es sich in den unterschiedlichen Gestaltungsformen: in Sprache, Begriffsbildung, Verallgemeinerung, Klassifizierung oder in der

---

[58] Der Begriff des Geistes ist im Sprachgebrauch keineswegs eindeutig. Hier folgt er ausschließlich der Bedeutung von menschlichem Bewusstsein bzw. dem Ideellen.

Bildung von Analogien und Assoziationen. Menschen können rechnen und schreiben. Mit Hilfe des Denkens kreieren wir Lebensdinge, die in der natürlichen Lebenswelt *nicht* vorzufinden sind. – Das Denken ist ein in der Bioevolution begründetes Produkt menschlicher Geisteshandlung und entwickelte sich mit der Sozialisation des Menschen weiter. Mit der Stammesgeschichte des Menschen zum Cro-Magnon-Menschen veränderten sich Volumen und Struktur des Gehirns, was zur höheren Leistungsfähigkeit des menschlichen Denkens führte. Dadurch verbesserte sich dessen Anpassungs- bzw. Überlebensfähigkeit, was rückwirkend Vorteile für seine Denkleistungen einbrachte. Die menschliche Kognition zeigte sich in stetiger Verbesserung, Verfeinerung und Entwicklung seiner Ausdrucksformen.

Doch wie ist es mit dem Denken im Tierreich bestellt? Die Evolution und die Übergänge zwischen dem Tierreich, den Primaten und dem Werden des Menschen sind nachweislich fließend. Es lieg nahe, dass das menschliche Denken eine lange Vorgeschichte hat. Heißt das, dass auch Tiere denken können? Worin würde sich ihr Denken auszeichnen?

In Abgrenzung zwischen Mensch und Tier wird das Denken an die Fähigkeit der Nutzung einer kollektiven und antizipatorischen Sprache sowie an die Herstellung von Werkzeugen zur Werkzeugherstellung gebunden. Sie stehen für zwei signifikante Merkmale des Menschseins und des damit einhergehenden menschlichen Denkens. Dieses Denken hat seine Quelle in der biotischen Evolution, die auch die Intelligenz hervorbrachte. Das bedeutet, dass *erstens* das menschliche Denken eine in der Naturgeschichte entwickelte Qualitätsform der Intelligenz ist und *zweitens* Intelligenz eine Eigenschaft ist, die weit in die Evolution der Tierwelt zurückreicht.

Was heißt Intelligenz? Was verbindet Intelligenz und Denken miteinander; was unterscheidet sie?

Intelligenz versteht sich hier als eine allgemeine Eigenschaft von (gehirngebundener) Leistungen, die ihre natürliche Quelle in den Nervenzellen hat und diese wiederum in der Lage sind, Empfindungen zu produzieren, was in der Evolution zur Herausbildung von Gehirnen führte. Mit diesem Organ wurden in komplexer Form Tätigkeiten möglich, die sich als *intelligent* einordnen.[59]

Intelligenz ist eine *ideelle* Kompetenzeigenschaft, die sich mit der Evolution im Tierreich transformierte. Sie zeigt sich im Tierreich weit verbreitet, auch wenn diese in der Fauna nicht universell ist. Sie ist dort, wo Tiere es vermögen, nicht nur adäquat auf ihre Umweltbedingungen zu reagieren, sondern zudem die Fähigkeit einbringen, problemlösungsorientiertes Verhalten zu zeigen, ohne sich dessen bewusst zu sein, was und wie sie es tun. Intelligenz ist eine Erscheinungsform des Ideellen, die *nicht* die Fähigkeit zur Selbstreflexion einschließt.

Die *menschliche Intelligenz* geht über die (tierische) Intelligenz hinaus und qualifiziert sich in der Evolution des Menschen zum *Denken*. Menschliche Intelligenz ist eine Grundqualität für zu realisierende Denkleistungen. Das Denken beschreibt eine geistige, intelligente Handlung. Es ist *die* Ausdrucksform an menschlicher Intelligenz, Grad bzw. Geistesmaß, Lebensprobleme, An- und Herausforderungen, anstehende Aufgaben oder Bedarfe auf den Weg der Bedürfnisbefriedigung zu bringen. Die Kompetenz der Lösungsfindung – je eleganter, effizienter, effektiver – ist das Qualitätsmaß für Intelligenz *und* Kreativität. Beide sind nicht voneinander zu trennen. Die Kreativität an Lösungen und Entwicklungen zeigt sich als Abbild von Intelligenz.

Intelligenz ist der natürlich-evolutiv und sozial-technisch gepuschte anthropologische Boden, auf dem sich menschliches Denken und eine Menschwerdung des Affen entwickeln konnten.[60] Die Fähigkeit zur

---

[59] Der Regenwurm ist als jenes Tier bekannt, das über ein Strickleiternervensystem verfügt. Es wird angenommen, dass es evolutionsgeschichtlich die erste Form ist, ideelle Abbilder in Form von Empfindungen zu erzeugen. Weit komplexer, mit einem Gehirn ausgestattet, ist der Oktopus, der die Fähigkeit besitzt, ungelernt eine Lösung für ein Problem zu finden. So konnte experimentell nachgewiesen werden, dass Tintenfische ein verschlossenes Schraubglas öffnen können, ohne jemals zuvor mit einem derartigen Glas, mit einem Deckel verschraubt, konfrontiert gewesen zu sein. Experimente mit Mäusen, Hunden, nicht zuletzt mit Primaten bestätigen mit ihrem Verhalten die Fähigkeit zu einer derartigen Geistesleistung, die als *tierische Intelligenz* einzuordnen ist.

Vgl. Hans-Jürgen Stöhr: Alles Wirkliche ist Begegnung, BoD, Norderstedt b. Hamburg 2019, S. 286 ff.

[60] Es würde den Rahmen dieser Abhandlung und die Schreibabsichten dieses Bu-

menschlichen Intelligenz, die Komplexität unserer Lebenswirklichkeit in Einfacheres zu strukturieren, geistige Abbilder zu entwickeln, die im ersten Blick wirklichkeitsfremd erscheinen und dennoch wirklichkeitsnah sind, Vereinfachungen zu kreieren, die die Problemlösung begünstigen und nach der Analyse wieder zusammengefügt (Synthese) werden, ist eine exponierte Leistung, die wir dem menschlichen Denken mit Intelligenz zuschreiben. Das Denken zeigt sich im Menschen als Geisteshandlung mit bewusst gewordener Intelligenz.

F. Klix schreibt, dass sich die größere Einfachheit als Ausgangsbasis zu größerer Universalität erweise, die Bewältigung höchster Schwierigkeit sich mit maximaler Einfachheit vollende und sich darin die Steigerungsfähigkeit menschlicher Intelligenz offenbare.[61] Er resümiert: „Die Vereinfachung trägt den Keim für die potentere Leistung in sich, weil sie bei gleichem Aufwand die Bewältigung höherer Schwierigkeitsgrade ermöglicht."[62]

Hierin verbirgt sich der Fortschritt menschlichen Denkens. Er zieht eine Steigerungsfähigkeit von Denkleistungen nach und mit sich. Die Intelligenz menschlichen Denkens wird zusätzlich durch die Voraussagbarkeit von Ereignissen und deren sprachlichen Ausdruck verbessert. Das unterstützt die im Denken angelegte Invarianzleistung, die wiederum das menschliche Abstraktionspotenzial befördert.

Das dadurch erreichte Ergebnis liegt auf der Hand: Die Lebenswelt wird überschaubarer, beherrschbarer, *berechenbarer*. Je besser dem Menschen optimale Entscheidungsfindungen und effizientes Handeln gelingen,

---

ches beeinträchtigen, sich zusätzlich auf einen Diskurs über die Frage nach der Evolution des Denkens und der Intelligenz einzulassen. Es ist nicht nur eine Frage der begrifflichen Abgrenzung, was unter Denken und Intelligenz zu verstehen ist und es ausschließlich Geisteseigenschaften und Fähigkeiten sind, die dem Menschen zuzuordnen sind. Wenn der Mensch ein Produkt der Evolution ist, so sind wir gut beraten, das Denken und die Intelligenz selbst evolutiv zu betrachten und sie weit vor dem *homo sapiens* im Tierreich als existent – wenn auch in ihren Vorstufen oder anderen Formen – anzuerkennen. Denken und Intelligenz sind demnach kein ausschließliches Merkmal und Privileg des Menschen.

[61] Vgl. a. a. O. S. 281

[62] Ebenda

desto ausdrucksvoller zeigt sich die menschliche Intelligenz.

Der Begriff der Intelligenz leitet sich aus dem Lateinischen *inter-legere* ab, was so viel bedeutet wie *dazwischen lesen*. Bezogen auf die menschliche Intelligenz heißt das schlussfolgernd, sich im Denken auf der Metaebene bewegen, über das Denken, deren Formen und Instrumente nachdenken zu können. Intelligent sein schließt ein, auf logische, analytische und synthetische Weise Denkresultate zu generieren, was bedeutet, über die Fähigkeit des Voraussagens von richtigen Entscheidungen zu verfügen und invariante Zusammenhänge aufdecken zu können.

Die Qualität menschlicher Intelligenz äußert sich in der Reduktionsfähigkeit gewonnener Informationen und Gedankeninhalte, sie zusammenzufassen, zu komprimieren und auf ein Abstraktionsniveau zu heben.

Die Tür des kreativen, auf Intelligenz basierten menschlichen Denkens, ist geöffnet. Analogien, Metapher, Gleichnisse und weit mehr gedankliche Kreationen ebnen den Boden für *eine* Qualität der Intelligenz im menschlichen Denken, die uns zur *Spiritualität* führt.

Das Besondere dieser Qualität menschlicher Intelligenz ist, dass sie einer abstrakten Bewertung unterliegt, weil menschliche Intelligenz, wie oben beschrieben, selbst abstrakten kognitiven Denkstrukturen folgt.

Emotionale und affektive Wirkungen stehen im engen Zusammenhang mit der Intelligenz des Menschen und leiten uns zum Denken. Jenes kognitive Denken findet Eingang in das Spirituelle und richtet dort offensichtlich keinen Schaden an. Es scheint gegenüber dem Spirituellen relativ indifferent und demzufolge gegenüber dem Realitätsbezug des Denkens blind zu sein. Das wiederum bedeutet: Hat das Spirituelle in der menschlichen Intelligenz seinen Platz gefunden, wird es nicht mehr zu verdrängen sein, weil seine Denkstrukturen der menschlichen Intelligenz folgen und nicht außerhalb von ihr stehen.

Das führt zur *zweiten* These: Im Spirituellen herrschen kognitivabstrakte Denkformen, begleitet von der Suche nach Invarianzeigenschaften in der menschlichen Wahrnehmungswelt. Sie wurde ergänzt durch das Finden von Invarianzeigenschaften in den kognitiven Denkstrukturen. In beiden haben u. a. Zahlen, Zeichen und Bilder eine Bedeutung. Sie lenken auf das mystische Denken in abstrakten Begriffen wie Gott, Universum und in Harmonie begründeten Zahlen und Zahlenverhältnissen. Sie führen uns auch zum abstrakt-logischen, wissenschaftlichen Denken, das eine sozialhistorisch überlebte Spiritualität ablöste und andere ermöglichte, wie die Digitalisierung unserer heutigen Lebenswelt es vermittelt.

Zahlen und Zahlentheorie, Mathematik und Algorithmik, Kybernetik und Informatik sind die historischen Schritte, die den Übergang von der analogen zur digitalen Welt öffneten. Sie sind Räume, die der Spiritualität neuerlichen Zugang verschaffen. Die Astrologie ist ein derartiger Raum, der sich von dem der Astronomie unterscheidet und dennoch haben beide gleiche Sach- und Denkwurzeln.

Das Spirituelle lebt bis heute in unserem postmodernen, wissenschaftlich-technisch durchdrungenen Denken und Handeln weiter. Es zeigt sich in seiner klassisch-tradierten Form des Glaubens und in übermenschlichen, außerhalb menschlicher Erfahrung liegenden Vorstellungen. Es findet zudem seinen Ausdruck in Werten, Glaubenssätzen bzw. Überzeugungen fernab von jeglicher Gottesvorstellung.

Meine *dritte These* heißt: Wäre mit der Herausbildung des rational-kognitiven Denkens das Spirituelle, der im archaischen Denken angelegte Animismus verlorengegangen, so hätte es m. E. zu einem Verlust an Qualität menschlicher Intelligenz und Denken geführt. Stattdessen wurde es im Hegelschen Sinne in der Evolution des Denkens aufgehoben – mit dessen Transformation bewahrt und gewandelt. Ebenso können wir – wenn auch nach bisheriger Darlegung vorerst spekulativ anmutend – davon ausgehen, dass die Welt des Digitalen *nicht* frei von jeglicher Spiritualität bzw. Transzendenz ist.

Mit der Digitalisierung unserer Lebenswelt und einer sich allgemein durchsetzenden Industrie 4.0 ist nicht nur von einer tierischen und menschlichen Intelligenz die Rede. Die **Künstliche Intelligenz** (KI) ist auf den Plan der Gesellschafts- und Technikentwicklung gerückt. Inwieweit sie zu den anderen Intelligenzen einen Wettbewerbs- oder Kooperationsplatz einnehmen wird, wird die weitere Geschichte zwischen Mensch und KI zeigen.

Es mutet eigenartig an, der Technik Intelligenz zuzuschreiben. Insofern ist es nachvollziehbar, dass es Botaniker gibt, die von intelligenten Pflanzen sprechen. Es ist die Rede von Pflanzenneurobiologie, von Pflanzen, die miteinander und auf intelligente Weise mit ihrer Außenwelt kommunizieren. Es wird von klugen Pflanzen gesprochen, wie sie locken, lügen oder auch ein kooperatives Verhalten zeigen.[63]

Die Religionsgeschichte zeigt uns, dass der Pantheismus auf die Annahme zurückgeht, dass neben Pflanzen und Tieren auch Lebloses wie ein Stein mit einer Seele ausgestattet ist. Gott und Natur sind miteinander gleichwertig verbunden. Natur *ist* Gott – Gott *ist* Natur. Diese These steht im Zusammenhang mit einer religionsphilosophischen Auffassung, die im 18. Jahrhundert starke Verbreitung fand. Der Philosoph Baruch de Spinoza (1632–1677) war mit ihr eng verbunden.

Insofern wundert es nicht, einer bestimmten Art von Technik eine Intelligenz zuzusprechen, die wir Künstliche Intelligenz nennen. Es ist die digitalisierte Technik, die uns den Raum für eine Künstliche Intelligenz vorbereitete. Doch mit welcher Intelligenz ist sie ausgestattet? Ist es gerechtfertigt, von Intelligenz zu sprechen? Was unterscheidet sie von der menschlichen und ggf. von anderen Intelligenzen? Hier ist viel Raum für einen breiten und soliden Diskurs, aber auch für Spekulationen. Ihn an dieser Stelle auszufüllen, würde den Rahmen und die Absicht dieses Kapitels sprengen, so dass der Diskurs über die Verknüpfung und Wechselwirkung zwischen Spirituellem und Digitalem dem zweiten Teil des Buches vorbehalten bleibt.

Ausgangspunkt für weitere Überlegungen sind folgende, durchaus gewagte Thesen: *Erstens.* Ohne *menschliche* Intelligenz gäbe es keine Umwandlung des Analogen ins Digitale. *Zweitens.* Die *Digitalisierung* als technischer Wandel vom Analogen zum Digitalen ist nicht nur mit der menschlichen Intelligenz, sondern auch mit dem Spirituellen verbunden. *Drittens.* Beide brauchen einander, um ihre Wirkungen mit Hilfe des auf Intelligenz begründeten menschlichen Denkens spirituell und digital entfalten zu können.

---

[63] Peter Wohllebens gehört mit seinen Veröffentlichungen zu den aktuell bekanntesten Autoren, der Pflanzen intelligentes Verhalten zuspricht. Bereits in den 70er Jahren des vergangenen Jahrhunderts stand die These im Raum, dass Pflanzen intelligente Wesen seien. Selbst der Naturforschers Charles Darwin (1809–1882) ging von der Existenz pflanzlicher Intelligenz aus.

Vgl. Hans-Jürgen Stöhr: Alles Wirkliche ist Begegnung, BoD, Norderstedt b. Hamburg 2019, S. 286 ff.

Es geht stets um Findung und Gewinnung besserer Lösungen zur Wirklichkeitsaneignung und -bewältigung, Existenzverwirklichung und Bedürfnisbefriedigung – und das effektiv und effizient, umfänglich und global.

Menschliche Intelligenz steht für Denkreduktionen i. S. des Findens von eleganten Einfachheiten, was den Zugang zum kognitiven Denken und effektiven Handeln erhöht. Dieser Effekt ist ebenso im Spirituellen wiederzufinden. Spiritualität entspringt der menschlichen Intelligenz und dem Denken. Was sie vereint, ist die Welt des Kreativen und doch sind sie verschieden in der Welt der Wahrnehmung der Quellen unserer Lebenswirklichkeit.

Evolutiv ist das Denken in der Intelligenz angelegt. Ohne sie wäre menschliches Denken nicht möglich geworden. Es qualifizierte sich mit dem menschlichen Handeln und mit ihm in der Auseinandersetzung zwischen Mensch und Natur die Intelligenz als *menschliche* Intelligenz.

Die **Spiritualität** ist eine auf die Intelligenz begründete Qualität menschlichen Denkens. Das heißt, sie ist eine Ausdrucks-, bzw. Spielform *menschlicher* Intelligenz. Insofern können wir das Spirituelle nur dem Menschen und keinem Wesen außerhalb dieser Gattung – weder der Fauna und noch weniger der Flora – zuordnen.

Das führt uns zur Frage: Wenn von der Annahme ausgegangen wird, dass die Digitalisierung eine kreative Idee menschlicher Technikentwicklung ist und Technikentwicklung sich bis in die Anfänge des kognitiven Denkens zurückverfolgen lässt, aus welchem Grunde haben sich nicht Jahrtausende zuvor ein digitales Denkverständnis und eine adäquate Technik entwickelt?

Das Genom des heutigen modernen Menschen ist mit dem Cro-Magnon-Menschen vergleichbar. Die biogenetische Substanz hat sich in den vergangenen 30 bis 40.000 Jahre kaum verändert. Dieses bioevolutive Potenzial hätte ausgereicht, ein Denken und Technik wie zu unserer heutigen Zeit hervorzubringen. Dennoch ist es nicht passiert. Das macht deutlich, dass das menschliche Denk- und Kreationspotenzial nicht allein durch die Technikentwicklung bestimmt wird. Wie die Gesellschaft, so vollzieht sich auch die Entwicklung der Technik in kleinen, langwierigen aufeinander aufbauenden Schritten des Vor-, Seit- und Rückwärtsgehens. Erst im ausgehenden Mittelalter zur Zeit der Renaissance setzten sich schnellere innovative Schritte der Technikentwicklung durch.

Für diese Zeit fällt auf, dass es immer Entwicklungsschritte sind, die aufeinander aufbauen. Jede technische Erneuerung hatte ihren Vorgänger und sie war immer – und das bis heute – Ausgangsbedingung für Weiterentwicklung. Technischer Fortschritt zeigt sich in der Technikgeschichte immer als ein Step-by-step. Dem Fliegen zum Mars ging das Fliegen um die Erde und den Mond voraus. Das wiederum hatte das Bauen von Flugzeugen von der einfachen Propellermaschine hin zu einem Düsenjet zur Bedingung. Vorab versuchte der Mensch, anderweitig über einen Ballon oder im Selbstversuch – wie es Otto v. Lilienthal (1846–1896) tat – die Schwerkraft der Erde zu überwinden.

Technikentwicklung braucht *ihre* innovative, evolutionsgebundene Zeit. Das ist vergleichbar mit jenen Mutationen und Selektionen, die die biotische Evolution kreativ machte und in kleinen Schritten die Vielfalt von Arten in Fauna und Flora voranbrachte.

Die Gesamtschau auf die technische Entwicklung zeigt sich als zusammenhängende, nacheinander und miteinander verbundene Verknüpfung fortschreitender Kreationen, die bis in die Zeit des archaischen Denkens zurückgehen. Jenes Denken ist natürlich nicht mit digitalem Werkzeug ausgestattet, wie wir es heute kennen; und dennoch finden wir in ihm Anhaltspunkte, Merkmale bzw. Eigenschaften von Digitalem, die sich bis ins archaische und später kognitive Denken vor acht- bis zehnzehntausend Jahren zurückverfolgen lassen. Es sind die vom Menschen kreierten Zeichen und Zahlschriften, Individualzeichen von Zahlensystemen, Symbolbildungen in Gestalt von Phonogrammen, Determinativen oder Ideogrammen. Es sind die Zahl- und Schriftzeichen, das Rechnen mit den Grundarten und die Algorithmik, die den Boden für das Digitale vorbereiteten, nachdem das Analoge unser Denken über Jahrtausende bestimmte.

Es ist geschichtlich nachweisbar, dass die Digitalisierung der Technik und die digitale Durchdringung des gesellschaftlichen Lebens erst im 20. Jahrhundert ihren Anfang nahm, also Tausende von Jahren, nachdem sich das Spirituelle im menschlichen Leben etablierte.

Die Frage steht weiterhin im Raum: Wie kann jemals eine vergleichende und noch dazu historische Verbindung zwischen dem Spirituellen und

Digitalen hergestellt werden? Das macht stutzig, nachdenklich und kritisch mit Blick auf die Beziehung zwischen ihnen. Das lädt zum weiteren Diskurs ein, bisherige Überlegungen zu vertiefen, den hypothetisch anmutenden Wechselwirkungen zwischen Spirituellem und Digitalem detaillierter nachzugehen und deren Wert für Mensch und Gesellschaft kenntlich zu machen.

Bewusstsein · Geisteskraft mit Wirkung

Fragen wir nach dem Denken, so fällt uns ohne Zögern die eine oder andere Beschreibung ein, die wir mit unserem alltäglichen Sprachgebrauch verbinden und als geläufig befinden. Jeder hat mehr oder weniger aus der Lebenspraxis eine Vorstellung, was unter einem Denken zu verstehen ist. Weit schwieriger wird es, wenn wir für das Bewusstsein eine Erklärung oder gar eine zugängliche Definition suchen. Machen wir es uns einfach, dann werden Denken und Bewusstsein gleichgesetzt. Für den Alltagsgebrauch mag es reichen. Ein Diskurs über das Spirituelle, Digitale und die Künstliche Intelligenz (KI) fordert uns dagegen zu mehr begrifflichem Tiefgang heraus – auch mit dem Wissen, dass selbst das menschliche Bewusstsein „alles oder nichts" sein kann.

In der medizinischen Nothilfe bzw. Intensivmedizin gehört es zur Praxis festzustellen, ob die betroffene Person bei Bewusstsein *ist*. Verstanden wird darunter, ob der Patient wach bzw. ansprechbar ist. Verlassen wir dieses Terrain und erklären zudem, dass der Mensch über ein Bewusstsein verfügt, also ein Bewusstsein *hat*, geraten wir ins Stocken, wenn daran die Frage geknüpft ist, was unter menschlichem Bewusstsein zu verstehen ist. Selbst für jene, die von neurowissenschaftlicher, psychologischer oder philosophisch-erkenntnistheoretischer Profession sind, ist ein Begriff über das Bewusstsein plausibel erklärt.

Jeder neuerliche Erklärungs- bzw. Beschreibungsversuch über das Bewusstsein ist bis heute, und das mehr denn je, von Interesse. Der Diskurs über das Bewusstsein hat in keiner Weise an Aktualität eingebüßt, wie das Dossier über Gehirn & Geist, Bewusstsein und Philosophie im Spektrum der Wissenschaft, Psychologie. Hirnforschung. Medizin, Heft 3/2021, deutlich macht.

Die Neurowissenschaftler mit ihrer aktuellen Hirnforschung und Entwickler der Künstlichen Intelligenz geben sich in den Laboren gegenseitig die Hände. Sie erahnen, welches Entdecker- und Transformationspotenzial in einer künstlichen Simulierung des menschlichen Bewusstseins steckt. Das Bewusstsein in seiner Struktur und Funktion zu verstehen, gehört zur Grundlagenforschung, um das Verborgene aufzudecken.

Bei allen einzelwissenschaftlichen Belangen und Erfordernissen, dem

Bewusstsein auf den Grund zu gehen, steht die Philosophie weder beiläufig noch uninteressiert daneben. Sie nimmt das Wissen der Fachdisziplinen auf und knüpft an eigene philosophiegeschichtliche Erkenntnisse an.

Kein Philosoph, keine philosophische Denkrichtung kann sich am **Begriff des Bewusstseins** vorbeimogeln. Das philosophische Kopfzerbrechen, was Bewusstsein ist, hat bis heute kein schlüssiges Ende gefunden. Die Lebendigkeit, sich dem anzunähern, was unser Verständnis von Bewusstsein ausmacht, ist geblieben. Insofern ist nachvollziehbar, dass ein währender Diskurs über das Bewusstsein nie verhallen wird.

Obwohl die philosophische Kategorie des Bewusstseins hier nicht im Zentrum der Betrachtung steht, kann sie nicht unbeachtet bleiben – das deshalb nicht, weil uns das Bewusstseinsverständnis zu einer zu vermittelnden Denkkette über Spiritualität, Digitalisierung und KI führt. Die Relativität des Bewusstseins ist ein vorab zu nennendes Kettenglied in der philosophischen Betrachtung.

Des Weiteren gehen mit dem Begriff des Bewusstseins der des Bewussten und bewussten Seins, des Selbstbewusstseins und Seinsbewusstseins einher. Sie brauchen eine Erklärung, wenn es darum geht, das Spirituelle zu erfassen.

Flankiert wird Bewusst*sein* durch Bewusst*heit*, ein Begriff, der sich in den letzten Jahren einen Platz in der Sachbuchliteratur eroberte. Christian Bischoff betitelte sein Buch „Bewusstheit" und will mit dem *bewussten Wollen* eine Abgrenzung zum bewussten Sein herstellen.[64]

Wenn wir davon ausgehen, dass die Spiritualität eine Eigenschaft menschlichen Denkens und Verhaltens ist, so können wir uns ihr nur über das *Bewusstsein* des Menschen nähern. Dabei steht die Vermessung des Spirituellen zugleich in Verbindung mit dem *Bewussten* und dem *bewussten Sein*, dem *Selbst- und Seinsbewusstsein* sowie der *Bewusstheit*. Jeder der hier genannten Begriffe hat seinen Platz.

Die **Natur des Bewusstseins** zu erfassen, ist aus neurowissenschaftlicher und philosophischer Sicht schon aufregend genug. Das Bewusstsein in der Masse des Gehirns neuronal ausfindig zu machen scheint ebenso schwierig zu sein, wie das Bewusstsein halbwegs eindeutig zu erklären.

---

[64] Vgl. Ariston Verlag München 2020

Zwei Theorienansätze, die miteinander konkurrieren, streiten um ihre Gültigkeit. Zum Ursprung des Bewusstseins haben sich zwei Hypothesen herauskristallisiert. Die *Theorie des globalen Arbeitsraumes* geht auf Beobachtungen zurück, dass „mehrere Hirnbereiche Zugriff auf bewusst wahrgenommene Sinnedaten" haben. „Gemäß der Theorie des globalen Arbeitsraums entsteht das Bewusstsein aus einer bestimmten Art der Informationsverarbeitung. Demnach gibt es im Gehirn so etwas wie eine »Datenbank«, auf die verschiedene Hirnprozesse zugreifen können. Ein Teil der eingehenden Sinneseindrücke schafft es dorthin und steht so für kurze Zeit anderen kognitiven Prozessen zur Verfügung. Sie können die hier abgelegten Daten verarbeiten und darauf reagieren, eine Erinnerung abrufen oder speichern, eine Bewegung starten und so weiter. Weil der Platz jedoch begrenzt ist, wird uns zu jenem Zeitpunkt nur wenig gleichzeitig bewusst."[65]

Die *Theorie der integrierten Information* hat das Erlebte selbst zum Ausgangspunkt. „Jede Erfahrung besitzt bestimmte grundlegende Eigenschaften. Sie ist intrinsisch, existiert also nur für ihren »Besitzer«; sie folgt einer zeitlichen Chronologie (zum Beispiel registrieren wir, wie ein Taxi bremst, während ein Hund über die Straße läuft), und sie ist spezifisch; sie unterscheidet sich von anderen bewussten Wahrnehmungen wie Szenen im Kino."[66] Die Erlebnisse lassen sich nicht separieren, sondern bilden eine Einheit, sind miteinander verbunden und lassen sich nicht in Einzelereignisse zergliedern, die, weil so erlebt, als ein ganzes Erlebnis zusammengehören.[67]

Trotz vorangeschrittener Hirn-, neuronaler und Bewusstseinsforschung ist es immer noch ein Rätsel, was Bewusstsein ist. Viele fundamentale Fragen zum Bewusstsein können bis heute nicht beantwortet werden: Warum sind gerade *diese* und nicht die anderen Neuronen entscheidend für eine Bewusstseinsbildung? Aus welchem Grunde benötigt die Nervenzelle eben diese und keine andere Frequenz? Wie kann eine physische Hirnmas-

---

[65] Christof Koch: Die Natur des Bewusstseins, Spektrum der Wissenschaft, Dossier 3/2021, Heidelberg, S. 11 f.

[66] Ebenda

[67] Vgl. a. a. O.

se von zwei bis drei Kilogramm das und kein anderes bio-physiologisches Substrat zur Erzeugung von Bewusstseinszuständen sein?[68]

Angesichts der Möglichkeit, sich auf digitalem Wege dem komplexen, neuronalen Netzwerk zu nähern und codierte neuronale Ursache-Wirkungs-Beziehungen abbilden zu wollen, ist es verführerisch, über Computersimulationen der Funktionalität des menschlichen Bewusstseins auf die Spur zu kommen. Noch ist die Nachbildung eine Vision. Doch die Neugier ist bereits so stark, dass der Mensch nichts unversucht lassen wird, außermenschliches Bewusstsein zu kreieren und digital nachzubilden. Der Fortschritt in der Entwicklung von Künstlicher Intelligenz wird den Menschen nicht davon abhalten, sich selbst geistig, außerhalb seines Bewusstseins, abbilden (modellieren) zu wollen.

In der *Philosophie des Bewusstseins* ist die Gangart der Wissensannäherung eine andere. Natürlich ist sie gut beraten, die einzelwissenschaftlichen Erkenntnisse aufzunehmen und mit ihnen zu überprüfen, ob der philosophische Ansatz der Bewusstseinserklärung Bestand hat. Andererseits folgt sie metaphysischen Überlegungen, wenn sie den Bewusstseinsbegriff in den Stand einer philosophischen Kategorie erhebt.

Die Existenz des menschlichen Bewusstseins wird nicht in Abrede gestellt. Neben der Frage, was ist bzw. was kann unter Bewusstsein verstanden werden, geht sie auch angrenzenden Fragen nach: Was ist die Quelle unseres Bewusstseins? In welcher Beziehung steht es zu dem, was nicht als Bewusstsein verortet wird? Gibt es auch ein Bewusstsein außerhalb des Menschlichen? Was würde es bedeuten, der Künstlichen Intelligenz ein Bewusstsein zuzubilligen?

Natürlich ist hier von besonderem Interesse, in welcher Beziehung Bewusstsein und Spiritualität (Bewusstes und Spirituelles) zueinander stehen. Gibt uns eine schlüssige Bewusstseinserklärung den Zugang zum Verständnis über die Spiritualität frei?

Vor der Klärung dieses Zusammenhangs und der Unterscheidung zwischen dem menschlichen Bewussten und Spirituellen wird der Versuch unternommen, dem Begriff des Bewusstseins sprachlich näherzukommen. Er trägt Verschiedenes an Bedeutungen mit sich. Es ist der Begriff des

---

[68] Vgl. a. a. O.

Bewusstseins selbst, dem das Hauptaugenmerk gilt. Doch was ist das Bewusste bzw. das bewusste Sein? Wie lässt sich Bewusstheit erklären? Macht es Sinn, von einem Seinsbewusstsein zu sprechen und dieses vom Selbstbewusstsein abzuheben?

Dieser differenzierte sprachphilosophische Bedeutungs- und Erklärungsdiskurs wird uns weiterführend zum Verständnis über das Spirituelle bzw. zur Spiritualität führen. Er ist zugleich unterstützend mit Blick auf die Künstliche Intelligenz.

Das Bewusste. Reflektieren wir im Gespräch oder machen uns Gedanken über etwas, so fällt nicht selten die Formulierung: „mir ist *bewusst* geworden, …". Das heißt so viel: „Ich habe verstanden"; „es ist bei mir angekommen", „mir ist klar geworden". Das Bewusste ist der selbst erklärte, mit und in vollem Bewusstsein aufgenommene und verinnerlichte Gedanke. Es ist im und mit Hilfe des Bewusstseins auf sinnlichem und rationalem Wege, über Beobachtung und Wahrnehmung, Nachdenken und Gespräche Gewonnenes. Es ist das mit Aufmerksamkeit Gewonnene, gedanklich Resümierte, was uns nicht selten dazu bewegt, Schlussfolgerungen für weitere Überlegungen bzw. für unser Handeln zu ziehen.

Das Bewusste repräsentiert die Gesamtheit aller Gedanken und Gefühle, die im menschlichen Bewusstsein begründet und zu verorten sind. Es ist das im Bewusstsein verankerte Bewusste schlechthin. Es ist auch und im Besonderen jenes Bewusste, dem wir unsere uneingeschränkte, bewusst gemachte Aufmerksamkeit schenken. Das bewusste Aussprechen eines Gefühls, die gewonnene Entscheidungsfindung für weiteres Handeln oder ein schlüssiger Gedanke mit zusammenfassendem Charakter, wie ein gefasstes Welt- oder Wertebild, eine Überzeugung oder ein Glaubenssatz, auf deren Grundlage weiteres Leben und *Er*leben verfolgt wird, sind Ausdrucksformen von Bewusstem in unserem Bewusstsein.

Das Bewusste als bewusstes bzw. bewusst gewordenes Sein. Es ist die mit Bewusstsein bewusst aufgenommene Lebenswirklichkeit des Menschen. Oft fragen wir uns, ob wir »das realisiert« haben, was da gerade passiert ist. Manchmal fällt es uns schwer, Geschehnisse unseres Lebens im vollen Bewusstsein zu verinnerlichen. Sie sind zwar als Inhalte in unserem Bewusstsein angekommen; aber sind sie uns zugleich auch bewusst?

Haben wir den Tatbestand in uns geistig aufgenommen, haben wir von

116

ihm eine bewusstgewordene Klarheit, so kann von einem bewussten bzw. bewusst gewordenen Sein gesprochen werden.

Dieses Sein ist von geistiger Natur und kommt der Gesamtheit jenes Realen bzw. Wirklichen gleich, über die der Mensch in seinem Bewusstsein Abbilder zu reproduzieren vermag. Dabei ist es unwichtig, ob sie eine subjektive, d. h. eine vom Menschen abhängige oder objektive, d. h. eine vom Menschen unabhängige Quelle hat.

Bei alledem ist jedoch noch nicht schlüssig, in welcher Beziehung das Bewusste als das im Bewusstsein gewordene Sein und zum Bewusstsein steht. Es wird deutlich, dass nicht alles, was das menschliche Bewusstsein hervorbringt, dem Bewussten zugeordnet werden kann. Es ist auch anzuerkennen, dass das Bewusste das menschliche Bewusstsein als Bedingung, Produzent und Träger hat, damit Bewusstes entstehen kann.

Das Bewusste macht demnach nur einen Teil von dem aus, was als Bewusstsein verstanden werden kann.[69] Da das Bewusste, wie oben erklärt, auch als das vom Menschen mittels seines Bewusstseins erzeugte (ideelle) Sein[70] verstanden werden kann, fallen Bewusstes und Bewusstsein begrifflich ineinander und sind schwer voneinander auseinanderzuhalten. Unser alltäglicher Sprachgebrauch macht keinen Unterschied. Hier sei dieser zwischen Bewusstem ist Bewusstsein erwähnt, weil er hilfreich erscheint, wenn es darum geht, dem Spirituellen näherzukommen. Dennoch bleibt die Frage im Raum: Was ist Bewusstsein?

Bewusstheit. Die Sichtweise auf das Bewusste hat noch eine andere Facette, die es in einem anderen Licht erscheinen lässt. Es ist in Ergänzung das mit Bewusstheit ausgestattete Bewusste, dass das Bewusste zu Bewusstheit macht.

Es liegt nahe, dass mit Bewuss*theit* eine Eigenschaft, ein Qualitäts-

---

[69] Hier dezidiert einen ergänzenden Diskurs über das Unbewusste und Unterbewusste aufzunehmen, würde den Rahmen des Buches sprengen. Die Lesenden mögen mir nachsehen, dass der Bewusstseins-Diskurs lediglich mit der Absicht verbunden ist, auf das Spirituelle hinzuführen.

[70] Dieses (ideelle) Sein ist inhaltlich vergleichbar mit dem Ideell-Realen. Da in unserer Sprachgewohnheit kategorial vom Bewusst*sein* und nicht vom Bewuss*trealen* die Rede ist, ist verständlicherweise vom „Sein" gesprochen. Sein und Reales kämen hier der gleichen Bedeutung zu.

merkmal ausgedrückt wird. Zugleich sei angemerkt, dass nicht alles, was unter dem Bewussten fällt, die Eigenschaft der Bewusstheit mit und in sich trägt. Das heißt, es gibt Bewusstes, das das Merkmal der Bewusstheit innehat und anderes nicht. Diese Differenzierung ist keine Frage einer Aufteilung des Bewussten in eines mit und ohne Bewusstheit. Selbst wenn die Betrachtung letztendlich ein zweigeteiltes Ergebnis hervorbringen würde, so wäre diese Teilung das Resultat von Gewordenem, was so viel bedeutet, dass das Bewusste den Charakter der Bewusstheit aufgenommen hat.

Das entscheidende Merkmal für ein mit Bewusstheit ausgestattetes Bewusstes ist die *Achtsamkeit*.[71] Bei Chr. Bischoff heißt es: „Über Bewusstheit zu verfügen heißt, achtsam zu sein. Es heißt, sich seiner selbst, seiner Wünsche und Träume bewusst zu sein."[72] Er formuliert Achtsamkeit als Bedingung für Bewusstheit. Bewusstheit besteht nach dessen Verständnis nur dann, wenn Achtsamkeit gelebt wird. Bewusstheit *wird* durch Achtsamkeit. Diese Achtsamkeit ist auf sich selbst, d. h. nach innen gerichtet, was m. E. nicht zwingend heißt, sie auf das Selbst, auf Träume oder Wünsche zu reduzieren.

Das menschlich Bewusste zeigt sich dann mit Bewusstheit, wenn es von Achtsamkeit bestimmt ist. Oder anders formuliert: Achtsamkeit ist ein wichtiges konfigurierendes Merkmal für Bewusstes. Sie ist für das Bewusste notwendig, jedoch nicht allein maßgebend. Achtsamkeit erzeugt eine sowohl nach innen wie auch nach außen hin gerichtete Aufmerksamkeit. Aufmerksam zu sein ist insofern ein wichtiger Akt, sich die Lebenswirklichkeit ins Bewusste zu holen und damit sich dieser bewusst zu sein.

Achtsamkeit – unabhängig, ob nach innen oder außen ausgerichtet – ist ein Qualitätsmerkmal menschlicher Fähigkeit, Wohlbefinden (bewusst!) zu erzeugen, sich auf das Unmittelbare in der Sache und Zeit zu konzentrieren, das Materiell-Gegenständliches wie Ideell-Geistiges berührt. Eine Bildmeditation, ein Gebet oder ein Autogenes Training folgen ebenso einer Achtsamkeit. Grundbedingung hierfür ist die Aufmerksamkeit, die uns

---

[71] Vgl. Christian Bischoff, Bewusstheit, Ariston, München, 2020, S. 25
[72] Ebenda

118

über die Achtsamkeit hin zur Bewusstheit führt. [73]

„Bewusstsein ist etwas anderes als Bewusstheit"[74]. Dennoch kann die von Chr. Bischoff vorgenommene begriffliche Differenzierung und Erklärung nicht kritiklos bleiben. Hierzu sei folgendes angemerkt: Das Bewusstsein eines Menschen als eine innere Haltung, als Summe aller Lebenserfahrungen anzuerkennen, die ihm ein *bestimmtes* Bewusstsein verleihen, ist eine Definition vor dem Hintergrund der Persönlichkeitsentwicklung. Bewusstsein ist für Bischoff „auch Wissen über sich selbst"[75] und zielt auf ein Bewusstsein über sich selbst. Letzteres ist m. E. nicht gleichsetzbar mit „Selbstbewusstsein". Mit *Selbstbewusstsein* drücken wir nicht nur ein mit der Persönlichkeitsentwicklung selbst bewusst gewordenes Sein aus, als eine Qualität von Selbstwertgefühl und persönlicher Stärke, sondern vermitteln auch eine *bestimmte* Qualität des Selbstseins. Es ist verknüpft mit der Fähigkeit zur Selbstreflexion, zur resonanten Kommunikation, zur bewussten Wahrnehmung seines Selbst.[76]

Das *Bewusstsein als Qualitätsmaß* zu beschreiben, käme m. E. dem Verständnis von Selbstbewusstsein gleich. Stattdessen konfiguriere ich das Bewusstsein auf ein vom Menschen in sich aufgenommenes bewusstes Sein mittels seines ihm zur Verfügung stehenden Bewusstseins. Bewusstsein ist somit eine vom Menschen verfügbare, im menschlichen Gehirn angelegte Eigenschaft, über das ideelle Abbildungen produziert werden. Es ist der natürliche und geistige Boden für Wirklichkeitsaneignung, für deren Bewältigung und Gestaltung. Es ist die Produktionsstätte vielfältigster ideeller Widerspiegelungen unserer Lebenswirklichkeit, die wir nutzen, einsetzen, um gut, zufrieden, erfolgreich durchs Leben zu kommen.

Bewusstsein *ist* das dem und im Menschen *bewusst* gewordene Sein. Ihm steht ein Sein, eine Lebenswirklichkeit des Menschen gegenüber. Dieses Sein befindet sich außerhalb des dem Menschen bewusst geworde-

---

[73] In Folge dieser Abhandlung wird unten auf den Unterschied zwischen Achtsamkeit und Aufmerksamkeit verwiesen, die uns über das Seinsbewusstsein zur Spiritualität führt.

[74] Ebenda

[75] Ebenda

[76] Vgl. Hans-Jürgen Stöhr: Alles Wirkliche ist Begegnung, BoD Verlag, Norderstedt, 2019, S. 113 ff.

nen Seins. Das Bewusstsein hat einerseits seine ihm gegenüberstehende Lebenswelt zum Gegen-Stand; andererseits hat der Mensch die Fähigkeit, mit Hilfe seines Bewusstseins sich selbst – seinen Körper, sein Bewusstsein, seine Gedanken, seine Seele etc. – zum Gegenstand der Betrachtung zu machen, was zu seinem bewussten Sein *wird* und damit gehört.

Bewusstsein ist in doppelter Eigenschaft unterwegs: Es ist *erstens* eine Eigenschaft von Materiellem, ein Zustand des menschlichen Gehirns, mit dessen Hilfe bzw. auf dessen Grundlage Bewusstsein erzeugt werden kann. Es ist *zweitens* eine Eigenschaft des bewussten bzw. bewusst gewordenen Seins. Das tritt u. a. dann zutage, wenn das menschliche Bewusstsein zum Gegenstand wissenschaftlicher Forschung erhoben wird. Als Teil des inneren bewussten Seins zählt u. a. das *Selbstwertgefühl*. Es ist jenes verinnerlichte bewusste Sein, das das Verhältnis von Selbst- und Fremdbild, Anerkennung und Wertschätzung, Attraktivität und selbstbestimmte Verhaltensregeln einbindet und Ausdruck im menschlichen Verhalten findet.

Nach Chr. Bischoff wird mit Bewusstheit die Grundlage für ein ideales Bewusstsein geschaffen.[77] Was heißt das? Ist Bewusstheit die notwendige Bedingung für ein Bewusstsein mit Niveau des Idealen, d. h. einem Bewusstsein mit höchstem Anspruch und notwendig gebunden an Achtsamkeit? Ohne Achtsamkeit keine Bewusstheit, kein ideales Bewusstsein, das den Menschen zur „wahren" Wirklichkeitsbewältigung führt? Bewusstheit zählt als Schutz, „nicht zum Sklaven negativer Gedanken und Gefühle zu werden"[78], sondern aktiv in das Lebensgeschehen eingreifen zu können, so Chr. Bischoff. Ungeachtet dessen ist seine These „Gedanken bestimmen dein Leben – immer"[79] nicht haltbar. Entscheidungen und Handlungen vollziehen sich selbstredend über das menschliche Denken. Es generiert die Gedanken, die in der Praxis zur Anwendung kommen.

Bischoffs These unterstellt im Sinne des philosophischen Konstruktivismus, dass unsere Welt des Machbaren aus unseren Ideen bzw. Gedanken entspringt. Sehr wohl haben unsere Ideen Gestaltungskraft, aber auch nur so viel, was unsere, außerhalb von unserem Bewusstsein bestehende

---

[77] Vgl. a. a. O., S. 27

[78] Ebenda

[79] Ebenda

120

Lebenswirklichkeit möglich macht. Kein Gedanke, keine Idee entsteht in einem luftleeren Raum, sondern sie haben stets – mehr oder weniger – eine Quelle im *und* außerhalb des menschlichen Bewusstseins. Gedanken bestimmen nicht das Leben allein; sie sind Teil des menschlichen Lebens, mit deren Unterstützung wir Lebenswelten in Teilen neu kreieren oder verändern. Inspiration und Intuition sind instrumentelle Ideenfelder des menschlichen Bewusstseins, die ihre Anregung außerhalb und innerhalb dessen haben.

In allem braucht es eine objektive Lebenswirklichkeit. Weltenveränderung ist nur auf der Grundlage einer vorhandenen Welt möglich. Gedanken sind stets eingebettet mit all ihren Bedingungen und Gegebenheiten in das Niveau beider Lebenswelten. Insofern sind unsere Gedanken Voraussetzung *und* Produkt einer geistig-kulturell-wissenschaftlichen und sozioökonomischen, naturgebundenen Lebenswelt. Keine Idee, kein Gedanken existiert bedingungslos, ist weder im Entstehen, Werden und Bestand autark. Jedes Wissen, jede technische Entwicklung hat *seine* Zeit und Geschichte. Insofern sind Bewusstseinsprodukte auch immer ein Ergebnis der Mensch-Umwelt-Beziehung.

Es macht zudem Sinn, zwischen *Achtsamkeit und Aufmerksamkeit* zu unterscheiden. Achtsamkeit steht für ein Qualitätsmerkmal der Bewusstheit, die auf Selbstwahrnehmung, Selbstreflexion, Selbstbeobachtung im Hier und Jetzt gerichtet ist. Sie ist das geistig-emotionale Selbstsein des Menschen – mit all den gegebenen Sinnen und verfügbaren Gedanken. Damit erhält die Achtsamkeit die Qualität einer Selbstachtung menschlichen Lebens. Achtsamkeit zeigt sich auf der kognitiv-emotionalen Ebene menschlicher Bewusstheit und lenkt uns auf das Selbstsein von Körper, Geist und Seele.

Soweit die Aufmerksamkeit im Blickfeld unserer Betrachtung steht, ist sie hier im Verständnis eine von innen nach außen hin wirkende Eigenschaft der Bewusstheit. Aufmerksamkeit zeigt sich als eine Denk- und Verhaltenseigenschaft, die die Außenwirksamkeit mit Bewusstheit aufnimmt. Sie ist Ausdruck für ein Hinlenken auf etwas, unabhängig davon, ob es im oder außerhalb des Menschen existiert.

Aufmerksamkeit und Achtsamkeit sind Qualitätsmerkmale der Bewusstheit und verleihen dem menschlichen Bewusstsein ein *bewusstes*

Bewusstsein. Was bedeutet das?

Beide bringen ein bestimmtes Niveau des Bewusstseins zum Ausdruck. Das *bewusste Sein* ist *jener Teil* der Realität, den der Mensch *bewusst* über die Sinne und das Denken verinnerlicht. Das erklärt, dass nicht alles Reale im Charakter bewusstes Sein ist. Wir können aus erkenntnistheoretischer Sicht davon ausgehen, dass der bei Weitem größere Teil des Realen das Seiende ist, das außerhalb des menschlichen Bewusstseins existiert und dem Menschen zwangsläufig nicht bewusst ist.

*Das bewusste Sein ist bewusst **gewordenes** Sein*; jenes Sein, das der Mensch in Gestalt von Gedanken und Ideen, Empfindungen und Gefühlen mittels Beobachtung, Wahrnehmung und Schlussfolgerungen *bewusst* in sein Bewusstsein aufgenommen und eingespeist hat.

Das *bewusste* Sein ist auch das vom Menschen mit Bewusstsein nach außen getragene, von ihm *gestaltete* Sein. Es ist die vom Menschen (sich) bewusst *gemachte* Lebenswirklichkeit. Sie ist überall dort präsent und zeigt ihre Wirkungskraft, wo das Bewusstsein (Denken, Reflektieren, Entscheiden, Handeln) gezielt und gewollt in die Lebenswelt des Menschen eingreift, verändert, umgestaltet. Darin ist auch das Denken (Veränderung von Werten, Einstellungen, Glaubenssätzen) inbegriffen.

Haben wir das Sein als innere und äußere Lebenswelt des Menschen in unserem Bewusstsein *bewusst* verinnerlicht, so sei dies in dem hier angelegten Verständnis *Seins***bewusstsein**.

Es bringt ein *gewandeltes* Bewusstsein über das Sein, über die innere und äußere Lebenswirklichkeit zum Ausdruck, das menschliche Aufmerksamkeit und Achtsamkeit an sich bindet. Ein mit Achtsamkeit und Aufmerksamkeit ausgerichtetes Bewusstsein konzentriert sich auf das Selbst(sein) des Menschen. Es ist das mit Bewusstsein sich seines Seins bewusst gewordene Sein.

Der Mensch verfügt über die außerordentliche Fähigkeit, sich des Seins bzw. der Existenz seines Bewusstseins bewusst zu sein. Diese Gabe des Menschen zum Seinsbewusstsein verschafft ihm im Vergleich zu allen anderen Lebewesen eine exponierte Stellung. Die menschliche Qualität zur bewussten Selbstreflexion des Bewusstseins ist das Tor zu Spiritualität und Digitalität. Das führt uns zu der im zweite Teil des Buches näher ausgeführten These: Spiritualität und Digitalität setzen für sich jeweils ein

Seinsbewusstsein voraus. Nur ein vom Menschen über sein Bewusstsein bewusst gewordenes Sein – als innere wie äußere Lebenswelt – ermöglichten das Entstehen einer geistig-spirituellen (inneren) und technische Werden einer digitalen (äußeren) Lebenswirklichkeit. Die Künstliche Intelligenz mit seiner soziokulturellen Einbindung in die menschliche Lebenswelt scheint zum Inbegriff gewachsenen Seinsbewusstseins zu werden.

Den Lesenden mag dies als eine sprachphilosophische, sophistische Denkspielerei anmuten, statt sich den praktischen Fragen des Lebens zu widmen. Dies ist nicht ganz unberechtigt, solange diese vorgestellten Überlegungen losgelöst im Raum der Gedanken liegen bleiben. Zum einen ist der Versuch unternommen, Bischoffs Differenzierungen zwischen Bewusstsein und Bewusstheit zu hinterfragen und ggf. zu erweitern. Zum anderen besteht das Anliegen, den Bewusstseinsbegriff in eine andere, quer anmutende Fassung zu bringen, um den Bewusstseins-Diskurs mit der Absicht anzufeuern, eine Verbindung zwischen Sein und Bewusstsein, bewusstes Sein und Seinsbewusstsein zur Spiritualität und Digitalität herzustellen.

Der Autor bleibt vorerst den Lesenden eine Antwort schuldig. Auf eine vertiefende Erklärung zu Spiritualität und Digitalität sei im Teil 2 des Buches verwiesen. Ungeachtet dessen ist in der ersten Überlegung folgender Zusammenhang zwischen Bewusstheit und Seinsbewusstsein einerseits und Spiritualität andererseits herstellbar:

Die bereits gefasste *Spiritualität* als Eigenschaft (Qualität), als ein Modus menschlichen Bewusstseins im menschlichen Kulturgeschehen, hat den Charakter von einem bewussten Sein und bewussten Bewusstsein. Es ist bewusst gewordenes, im menschlichen Bewusstsein verinnerlichtes Sein, soweit es spirituell anlegt ist. Das heißt Hinwendung auf eine Wirklichkeit, die rational schwer oder gar nicht erklärbar ist und deren sinnliches Erleben auf Grenzen menschlicher Erfahrung stößt. Es ist ein über Achtsamkeit gewonnenes, im menschlichen Bewusstsein verinnerlichtes Sein, das von intensiven psychischen (geistig-seelischen) Beobachtungen und Wahrnehmungen außerhalb der menschlichen Lebenswirklichkeit getragen wird.

Die Spiritualität als *eine* Eigenschaft des Bewusstseins bedeutet, sich der spirituellen Achtsamkeit bewusst zu sein. Das Spirituelle ist das erfahrene, übersinnliche bewusste Sein. Die Spiritualität, getragen von bewusstem Bewusstsein, erhebt sich zu einer geistigen Kraft des *Er*lebens. Es ist ein *Er*leben mit Bewusstheit, das das Spirituelle in sich trägt. Es ist spirituelle Bewusstheit. Für die einen erscheint sie als *das* ideale Bewusstsein mit einer besonderen, transzendenten Innen- und Außenbetrachtung unserer Lebenswirklichkeit. Für die anderen ist es schlechthin *eine* Spielart des nach innen gerichteten Seinsbewusstseins.

Das Bewusstsein als das Sich-seiner-selbst-bewusst-zu-sein ist, ob mit oder ohne Spiritualität, an menschliches Erleben geknüpft.[80] Das Bewusstsein nährt die Spiritualität, weil es an eine sensorische Modalität, an Auditives, Visuelles oder Taktiles gebunden ist. Es trägt „die sensorisch erfahrbaren Inhalte, Erinnerungen oder Vorstellungen, die wir im Arbeitsgedächtnis präsent haben".[81] P. Carruthers schreibt weiter: „ [...] zahlreiche Wahrnehmungsexperimente zeigen, insbesondere solche zum Phänomen der Aufmerksamkeitsblindheit, ist unser Fokus in Wahrheit extrem eng. Das subjektive Empfinden weicht also deutlich davon ab, was wir tatsächlich verarbeiten. Unser Geist konstruiert vermutlich nur eine Zusammenfassung, eine summarische Erfahrung der Welt. Allerdings [...] sind uns diejenigen Inhalte, die uns bewusst werden, nicht unmittelbar zugänglich. Ebenso wenig, wie uns die Gedanken fremder Menschen direkt zugänglich sind. Wir interpretieren unsere eigenen geistigen Zustände genauso wie die von anderen."[82]

Die Spiritualität bzw. das Vorhandensein von Spirituellem hat zwei grundlegende Quellen: Zum einen ist es die Art und Weise, *wie* unser Bewusstsein als Denken, Wahrnehmen, Erfahren etc. konstruiert ist. Das Bewusstsein ist in der Lage, sich seine eigene Welt zu schaffen. Es lädt den Menschen dazu ein, *spirituell* unterwegs zu sein und Spirituelles zu produzieren. Zum anderen sind es die Lebensbedingungen der Menschen, deren Natur- bzw. Demutsverbundenheit, die Sesshaftigkeit (Ackerbau und Viehzucht), das Leben in stabilen Gruppen, die dazu beigetrugen, dass

---

[80] Vgl. Peter Carruthers: Es gibt kein bewusstes Denken, in: Spektrum, a.a.O., S. 25

[81] A. a. O. S. 23

[82] A. a. O. S. 24

menschliches Leben und *Er*leben mit Spiritualität einhergehen.

Das Bewusstsein ist hinsichtlich seiner Eigenschaft und Wirkfähigkeit mit der Spiritualität existenziell verbunden: kein Bewusstsein ohne Spiritualität und keine Spiritualität ohne Bewusstsein. Sie sind beide in sich vereint und Teil einer Kulturgeschichte menschlichen Bewusstseins.

Die Spiritualität als Qualität des Bewusstseins gefasst macht das Bewusstsein zu etwas Besonderem.[83] Sie verleiht ihm Atmosphärisches, das das *Er*leben unserer Wirklichkeit sowohl intensiviert als auch erweitert.

Des Weiteren führt sie uns zu der von Chr. Bischoff angesprochenen Bewusstheit. Die Verknüpfung von Spiritualität und Bewusstheit ist naheliegend, weil die Bewusstheit über die Aufmerksamkeit durch die Achtsamkeit getragen wird. Das heißt nicht, dass Spiritualität zwingend und allein zu Bewusstheit hinlenkt und umgekehrt. Was sie verbindet, ist, dass sie Eigenschaften des menschlichen Bewusstseins sind und jeweils eine besondere Qualität des Denkens und Handelns (Verhaltens) zum Ausdruck bringen. Sie entfalten ihre Wirkung, wenn der Mensch sie mit seinem Bewusstsein aktiv werden lässt und sie sich zu Betrachtungs- und Lebensweisen erheben, die zur Bewusstseinserweiterung und besseren Bewältigung der Lebenswirklichkeit beitragen.

Bewusstheit und Spiritualität zeigen sich als Kräfte des Bewussten mit Wirkfähigkeit. Sie geben dem Bewussten (dem bewusst Gewordenen) die Kraft zur Wandlung, sich zu verändern.

Im menschlichen Bewusstsein steckt noch mehr Potenzial. In ihm schlummern Wirkungsmächte, die die Kraft haben, direkt oder indirekt auf die Lebenswelt des Menschen gestaltend Einfluss zu nehmen. Zu ihnen zählen *Relativität und Kreativität* des Bewusstseins. Sie gehören zu jenen Merkmalen des menschlichen Bewusstseins, die seine Essenz ausmachen und ihm eine Dynamik verleihen. Doch was hat es mit der Relativität und Kreativität des Bewusstseins auf sich? Was ist damit gemeint? Was bedeu-

---

[83] Eine derartige Aussage zu treffen, setzt voraus zu wissen, wie das Bewusstsein im Inhalt und Charakter ausgestattet wäre, wenn es ein Bewusstsein ohne Spiritualität gäbe. Es wäre eines Gedankenexperimentes wert, auf das hier verzichtet wird. Insofern ist es meinerseits eine Unterstellung, wie arm an Fülle menschliches Bewusstsein wäre, wenn es bar jeder Spiritualität existieren würde.

tet das für das Verständnis über Spiritualität?

Wenn hier von der *Relativität des Bewusstseins* die Rede ist, so zielt sie auf zwei Gegebenheiten. *Erstens.* Das Bewusstsein erklärt sich ausschließlich in Bezug auf etwas anderes. Das heißt, das Bewusstsein steht in existenzieller Abhängigkeit zu etwas. Es existiert nicht autark, selbstständig, sondern ist gebunden an etwas, an einen hochvernetzten Klumpen Hirnmasse.[84] Man kann Bewusstsein nicht sehen, anfassen, wiegen und doch ist es da. Wenn das Denken Schmerzen oder andere physische Spuren hinterlassen würde, dann wäre seine Auffälligkeit erfahrbar. Der fundamentale Satz von René Descartes (1596–1650), „Cogito, ergo sum", der die Philosophie und Erkenntnistheorie jener Zeit revolutionierte, ist der Brückenschlag zwischen dem Denken als Bewegungsform des menschlichen Bewusstseins und der Selbstwahrnehmung von Körper und Geist. Die existenzielle Gebundenheit des Bewusstseins macht es zum Attribut, zu einer Eigenschaft des menschlichen Körpers, zu jener oben erwähnten Hirnmasse. Mit der Evolution des Menschen wandelte sie sich und mit ihr auch deren Funktion. Die Existenz von menschlichem Bewusstsein ist kaum besser wahrnehmbar als über dessen relative Selbstständigkeit und Fähigkeit zur Kreativität.

Unter *relativer Selbstständigkeit* wird hier *eine* Existenzweise des Bewusstseins gegenüber seinem Träger verstanden. Zum einen ist sie naturgegeben; zum anderen ist sie funktional begründet. Was heißt und bedeutet das?

Unser Wissen, unsere Gedanken, Erfahrungen und Erinnerungen, die wir in uns tragen, sind mit uns gewachsenes bewusstes Sein. Doch sind sie identisch mit unserer Außenwelt, die das bewusst gewordene Sein begründet? Wohl kaum. Sie sind Abbilder und nicht Ur-Bilder unserer Lebenswirklichkeit. Jeder Fußabdruck im Sand ist das Abbild des Fußes. Er ist Quelle, Ur-Bild jenes im Sand hinterlassenen Bildes. Beide, *Ur*-Bild und *Ab*-Bild, sind uns im Unterschied so offensichtlich, dass keiner auf die Idee kommen würde, sie als gleich, identisch anzusehen.

Unser Wissen, unsere Gedanken, Erfahrungen und Erinnerungen folgen auch diesem Unterschied. Sie sind Widerspiegelungen (Resultate) von

---

[84] Vgl. Christof Koch, a.a.O., S. 11

Inhalten unserer Lebenswelt (Quellen) in unserem Bewusstsein. Insofern haben wir es stets mit zwei Welten zu tun: der Welt unserer Gedanken und der Welt der Gegenstände (Dinge, Gegebenheiten), die dem Bewusstsein gegenüberstehen, außerhalb unserer Gedanken existieren.

Der Mensch ist mit seinem Bewusstsein, mit all seinen Sinnen nicht in der Lage, die Außenwelt identisch, absolut gleich, in seine Ideenwelt zu übertragen. Hier sind dem Menschen physiologisch-kognitive Grenzen gesetzt. Im menschlichen Bewusstsein hat die Evolution Mechanismen eingebaut, die ihm diese Grenzen auferlegen, die Welt nicht so geistig aufzunehmen, wie sie *ist* und ihm *tatsächlich* gegenübertritt.

So sehr es ein kognitives Handicap des menschlichen Bewusstseins ist, die Außenwelt nur verzerrt, eingeschränkt, in Teilen etc. abbilden zu können, so sehr zeigt sich dieser Umstand auch als Vorteil, den die Evolution des menschlichen Bewusstseins hervorbrachte. Stellen wir uns vor, der Mensch würde mit und in seinem Bewusstsein die Außenwelt originaltreu abbilden, welche Kapazitäten an Geistesleistung und Speicherpotenzial müssten ihm zur Verfügung stehen. Die Datenmenge wäre unermesslich groß. Wäre ein derartiges Volumen an Daten und Informationen für seinen Lebenserfolg notwendig und nützlich? Würde der Menschen nicht überfordert sein, wenn er z. B. nicht in der Lage wäre, Wichtiges von Unwichtigem zu unterscheiden? Das bewusste wie unbewusste Selektieren von Informationen aus der Außenwelt macht den Menschen denk-, entscheidungs- und handlungsfähig. Das ist sein Erfolgsrezept. Die Lebenswelt des Menschen ist nur so gestalt- und beherrschbar. Die Produktion von (Ab-) Bildern im menschlichen Bewusstsein, ungleich zu den außerhalb von ihm bestehenden Ur-Bildern, ist ein phylogenetischer (stammesgeschichtlicher) Glücksfall in der Evolution des Menschen. Wäre dieser nicht eingetreten, hätte die Evolution des Menschen keine Chance gehabt.

Zu diesem Umstand gesellt sich ein zweiter. Es ist die Fähigkeit des Menschen, mit seinem Bewusstsein Gedanken zu produzieren, die der Außenwelt des Bewusstseins fremd sind. Der Mensch verfügt über die Fähigkeit, in und mit seinem Bewusstsein Dinge, Umstände, Situationen oder auch Lebewesen zu denken, die jeder objektiven Realität entbehren. Es sind Geister und Teufel, Engel und Elfen, Hexen und Feen oder ein auf der Kanonenkugel fliegender Münchhausen, die mit unserem Denken als

Fantasien aus unserem Bewusstsein entspringen. Dazu gesellen sich Märchenerzählungen, Science-Fiction Romane und Filme, vom Menschen geschaffene Kunstwerke, die mehr oder weniger, wie alles andere auch davor, eine gebundene Realitätsnähe ausweisen, doch sich fernab jener Außenrealität bewegen und in der Darstellung Abbilder eines im Geiste vom Menschen geschaffenen Urbildes sind.

Die gesamte Welt der Technik ist ein Produkt des menschlichen Geistes auf der Grundlage natürlich-stofflicher Gegebenheiten, aus denen der Mensch Technik, eine von ihm geschaffene *zweite Natur* kreierte. Der Mensch verfügt mit seinem Bewusstsein über die Fähigkeit, eine Welt zu schaffen, wie sie für sich und allein nicht existieren würde. Sie gibt es nur durch menschliches Hinzutun an Körper- (Arbeitskraft) und Geisteskraft (Denken).

Die Tatsache, dass das Bewusstsein über die funktionale Eigenschaft relativer Selbst- bzw. Eigenständigkeit verfügt, Denkresultate zu schaffen, die mit der Außenwelt des Menschen nicht gemein sind, verleiht ihm das Novum der *Kreativität*. Kreativität heißt „Schöpfertum". Sie ist eine Eigenschaft des Bewusstseins, eine Art des Denkens, die dem Menschen die Fähigkeit verleiht, über das Bisherige bzw. Vorhandene hinauszugehen. Die Kreativität ist *die* Eigenschaft menschlichen Bewusstseins, die ihm hilft, nicht seine Lebenswelt mittels Gedanken abzubilden, sondern sie zu verändern, zu gestalten, weiterzuentwickeln.

Die Kreativität des menschlichen Bewusstseins zeigt sich als Quelle des *Ent*werfens von Neuem. Vorhandene Lebensbedingungen, Bedürfnisse und Ziele befeuern die Kreativität des Menschen, die Mensch-Natur-, Mensch-Technik- bzw. Mensch-Mensch-Beziehungen neue Impulse der Entwicklung geben.

Der Mensch verwirklicht sich über *seine* Kreativität. Mit diesem Kraftpotenzial kreiert er *seine* Welt. Dabei gewinnt der Mensch zunehmend an Verfügbarkeit über die ihm gegenüberstehende, naturgegebene Lebenswelt. Die Geschichte der menschlichen Entwicklung ist zugleich die Geschichte zweier Lebenswelten: die eine naturbegründet, die andere von Menschen auf der Grundlage der ersteren gemacht. Sie sind keine Parallelwelten, wie sie oft zwischen der Welt des Analogen und des Digitalen charakterisiert und dargestellt werden. Es sind zwei Welten, die sich in ihrem Wesen gegenseitig durchdringen, beeinflussen, miteinander wechselwirken und sich miteinander wandeln. Ihre Dynamik wird von der schöpferischen Kraft des Bewusstseins getragen, die von dessen relativer Eigenständigkeit lebt und gespeist wird.

Gefüttert wird die menschliche Kreativität mit *Intuition und Inspiration*. Intuition ist die Kraft der inneren Stimme des menschlichen Bewusstseins. Wir vergleichen sie oft mit einer aus der Tiefe des Bewusstseins heraustretenden Idee, die uns zum neuen Denken, Entscheiden oder gar Handeln bewegt. Sie tritt ggf. un- oder schwer erklärbar aus dem Un- bzw. Unterbewussten heraus. Die Intuition, abgeleitet vom Lateinischen intueri, heißt in der Wortbedeutung »anschauen«. Gemeint ist hier nicht das kontemplative Anschauen i. S. von Besinnlichkeit oder Beschaulichkeit eines Objektes zwecks Erkenntnisgewinns. Das Anschauen in der Art der Intuition ist der unbewusste, gedanklich-emotionale Rückgriff auf vorhandene Informationen, die im menschlichen Gehirn gespeichert sind. Wir lassen uns dann von diesem Ideenblitz leiten, vielleicht auch zusätzlich durch ein Bauchgefühl inspiriert. Intuition ist das unbewusste Stöbern im Archiv des Seinsbewusstseins, das eine Idee freigibt und in einem weiteren Gedankengang verwendet findet. Sie ist der Anstoß für Neues, Kreatives.

Inspiration, lat.: inspiratio, kann als Beseelung, als ein Hauchen, Atmen (spirare) verstanden werden. Sie steht für eine Eingebung oder einen plötzlichen Einfall. Die Quelle für eine Inspiration ist außerhalb des menschlichen Geistes angesiedelt. Es ist das Göttliche, das mit seiner Eingebung das Menschliche beseelt. Die Inspiration ist das Erschließen der Lebenswirklichkeit außerhalb des Kognitiven. Sie reicht weit zurück in das archaische Denken. Prozeduren des Zaubers, Tanzrituale, Beschwörungen usw. waren und sind bis heute noch Mittel, die menschliche Seele anzustoßen und so im Geiste inspiriert zu werden.

Inspiration lässt sich auch frei von jeglichem spirituell getragenen Verständnis erklären. Gemeint sind Eingebungen, die durch Ereignisse, Beobachtungen, selbst auch Ideen, die hinsichtlich eines Merkmals oder einer Situationsanbindung Anstoß geben, das assoziative Gedächtnis zu aktivieren. Es entsteht eine vom Geist beseelte Verknüpfung. Eine neue Idee wird durch das Verbinden zweier verschiedener, unabhängiger Ereignisse (Gegebenheiten, Merkmale) geboren, die mit unserem Denken Neues freigibt.

Neben allem bisher Gesagten, was im Zusammenhang mit Bewusstsein, bewusstem Sein und Seinsbewusstsein steht, kann die Seele nicht außen vor bleiben. Es wird von Körper, Geist und Seele gesprochen. In der Geschichte der Philosophie sind die Diskurse über das Verhältnis von Körper, Geist und Seele von zentraler Bedeutung. In der Philosophie René Descartes und später in der Phänomenologie[85] sind Körper und Seele bzw. Leib und Seele im philosophischen Denken fest verankert.

Greift zusätzlich das Spirituelle, nimmt in ihm die Seele einen Platz ein. Es ist die Seele, die den Menschen in seinem Sein *beseelt*, ihm Leben einhaucht und bei Tod den menschlichen Körper in das Reich des Ewigen verlässt. Die Seele transformiert sich in das Unsterbliche. Der Mensch lebt mit seiner Seele außerhalb seiner Körperlichkeit weiter fort.

Was ist die *Seele*? In welcher Beziehung steht sie zum Bewusstsein? Der Seele-Begriff wird in dieser Abhandlung eng mit dem Spirituellen in Verbindung gebracht, was nicht heißt, dass er von dem des Bewusstseins losgelöst ist. Die Bestimmtheit der Seele ist in ihrer Unbestimmtheit begründet. Wohlgemeinte Erklärungsversuche enden in vagen Beschreibungen. Wir heften der Seele etwas Mystisch-Magisches an, was sie zwangsläufig in die Nähe des Spirituellen bringt. Oder die Seele erfährt durch uns einen göttlichen, religiös-theologischen Zuspruch.

Es wäre nicht fair, der Seele seine Existenz abzusprechen. Sie findet in unserem Fühlen, Denken und Handeln ihre Realität. Wie oft erleben wir in unserer Wahrnehmung Lebenswirklichkeiten, die wir nicht erklären können und im Dunkeln bleiben wie die Seele selbst.

Die Seele erhält mit dem Spirituellen ihre eigene Fassung. Inwieweit sie ihr eigenes Leben leben und ohne das Körperliche existieren kann, ist letztlich auch eine Glaubensfrage, die keinem Zweifel unterzogen wird.

Soweit die Seele in ihrer Existenz anerkannt wird, ist sie Ausdrucksform und eine dem Bewusstsein des Menschen zukommende Eigenschaft.

---

[85] Die Phänomenologie ist eine philosophische Denkrichtung. Sie hat das Bewusstsein und dessen verschiedene Erscheinungsformen zum Gegenstand der Betrachtung. Grundlage dieses Philosophierens ist die Sichtweise des menschlichen Individuums, die als Teil der Lebenswirklichkeit betrachtet wird. Diese Denkrichtung unterscheidet sich von einer rein objektivistischen, materialistischen Betrachtungsweise der Welt.

Das Bewusstsein versteht sich hier als eine Eigenschaft von Körperlichem, dem Menschen zugehörig. Der menschliche Körper ist sein Träger. Ohne ihn ist das Bewusstsein nicht lebensfähig und existent.

Die Seele ist eine Eigenschaft des Bewussten und über das Bewusstsein an das Menschlich-Körperliche gebunden. Als solche ist sie mit eigener Gestaltungsform und -kraft im Körper des Menschen. Sie selbst ist *nicht* körperlich und dennoch wirkmächtig, im Geiste des Menschen innewohnend. Darin liegt die Unbestimmtheit des Seelischen. Es ist mit unserem Menschenverstand schwer fassbar.

Im Bewusstsein des Menschen verbirgt sich die Seele und lebt mit ihm. Wir können mit Fug und Recht sagen: Das Bewusstsein ist beseelt. Seele und Bewusstsein tragen sich gegenseitig. Stirbt die Seele, stirbt mit ihr das menschliche Bewusstsein und mit ihm der Mensch, dessen Lebensweise und Lebenskultur. – Der Mensch verarmt ohne Seele in seinem ganzen Sein.

Die Seele zeigt sich in ihrem Wesen in einer menschlich-geistigen Tiefe. Vielleicht offenbart sich deshalb in uns die Seele als etwas schwer gedanklich Ergreifbares und Fassbares. Vielleicht ist es diese Art von uns wahrgenommener Präsenz, die die Seele zu der macht, wie wir sie fassen und verstehen.

Wir müssen eingestehen, dass wir in unserem alltäglichen Leben der Seele etwas Mystisches unterstellen. Aufgrund dessen erfahren wir sie als etwas Besonderes, Un- bzw. Außergewöhnliches und erkennen in ihr etwas Unzerstörbares.

Der Mensch lebt mit der Erfahrung der Verletzlichkeit und Begrenztheit seiner Körperlichkeit und in dem Glauben, dass die an den Körper gebundene Seele sich von ihm zu lösen vermag. Das verschafft ihm Genugtuung und Trost, dass das Leben in Gestalt der Seele fortlebt. In diesem Glauben liegt die Hoffnung des Menschen, dass das der Tatsache entspricht, ohne jemals darüber Gewissheit zu erhalten.

Zu den Kräften des menschlichen Bewusstseins gehören zwei weitere, vor nicht so langer Zeit entdeckte Phänomene: Es ist zum einen der vielbesagte *Autopilot in unserem Kopf* und zum anderen das *Phänomen des langsamen und schnellen Denkens*.

Einer neuen Theorie zufolge entsteht das Bewusstsein nur dann, wenn unsere Voraussagen versagen. Unser Bewusstsein ist nicht nur im Hier und Jetzt, sondern es trifft schnell, spontan, automatisch Urteile, macht Bewertungen und trifft Entscheidungen. Es ist permanent dabei, Ereignisse vorauszusagen, Erwartungen zu prognostizieren. Auf diese Weise besorgt sich der Mensch Lebenssicherheit, verschafft sich Kontrolle über das Leben. Laut einer Theorie, die als *predictive mind*, als Vorhersagen treffender Geist, bezeichnet wird, wachse Bewusstsein, wenn Erwartungen, Zukunftsaussichten, Prognosen versagen. Steve Ayan schreibt hierzu: „Das Bild vom Menschen als einem von dunklen Seelenmächten Getriebenen, der nicht Herr im eigenen Haus ist, ist heute Allgemeingut. In uns tobt demnach ein ständiger Kampf zwischen den Ansprüchen des Bewusstseins auf der einen Seite und den geheimen Wünschen des Unbewussten auf der anderen. Diese Sichtweise hat allerdings einen Haken: Bewusstes und Unbewusstes arbeiten meist gar nicht gegeneinander! Sie sind keine Konkurrenten, die um die Vorherrschaft über unsere Psyche ringen. […] Es gibt vielmehr nur *einen* Geist, in dem bewusste und unbewusste Anteile eng miteinander verwoben sind. […] Das Unbewusste ist alles andere als eine Kammer, in die wir unerwünschte Gedanken oder Impulse abschieben. Wir stellen es uns gerne so vor, weil allein das bewusste Denken unser Handeln leiten soll. […] Doch wie die moderne Forschung beweist, reagieren vor allem automatische Reaktionsmuster unser Verhalten." Die revolutionäre Theorie des predictive mind „weist der Automatik des Geistes eine zentrale Rolle zu: Sie diene dazu, künftige Ereignisse schnell und sicher vorherzusagen. Lernen, Erfahrung und auch das Bewusstsein haben letztlich den Zweck, die impliziten Prognosen immer weiter zu verbessern."[86]

In allem ist der Mensch mit seinem Bewusstsein darin ausgelegt, sich und seine Lebenswelt beherrschbar zu machen. Diese Kontrolle erreicht er mit permanentem Blick in die Zukunft. Erwartungen werden gecheckt, Gefahren bzw. Risiken ausgemacht, er- und abgewogen. Jede Sicht auf das Handeln ist zugleich eine Vorwegnahme eines möglichen Verlustes, den der Mensch vermeiden möchte.

Überraschungen zu erfahren, zeugt nicht von menschlicher Stärke. Das Bewusstsein ist auf Fehlervermeidung ausgelegt. Doch gelingt ihm das

---

[86] Steven Ayan, Der Autopilot im Kopf, in: Spektrum der Wissenschaft, Gehirn & Geist, Dossier 3/2021, S. 18 f.

angesichts der wachsenden komplexen Lebenswelt immer weniger. Dennoch verfügt der Mensch über Bewusstseinsmechanismen, die sich im Laufe der Evolution des Denkens herausbildeten und die er sich zunutze machte.

Daniel Kahneman zeigt mit Rückgriff auf Keith Stanovich und dessen Mitarbeiter Richard West in eindrucksvoller Art und Weise, wie unser Denken in zwei Systemen funktioniert. Es handelt sich um das Denkvermögen in jeweils zwei unterschiedlichen Qualitäten: Das *schnelle Denken* – schnell, automatisch, mühelos, mit wenig Aufwand und ohne willentliche, gezielte Steuerung – verschafft uns auf kurzem Wege Eindrücke und Gefühle. Es ermöglicht uns einen eleganten Zugang auf Lösungen oder Entscheidungsfindungen mit einem geringen Denkaufwand. Das *langsame Denken* dagegen macht sich die Mühe des bewussten, logischen, differenzierten, analytischen Nach-Denkens. Es verfolgt die Absicht eines qualifizierten Denkens, Entscheidens und Handelns. Ersteres, intuitives Denken, wäre so etwas wie ein überschauendes Denken, das Impulsen und Assoziationen nachgibt, während das zweite bewussten, geordneten, logischen und durchgedachten Schritten nachgeht.[87]

Die **Ideengeschichte des Bewusstseins** ist auf das Engste mit der von Verstand und Vernunft verbunden. Dabei spielen *Rationalität und Irrationalität, Ratio und Emotio* vermittelt mit hinein. Insofern ist ein zu erklärender Eingriff vor dem Hintergrund des Diskurses über Spiritualität und Digitalisierung unserer Lebenswelt nicht unbedeutend.

Neuere Forschungen machen deutlich, dass es keinen Grund gibt, den Mythos aufrecht zu erhalten, dass unsere Erkenntnisse, Entscheidungen und Handlungen rational, d. h. logisch, begründet, durchdacht erfolgen und das Emotionale dabei eine untergeordnete Rolle spiele. Die Neurobiologie macht uns deutlich: „Rationale Entscheidungen sind immer Entscheidungen mit positiven Konsequenzen. Irrationale Entscheidungen sind ebenfalls immer emotionale Entscheidungen, allerdings mit schädlichen Konsequenzen."[88] Unser zutiefst bewusstes, kognitives, mit Verstand und Vernunft

---

[87] Vgl. D. Kahneman, Schnelles Denken, langsames Denken, Siedler Verlag München, S. 32 ff.

[88] Hans-Georg Hänsel, Brainskript, Rudolf-Haufe Verlag München, S. 71

ausgestattetes Denken hat stets einen emotionalen, das Denken bestimmenden Background. Es gibt für Ratio und Emotio kein Gegenüber, sondern ein Miteinander in wechselseitiger Bedingtheit und Bestimmtheit. Irrationales mit Unvernünftigem gleichzusetzen ist unbedacht und wenig hilfreich, obwohl der Unterschied zwischen ihnen gar nicht so groß erscheint. Als *unvernünftig* erklären wir so manches Denken, das jeglicher Vernunft und Logik der Lebenswirklichkeit zuwiderläuft. Das unvernünftige Denken *wird* irrational, wenn es im Entscheiden und Handeln einer Emotion folgt, die sich als unangemessen, unpassend herausstellt.

Was in allem ist vernünftig? Was verstehen wir unter *Vernunft* und wie ist sie mit dem *Verstand* verknüpft? Inwieweit greifen unsere Annäherungen in unseren Erklärungsversuch über den Zusammenhang zwischen Spirituellem und Digitalem ein?

Wie oft wird an unsere Vernunft appelliert, überzeugend, angemessen, zweckgebunden, zielführend, nutzbringend zu denken bzw. zu agieren. Wir meinen damit, unseren Kopf mit unserem verfügbaren Geist optimal und sinnvoll einzusetzen. Mit Vernunft verknüpfen wir eine Fähigkeit, ein Vermögen menschlichen Geistes. Vernunft zielt gleichsam auf Veränderung, auf die Nutzung verschiedener Formen des menschlichen Denkens. Das betrifft die Beobachtung und Wahrnehmung unserer Lebenswirklichkeit genauso wie das logische, analytische oder synthetische Denken oder das Entwickeln von Theorien. Vernunft ist nicht nur Kompetenz, sondern sie zeugt auch von dynamischer Kraft bei der Gestaltung von Vernünftigem.

Der Mensch ist von Natur aus nicht nur ein vernunftbegabtes Wesen, ein *animal rationale*, sondern vor allem ein vernunftfähiges Wesen, *animal rationabile*.[89] Mit der ihm verfügbaren Vernunftkompetenz verhält sich der Mensch keinesfalls immer vernünftig, was so viel bedeutet, dass Vernunft auch von Emotionen begleitet ist.

Vernunft ist eine Art zu denken, die die Spielarten des kognitiven Denkens insgesamt erfasst. In diesem Sinne ist der Verstand mit eingeschlossen, der das operationale, praktische Denken und Handeln, die Erfahrung des Menschen mit einbindet. Vernunft ist auch i. e. Sinne von Immanuel

---

[89] Vgl. Herbert Schnedelbach, Was ist Vernunft?, in: Spektrum, a .a. O., S. 36

Kant (1742–1804) die „reine Vernunft" als das von der sinnlichen Erfahrung unabhängige Nachdenken.

Die mit I. Kant einhergehenden Überlegungen sind mit Metaphysik – ein von sinnlicher Erfahrung unabhängiges Denken – umhüllt und mit Begriffen wie Gott und Seele verbunden. Die Metaphysik gibt in der Erfassung des Übersinnlichen den Zugang zum Göttlichen und Spirituellen frei – zumindest was die Existenz jener Phänomene betrifft, die sich über das bewusste Selbst, über die Idee von der Ewigkeit des Göttlichen und der Unzerstörbarkeit der Seele erschließen lassen.

Die Philosophie des 19. und 20. Jahrhunderts habe *Vernunft und Verstand* links liegengelassen. Stattdessen zogen *Rationalität und Irrationalität* in das philosophische Denken ein. Die Denk- und Handlungsrationalität setzte sich zunehmend in der zweiten Hälfte des 19. Jahrhunderts mit den Naturwissenschaften, der Medizin und der Industrialisierung des gesellschaftlichen Lebens durch. Im Gegenzug zum wert- und zweckrationalen Denken und Handeln nahmen u. a. mit Artur Schopenhauer (1788–1860), Friedrich Nietzsche (1844–1900), Henri Bergson (1859–1941), Wilhelm Dilthey (1833–1911), und Edmund Husserl (1859–1938) lebensphilosophische Ideen einen bestimmenden Platz ein, die später in den Existenzialismus mündeten.

In unserer heutigen Lebenswelt liegen Rationalität und Irrationalität so eng beieinander, wie wir es uns wohl kaum vorstellen können. Kommunikation, Sprache und menschliches Verhalten einen beides. Das rationale Vermögen unseres Denkens in Wissenschaft und Alltagspraxis ist genauso präsent wie der Hang menschlichen Denkens und Verhaltens zum Irrationalen.[90]

Für unsere hier anzustellenden Überlegungen über Spiritualität und Digitalisierung ist das Verständnis von Rationalität und Irrationalität allemal interessant, soweit es hier um Denk- und Handlungsrationalität und -irrationalität geht.

---

[90] Der Begriff des Irrationalen (Irrationalität) hat seinen Ursprung in der Mathematik und findet erstmalig bei dem Philosophen Salomon Maimon (Versuch über die Transzendentalphilosophie, 1790) Eingang. Die philosophische Verwendung jenes Begriffs kann als Gegenreaktion zu I. Kants Kritik der reinen Vernunft angesehen werden.

Es drängen sich die Fragen auf: Wie rational und irrational sind Spiritualität und Digitalisierung? Ist Spiritualität zugleich irreal, weil diese Art von Denk- und Verhaltensqualität an der Lebenswirklichkeit vorbeigeht?

Niemand würde die Digitalisierung als irreal einordnen. Für jeden ist es nachvollziehbar, dass die fortschreitende Digitalisierung zu unserer Lebenswelt gehört und mit hoher Effizienz – innovativ, praxisnah, nutzbringend, anwenderfreundlich – ausgestattet ist.

Spiritualität und Digitalisierung sind als Lebenseigenschaft kulturellen Bewusstseins und Prozess technischer Entwicklungen Realitäten unseres Lebens. Jede hat für sich eine *reale* Geschichte und lange Zeit ein voneinander unabhängiges Eigenleben. Keiner wird an deren Existenzen zweifeln oder sie grundsätzlich in Frage stellen. Doch wie verhält es sich mit deren Rationalität und Irrationalität? Ist Spirituelles als irrational und Digitales als rational einzuordnen? Dieser Zuordnung liegt nahe, dass Digitales bzw. die Digitalisierung der Vernunft folgt – wissenschaftlich entworfen und der wirtschaftlichen und allgemeinen Lebenspraxis folgend. Demgegenüber steht das Spirituelle bzw. die Spiritualität – fernab jeglicher Technikgeschichte – und als solches ein gewordenes Produkt menschlichen Geistes.

Ist das Spirituelle deswegen weniger rational und das Digitalisierte weniger irrational? Die Digitalisierung ist als Prozess gewandelte Technik vom Analogen zum Digitalen. Sie ist von hoher Rationalität in der technischen Innovation und Transformation. Ist sie deshalb auch zwangsläufig frei von jeder Irrationalität? Die These heißt: Die Digitalisierung ist von Rationalität *und* Irrationalität.

Gleichsam stellt sich die These über das Spirituelle auf, das sich ebenso in seiner Rationalität *und* Irrationalität zeigt. Beide tragen beides. Zu alledem kann die These durch die Frage nach der Irrationalität des Rationalen und der Rationalität des Irrationalen aufgestockt werden. Diese Thesen greifen die Frage nach dem Wert beider von beiden auf.

Zum Begriff des Bewusstseins als Eigenschaft der Materie
Eine kritische Nachbetrachtung

Es mag für die Lesenden unbefriedigend erscheinen, dass eine Klärung dessen, was *Bewusstsein* ist, bei aller vorangestellten Betrachtung nicht so richtig gelingen will. Insofern bin ich den Lesenden noch etwas schuldig geblieben, zumindest den Versuch zu unternehmen, nicht nur aus neurowissenschaftlicher, sondern auch aus philosophisch-erkenntnistheoretischer Perspektive eine Antwort zu geben.

Jede Unternehmung – und Bemühungen gab es in der langen Ideengeschichte über das Bewusstsein viele – bringt eine philosophische Annäherung mit sich. Dennoch kommt es immer wieder dem Herumschwänzeln einer Katze um den heißen Brei gleich.

Die *philosophische* Erklärung, was Bewusstsein ist, fällt selbstredend im Ansatz unterschiedlich aus, sobald sie in unterschiedliche Denkrichtungen eingebettet ist. Es wäre auch möglich, jeglichen Bestimmungsversuch fallen zu lassen, sondern einfach davon auszugehen, dass es menschliches Bewusstsein gibt, ohne den Versuch zu machen, in eine erklärende Tiefe zu gehen.

Ungeachtet dessen lockt das Gedankenspiel, vor allem aus der Sicht, das Bewusstsein als ein Produkt, als eine Eigenschaft des Materiellen zu betrachten. Konkret gemeint ist die organische Materie, das menschliche Gehirn, das sich im Laufe der Evolution des Menschen zu einem Organ kognitiver Leistungsfähigkeit entwickelte und in seiner Funktion alle anderen Gehirne des Tierreiches stammesgeschichtlich übertrifft.

Wenn das Bewusstsein ein Entwicklungsprodukt der biotischen Evolution, in der Qualität von je geschaffener höchster und vielfältigster geistiger Leistungskompetenz ist *und* zugleich Materie als das außerhalb und unabhängig vom menschlichen Bewusstsein Existierende anerkannt wird, dann stellt sich die Frage: Wie kann dann das Bewusstsein eine Eigenschaft des Materiellen sein, wenn das Materielle außerhalb des Bewusstseins existiere und das Bewusstsein eine Funktion des menschlichen Gehirns sei? Haben wir es hier mit einem circulus vitiosus zu tun, der sich als logischer Widerspruch offenbart? Wenn alles Materielle als das Objektiv-Reale gleichbedeutend mit dem sei, was außerhalb und unabhängig vom Bewusstsein existiere, das Bewusstsein selbst nicht materiell ist, wie kann es dann als eine Eigenschaft des Materiellen definiert werden?

Eigenschaft des Materiellen heißt, zu seinem Wesen zugehörig. Das Bewusstsein ist demzufolge ein zu ihm gehörendes Merkmal. Wir schreiben einem Gegenstand (Sache, Ding, Person etc.) eine Eigenschaft zu, um ihn auf diese Weise genauer zu charakterisieren: Das Haus *ist groß*. Das Reh *hat* ein *rotbraunes* Fell. Die Eigenschaften groß und rotbraun sind existentiell mit ihren Trägern verbunden. Ohne sie gibt es auch keine ihnen dazugehörigen Eigenschaften. Die Größe des Hauses verschwindet, wenn das Haus nicht mehr existiert. Die rotbraune Farbe geht in der Ursprünglichkeit verloren, wenn das Reh nicht mehr lebt und verwest.

Das Bewusstsein als Eigenschaft des menschlichen Gehirns macht insofern eine Ausnahme, soweit es mit der Seele in Verbindung gebracht wird, die nach dem Tod eines Menschen den Körper verlässt und körperungebunden weiter existiert. Aus atheistischer Sicht jedoch heißt das im Gegenzug, dass das Bewusstsein als Qualitätsmerkmal des Gehirns aufhört zu existieren, *wenn* der Mensch nicht mehr lebt und mit ihm alle Funktionen und Fähigkeiten eingestellt sind. Das menschliche Gehirn und stammesgeschichtlich vor ihm gibt es viele andere natürliche Organe unterschiedlichster Entwicklungsstufen, die die Fähigkeit haben, ideelle Abbilder zu erzeugen.

Die Menschen sind sich dessen bewusst, dass sie mit Hilfe des Bewusstseins gedankliche Bilder erzeugen können, deren Quellen (Ur-Bilder) außerhalb *und* im Menschen zu finden sind. Für die Materialisten der Aufklärung und später Ludwig Feuerbach (1804–1872) und Friedlich Engels (1820–1895) war das Bewusstsein (Denken) ein Naturprodukt menschlicher Gehirntätigkeit, deren Erzeugnisse als geistiger Abbilder verstanden wurden. Im Sinne des materialistischen Monismus heißt das, so F. Engels in seinem Anti-Dühring: „Fragt man sich aber weiter, was denn Denken und Bewusstsein sind und woher sie stammen, so findet man, daß es Produkte des menschlichen Hirns und daß der Mensch selbst ein Naturprodukt, das sich in und mit seiner Umgebung entwickelt hat; wobei es sich dann von selbst versteht, daß die Erzeugnisse des menschlichen Hirns, die in letzter Instanz ja auch Naturprodukte sind, dem übrigen Naturzusammenhang nicht widersprechen, sondern entsprechen."[91]

Das Hirn übt in diesem Sinne eine evolutiv entstandene Funktion aus. Es ist ein Organ des menschlichen Körpers, das ebenso wie die anderen Organe auch in konzertierter Aktion stündlich, täglich, jährlich, lebenslang zum Erhalt des Lebens beitragen. Seine Produkte (Empfindungen, Gefühle, Gedanken, Begriffe usw.) sind körperlich mit der Biologie des Menschen verbunden; und dennoch sind sie nicht Köper, nicht materiell. Es *ist* Anderes. Wir nehmen dieses Andere wahr und erfahren im Nachhinein, wenn wir das Bewusstsein zwischenzeitlich verloren haben, wenn wir träumten und aus diesem Traum wieder erwachen und die Inhalte jenes Traumes sich *nur* denken lassen. Dieses Andere erfährt der Mensch in dem Bewusstsein *seines* Seins.

Dieses Anderssein, was nicht selten vom Menschen auch als etwas Fremdes, zu ihm nicht gehörig wahrgenommen wird, lässt ihn erkennen und bewusst werden, dass das bewusste bzw. bewusst gewordene Sein einerseits dem Sein außerhalb des Bewusstseins sehr ähnlich ist und andererseits mit ihm durch Denken im Kopf Bilder, Gedankenfolgen entstehen, die weit weg von der objektiven Realität sind. Die Welt des Bewussten bildet mit der Außenwelt menschlichen Denkens zusammen *eine* Welt des Seins. Doch zwischen ihnen liegen Welten, die wir uns immer wieder bewusst machen müssen – so wie wir gegenwärtig erfahren, dass Spirituelles und Digitales Parallelwelten konstituieren, die zueinander die evolutive Chance haben, sich zu *einer* Welt zu transformieren.

---

[91] Friedrich Engels: Herrn Eugen Dühring's Umwälzung der Wissenschaft, in MEW Bd. 20, Dietz Verlag Berlin 1968, S. 33

Beobachtung, Wahrnehmung, Vorstellung
Denkformen mit Folgen

Niemand fragt uns, selbst unsere Eltern nicht, ob wir geboren werden wollen. Wir werden von ihnen in das Leben hineingeworfen. Anfänglich gilt deren Fürsorge; doch es kommt der Zeitpunkt, sich selbst auf den Weg des Lebens machen zu müssen. Wir haben zu lernen, auf eigenen Füßen des Entscheidens und Handelns zu stehen und dafür eigenverantwortlich zu sein.

Wir werden Jahr für Jahr mit unserer Lebenswelt konfrontiert. Wir nehmen sie als Herausforderung an und machen unsere Erfahrungen, dass wir der Lebenswirklichkeit mit Erfolg oder auch gescheitert begegnen.[92]

Was hat der Mensch einzubringen, um sein Leben erfolgreich meistern und seine Lebenswelt zufriedenstellend gestalten zu können?

Der Mensch ist nicht nur mit seiner Körperlichkeit so ausgestattet, der Lebenswirklichkeit gewinnbringend gegenüberzutreten. Die Evolution des Bewusstseins hat ihm geistig-kognitive Kompetenzen auf den Weg gegeben, die mehr als jedem anderen Lebewesen die Möglichkeit gibt, weltbeherrschend seiner Lebenswirklichkeit zu begegnen – und das nicht immer zu seinem Vorteil.

Für den Menschen gibt es keinen Grund, achtlos durch das Leben zu gehen. Der evolutive Weg des Menschen *erfolg*te raus aus instinktiven Verhaltensmustern, führte vom archaischen zum kognitiven Denken. Die erworbenen Fähigkeiten, Werkzeuge mittels Werkzeugen herzustellen und über eine antizipatorische, auf Kooperation stützende Sprache zu verfügen, machten ihn zweifellos als Naturwesen einzigartig.

Mensch und Tier unterscheiden sich keineswegs in der Tatsache, dass sie über Sinne(sorgane) verfügen. Sie sind – mehr oder weniger entwickelt und ausgeprägt – ein Produkt der Evolution höher entwickelter Lebewesen.

Augen und Nase, Ohren und Haut, die Kontaktfähigkeit der menschlichen Hände, und nicht zuletzt die Geschmacksnerven auf der Zunge sind *die* Organe, die die geistig-sinnlich-kognitiven Brücken zwischen der Au-

---

[92] Vgl. H.-J. Stöhr: Scheitern im Grenzgang, Romeon Verlag, Kaarst 2017, S.16 ff., 96 ff.

140

ßenwelt und der *denkbaren* Lebenswelt des Menschen herstellen können.

Für uns denkende und mit Bewusstsein handelnde Menschen stellt sich, seitdem das Philosophieren im menschlichen Denken Einzug gehalten hat, die Frage nach der Quelle von alledem, was wir an Gedanken bzw. Ideen in uns tragen. Inwieweit können wir dem trauen, was wir beobachten, wahrnehmen oder erfahren? Inwieweit ist Verlass, dass unser Fühlen und Denken und das, was wir aufgrund dessen in der Folge tun, richtig ist?

Die Frage nach der Quelle und Wahrhaftigkeit erworbenen Wissens hat den Menschen fortan begleitet. Bis heute haben diese lebensrelevanten Fragen keineswegs an Bedeutung eingebüßt. Die Verlässlichkeit über das, was von der Außenwelt in die Welt des menschlichen Bewusstseins dringt, steht auf den Prüfstand. Zweifel über vermeintliche Gewissheiten sind immer wieder begründet, aber auch unberechtigt. Nicht selten unterliegen wir lebenswirklichen Täuschungen, die anhaltend unser Leben begleiten und der Korrektur bedürfen.

Der Zugang zu alledem, was wir Wissen oder Erkenntnis nennen, ist zu einem großen Teil über unsere Erfahrung gewonnen, die wir u. a. über unser praktisches Handeln machen. Unsere Sinne sind uns dabei eine grundlegende Stütze. Wir nehmen mit deren Hilfe Informationen über unsere Außenwelt auf. Wir haben zuvor deren Ereignisse beobachtet und verdichten sie im Geiste in Form von Wahrnehmungen, die wir wiederum in unserem Bewusstsein (Gedächtnis) verinnerlichen und als Erfahrung bzw. Wissen aufheben. Sie bilden die Grundlage für unsere Deutungen, Interpretationen, Urteile, Bewertungen bzw. Schlussfolgerungen.

Wenn wir uns den o. g. **Phänomenen menschlichen Bewusstseins** zuwenden, so vor dem Hintergrund, durch sie eine Brücke zum Spirituellen und ggf. auch Digitalen zu bauen. Insofern stellt sich die Frage: Wie hilfreich sind die Erklärungen dieser Denkformen für den Zugang zum Spirituellen und Digitalen? Wie lässt sich Beobachtung, Wahrnehmung und Vorstellung beschreiben, die uns unterstützen, das Spirituelle und Digitale in unserer Lebenswirklichkeit besser zu verstehen?

Die Ausgangsüberlegung ist, dass das Spirituelle in den genannten Phänomenen des menschlichen Bewusstseins begründet ist. Oder anders formuliert: Die Beschreibung des Spirituellen setzt ein Verständnis von

Beobachtung, Wahrnehmung und Vorstellung voraus. Der Weg zum Digitalen zeigt sich diesbezüglich eher vermittelt. Es benötigt Wissen und technische Konstruktivität, die über das Sensitive und Wahrnehmbare hinausgeht, ohne dabei menschliche Vorstellungskraft außer Acht zu lassen.

Beobachtung. Schnell ist die Verbindung zu jenen Worten wie Achtung oder Obacht hergestellt. Achtsamkeit und Aufmerksamkeit als Eigenschaften menschlicher Bewusstseinstätigkeit fallen hier ins Gewicht.

Das wirft die Frage auf, ob das Beobachten ausschließlich eine Geistestätigkeit des Menschen ist oder ob wir es auch ausgewählten Tieren – z. B. Säugetieren, insbesondere den Primaten – zuordnen können. Schauen wir uns deren Verhalten an, so liegt der Schluss nahe, dass das Beobachten nicht zwingend an das *menschliche* Bewusstsein geknüpft ist. Die hier angesprochenen Tiere verfügen über Sinne wie wir Menschen. Sie können hören und sehen, reagieren empfindsam über die Nase und die Haut; sie verfügen zweifelsohne über einen Geschmackssinn. Im Gegensatz zum Menschen, der mit seinem Bewusstsein seine Sinne gezielt und zweckgebunden einsetzen kann, folgen Tiere dem angeborenen Instinkt.

Beobachtung ist ein Vorgang der ideellen Abbildung der Außenwelt.[93] Sie ist ein Akt, über die Sinne die äußere Welt in eine innere, gedankliche, geistig reflektierte zu verwandeln. Darin unterscheiden sich Mensch und Tier nicht. Beobachtung ist eine Form der Widerspiegelung[94] von Lebens-

---

[93] Mit Außenwelt ist nicht nur jene gemeint, die sich außerhalb des Menschen befindet. Sie schließt auch die Körperwelt des Menschen ein. Wir können unseren eigenen Körper (z. B. Körpersprache) beobachten, wie er reagiert. Über dies hinaus sind wir auch in der Lage, unsere ausgesprochenen Gedanken, unsere Sprache zu beobachten.

[94] Die Widerspiegelung kann als eine allgemeine Eigenschaft sowohl im Materiellen wie im Ideellen angesehen werden. Es ist ein Vorgang, in dem Abbilder auf der Grundlage von Urbildern erzeugt werden. So ist der Fußabdruck das Ab-Bild des Ur-Bildes Fuß, der durch seine Kraft und Form eine Fußspur hinterlässt. Ideelle Abbilder haben ihren stammesgeschichtlichen Ausgangspunkt bei den Ringelwürmern, die mittels ihres Strickleiternervensystems – so die Auffassung der Biologen – die elementarste Form eines ideellen Abbildes erzeugen können: Empfindungen. Ihnen sind chemische oder mechanische Reize (materielles Urbild) vorausgegangen, die wiederum (in Bezug hierzu: materielles Abbild) durch Einwirkungen von außen (materielles Urbild) verursacht sind.

wirklichkeiten, die ideelle Abbilder zum Resultat hat.

Ungeachtet der Annahme, dass, wenn auch nicht alle Tiere die Fähigkeit besitzen, ihre Außenwelt zu beobachten und angemessen auf sie reagieren, so ist das Beobachten des Menschen vergleichsweise zu den Tieren ein Akt der geistigen Aufnahme seiner Lebenswelt. Die Urbilder werden über die Sinne in ideelle Abbilder verwandelt und verinnerlicht. Sie gelangen in den menschlichen Arbeitsspeicher – in das Gehirn – und werden in ihm als Gedächtnis[95] abgelegt. Dieser Arbeitsspeicher ist der Ort des Denkens, Lernens, Entscheidens und Handelns. Die Areale sind im menschlichen Gehirn an unterschiedlichen Orten angelegt. Das Zentrum befindet sich im präfrontalen Kortex, dem vorderen Teil der Großhirnrinde.

Das Beobachten braucht die Sinne, alle oder ausgewählt als dessen natürliche Grundlage. Sie erzeugen sogenannte Sinneseindrücke, die wir in Gedanken- oder Sinnesbilder zusammenfassen. Diese Bilder sind in ihrem Charakter elementar, d. h. sie sind mittels geistiger Kompetenz das *Feststellen* von Tatsachen und Ereignissen. Eine Beobachtung ist ein ideelles Festhalten einer äußerlich vom Bewusstsein bestehenden Gegebenheit. Der Beobachtung liegt ein Komplex von Sinnesempfindungen zugrunde. Das Gesamtpaket, das im menschlichen Bewusstsein ankommt, ist das Beobachtete.

Beobachtungen und aus ihnen gewonnene Feststellungen lassen sich auf Tat-Sachen zurückführen. Sie sind es, wenn sie als solche beweisbar, nachvollziehbar und ggf. wiederholbar sind. So sehr wir die Beobachtung als eine wichtige Grundlage menschlichen Denkens anerkennen, so sehr zeigen uns auch Erfahrungen und gewonnene Denkresultate, dass sie mit Wahrnehmung gemixt uns von den Tatsachen-Beobachtungen wegführen.

Wahrnehmung. „Erkenne die Welt!" – So ließe sich das Motto der antiken europäischen Philosophie beschreiben.[96] Die *Welt*erkenntnis war

---

[95] Das Gedächtnismodell geht von einer Dreistufigkeit aus: das sensorische Gedächtnis, Kurzzeit- und Langzeitgedächtnis. Dieses Modell wurde 1968 von den Psychologen R.C. Atkinson und R. M. Shiffrin konzipiert. Es soll uns helfen, den Prozess der Informationsverarbeitung und -speicherung sowie die Bildung von Erinnerungen besser zu verstehen.

[96] Vgl. Richard David Precht: Erkenne die Welt, eine Geschichte der Philosophie, Bd. 1, Goldmann Verlag, München 2015

auch damit verbunden, nach *der* Quelle zu fragen, die das *Wissen* über diese Welt erzeugt. Reichen Beobachtungen aus, Wissen zu generieren? Wenn Beobachtungen Akte des Feststellens und Sammelns von Tatsachen sind, so wäre das lediglich ein Anhäufen von sogenannten Wissenselementen. Jedes steht für sich, unabhängig voneinander. Wir können sie als Daten oder Informationen benennen. Die gemessene Lufttemperatur von 18 Grad Celsius ist genauso eine festgestellte Beobachtung wie jene, dass die Erde sich um die Sonne bewegt. – Wir nennen es Faktenwissen. Keiner würde auf die Idee kommen, daran zu zweifeln oder es in Frage zu stellen.

Doch was ist eine Wahrnehmung? Was unterscheidet sie von einer Beobachtung, einer aus ihr gewonnenen Feststellung? Ist sie mit Erkenntnis oder Wissen vergleichbar? Wohl kaum. Eine Wahrnehmung geht über eine Beobachtung hinaus. Sie hat das Beobachten zu ihrer Grundlage. Sie greift auf das Beobachtete zurück, ohne es selbst zu sein. Sie ist auch nicht Erkenntnis oder Wissen, die bei Weitem mehr sind als Wahrnehmung.

Eine *Wahrnehmung* ist ein »Vor-Gang« in unserem Bewusstsein, der auf dem Abbilden unserer Lebenswirklichkeit mittels unserer Sinne basiert. Sie ist das *umgewandelte Beobachtete* durch das Hinzutun von vorhandenen Inhalten (gespeicherten Gedanken und Ideen, gemachten Erfahrungen und bestehenden Gefühlen) im sowie eine Fähigkeit des menschlichen Bewusstseins, mit deren Hilfe die Lebenswirklichkeit abzubilden.

Der Mensch ist in der Lage, auf der Grundlage von Erfahrungen und Wissen, erlangten Werten des Lebens und situativ abrufbaren Gefühlen jenes erworbene Beobachtungsmaterial zu deuten, zu interpretieren, zu bewerten bzw. zu beurteilen. Der Mensch bringt sich mit seinem geistigen Potenzial ein, gemachte Beobachtungen zu schöpfen und den größten Teil durch Umwandlung in Wahrnehmungen für sich anzueignen.

Wenn die o. g. Messtemperatur von 18 Grad Celsius zur Schlussfolgerung hat, dass diese Temperatur zu kalt sei, dann unterliegt dieser Fakt einer menschlichen Einschätzung und Bewertung in Bezug auf aktuelles oder späteres Entscheiden bzw. Handeln. Die Wahrnehmung „zu kalt" hat mit der Lufttemperatur selbst nichts zu tun, sondern folgt ausschließlich einer menschlich-subjektiven, aus Erfahrung gemachten vergleichbaren Einschätzung. Diese Subjektivität schließt jede Objektivität aus, auch wenn sie die Grundlage für die Wahrnehmung bildet. Ein getroffenes Urteil ist für den Menschen von praktischem Wert. Es signalisiert eine umzusetzende Veränderung. Eine Abkühlung oder Erwärmung der Temperatur wird wünschenswert.

Es sind vor allem die Sinnes-Wahrnehmungen, also Wahrnehmungen, die wir mittels der Sinne aus den gemachten Beobachtungen schöpfen und sie deuten. Die Beobachtung wandelt sich in eine vom Menschen *interpretierte* Wirklichkeit um.

Wie stark die Subjektivität in eine Wahrnehmung hineinreicht, wird erkennbar, wenn sie von Verzerrungen oder Vereinfachungen, Hinzufügungen oder Weglassungen bestimmt ist, selbst dann, wenn diese schwer auszumachen sind. Es ist die vielfach beschriebene Fata Morgana, die wir nicht oder viel zu spät als Sinnes-Täuschung erkennen, stattdessen als Tatsachen-Beobachtung aufnehmen. Wahrnehmungen sind insofern verführerisch und lenken uns in eine gedachte, statt in eine objektive Realität. Aus der Täuschung wird bei Aufklärung und näherem Hinsehen eine *Ent*täuschung; wir werden so wieder auf den Boden der Realität zurückgebracht.

Es ist beileibe nicht immer so, dass Fehlwahrnehmungen sich schnell aufklären lassen. Stattdessen bleiben sie über Generationen hinweg im Dunkeln. Das Streben nach Aufklärung und Geheimnissen (Mythen) der Lebenswelt auf die Spur zu kommen ist tief im menschlichen Denken und Handeln verankert.

Noch offenkundiger werden Wahrnehmungen, wenn unsere Beobachtungen von vermeintlichen Natur-Wahrheiten, persönlichen Interessen und Bedürfnissen, von Einstellungen und Glaubenssätzen durchtränkt sind.

Selbst mit bester Absicht und bestem Wissen und Gewissen, Beobachtungen gemacht und festgestellt zu haben, laufen wir Gefahr, sie als solche festzuschreiben und nicht oder erst später erkennen, dass es eine Wahrnehmung war, die uns u. U. einen Irrtum bescherte. Wie lange war der Mensch in der Annahme und überzeugt im Wissen durch gemachte vermeintliche Beobachtung, dass alle Himmelskörper sich um die Erde bewegen.

Wir wissen auch aus der Kognitionspsychologie, wie schnell der Mensch Wahrgenommenes als eine wahre Erkenntnis deklariert, einen Zweifel gar nicht erst aufkommen lässt und erst sehr spät Wahrnehmungstäuschungen aufgedeckt werden. Von diesen Täuschungen gibt es in unserer Lebenswelt reichlich. Die Psychologie kennt den Primär-, Halo- und Referenzeffekt, den Kontrast- und Ähnlichkeitsfehler und die Vielzahl von Sinnestäuschungen, die zu Fehlurteilen führen.

Wahrnehmungen[97] sind sehr komplexe, über sie hinausgehende, wiederholende Beobachtungen, die wir nicht aus der Unmittelbarkeit des Lebens schöpfen. Wahrnehmungen sind im menschlichen Denken vollziehende Umbewertungen, gedanklich verarbeitete Beobachtungen, die einer menschlichen Beurteilung unterliegen. Adjektive wie z. B. *schön, böse, hässlich oder größer* sind sprachliche Ausdrücke, die nicht eine Einzelbeobachtung zum Ausdruck bringen, sondern sie sind aus einem gedanklichen, mit Erfahrung verbundenen Gesamtbild entstanden. Viele Einzelbeobachtungen gleichen Charakters verschaffen uns Wahrnehmungen, die Urteile bzw. Bewertungen in sich tragen, aus denen umgekehrt sehr schwer Beobachtungen zurückführbar sind.

In allem ist die menschliche Fähigkeit zur Wahrnehmungsbildung ein Geschenk der Evolution menschlichen Bewusstseins. Es ist die Fähigkeit des Menschen, über die Sinne seiner Lebenswirklichkeit auf den Grund zu gehen, Erfahrungen zu machen und Erkenntnisse zu gewinnen, wie seine Lebenswelt aufgebaut ist und funktioniert. Es sind die daraus geronnenen Urteile und Werte, die dem Menschen Halt geben und die Welt für ihn beherrschbar bzw. kontrollierbar machen.

Der Nutzen für den Menschen, nicht nur die Lebenswirklichkeit zu beobachten, sondern sie auch wahrzunehmen, liegt auf der Hand. Beobachtungen reichen für eine Lebensweltaneignung nicht aus. Sie bleiben anschaulich. Ohne Praxis bleibt die Lebenswirklichkeit unverändert und gibt keinen Raum für menschliche Entwicklung frei.

Es ist als Voraussetzung eine kognitive Denkfähigkeit erforderlich, Erfahrung und Wissen in Handlung transformieren zu können. Das kognitive Zwischenglied ist die Wahrnehmung. Der Mensch verfügt über die geistige Kraft, Beobachtetes in eine Bewertung bzw. Beurteilung umzuwandeln, um aus ihnen Entscheidungen zu generieren und Handlungen abzuleiten. Dabei ist es zunächst unwichtig, ob sie Erfolg versprechen oder nicht. Es

---

[97] Vgl. auch Sarah Bakewell: Das Café der Existenzialisten, C. H. Beck, München, Paperback 2019, S. 261 ff.

ist die Hoffnung bzw. die Zuversicht des Menschen, dass sie in sein Leben passen. Sollte das nur bedingt möglich sein, so verfügt der Mensch über hinreichend Kreativität, seine innere Welt an die äußere anzupassen. Die Entstehung des Götterglaubens im menschlichen Bewusstsein ist hierfür beispielgebend.

Das wirft die Frage nach dem Wahrheitsgehalt von Wahrnehmungen auf: Können unsere Wahrnehmungen wahr sein? Was würde das bedeuten, wenn Wahrnehmungen außerhalb des »Wahren« zu verorten sind?

Eine Antwort darauf zu geben ist keinesfalls nebensächlich. Sie macht uns nicht nur auf deren Erkenntniswert aufmerksam, sondern führt uns dahin, wie mit dem Spirituellen und Digitalen umzugehen ist.

Unsere Wahrnehmungen zeigen sich in unterschiedlichem Charakter und Wert. Sie haben die Beobachtungen zwar zur Grundlage, aber das Ergebnis einer Wahrnehmung fällt nicht immer gleichwertig aus, weil deren Qualität nicht nur an die Beobachtung und deren Inhalt knüpft, sondern vor allem durch die Qualität der menschlichen Transformationsfähigkeit, Sinnesereignisse in Wahrnehmungen umzuwandeln, bestimmt ist.

Bei aller Subjektivität, die Beobachtungen und Wahrnehmungen zukommt, ist vergleichsweise die bei einer Wahrnehmung im höheren Maße ausgeprägt. Der Input an wertebestimmenden Gedanken ist wesentlich größer. Die Wahrheitsfindung ist bei gemachter Beobachtung wesentlich leichter und begründbar.

Wahrnehmungen sind keineswegs bei Wahrheitsfindungen ausgeschlossen. Sie lassen sich ebenso auf Wahrheitsgehalte überprüfen. Doch der Zugang ist bei Weitem beschwerlicher, weil deren Beweisbarkeit oft ausbleiben muss, weil der tatsächliche Zugang zur Lebensrealität fehlt. Ihnen fehlt es an durchschlagender Beweiskraft.

Aus einer erlebten Nahtoderfahrung abzuleiten, dass die Seele sich vom Körper herauslösen und ein eigenes Leben leben kann, führt uns auf den Weg, wie unkompliziert es für den Menschen ist, aus einer Sinnes-, Gefühls-, bzw. Körperwahrnehmung in eine Welt hineinzugleiten, die über das Wahrnehmen hinausgeht. Wahrnehmungen sind der kognitive und emotionale »Türöffner« für weitere im Menschen ansässige Denkformen, die im menschlichen Bewusstsein begründet sind, jedoch im stärkeren Maße von der Rationalität *und* Kreativität des Denkens bestimmt sind.

147

Vorstellung, Annahme und Vermutung. Es gehört zur Einzigartigkeit des Menschen, kraft seiner kognitiven Denkfähigkeit, sich in Sprache und Tun antizipatorisch, also vorausschauend, zukunftsweisend auszudrücken. Der Mensch ist sogar in der Lage, Gedanken ohne praktischen Lebensbezug zu produzieren. Er vermag *Etwas* zu denken, das gar nicht oder nur vermittelt mit der Außenwelt des menschlichen Lebens in Verbindung steht.

So ist es nicht verwunderlich, dass der Mensch über Denkfähigkeiten verfügt, die wir Vorstellung, Annahme oder auch Vermutung nennen. Es sind Denkleistungen von hoher Kognition und Kreativität. Wir bewegen uns in einer Welt von Gedankenbildern, die kraft menschlicher Kreativität entstehen und die Eigenschaft haben, frei von der tatsächlichen Lebenswirklichkeit zu sein, in ihrem Dasein zur äußeren Lebenswelt inadäquat sind – und das mit beispielloser Mannigfaltigkeit.

Was ist eine Vorstellung? In unserer Alltagssprache sind uns Vorstellungen bekannt, soweit wir sie als einen Kino-, Theater- oder Konzertbesuch verstehen. Das Bild hat seine Berechtigung, weil die Zuschauenden von ihren Plätzen aus sich *vor* die Bühne *stellen*. Das, was auf ihr passiert, ist das Vorgestellte, das Gegenüberstehende – der Akt einer Vorstellung. Übertragen wir dieses Bild auf das, was als Vorstellung im menschlichen Bewusstsein passiert, so haben wir es hier mit der gleichen Konstellation zu tun. *Vor-Stellen* heißt, dass ich etwas vor mich stelle oder besser, dass ich mir etwas im Geiste, also gedanklich, vorstelle. Das Vor-mir-Gestellte ist das mir Gegenüberstehende. Aus dieser Perspektive lässt sich dieser *Gegenstand* nun betrachten. Wir können uns nun über ihn Gedanken machen. Sich etwas vorstellen zeugt von der geistigen Fähigkeit der Einnahme eines Perspektivwechsels – sei es räumlich, zeitlich oder situativ in Bezug auf eine Gegebenheit.

Stellen Sie sich vor, Sie wären eine Maus. Wie könnte in dieser Situation Ihr Mäuseleben aussehen? Was würden Sie sich von einem derartigen Leben wünschen? Welchen Risiken wären Sie ausgesetzt? Welche Vorteile hätte dieses Leben im Vergleich zu ihrem vorigen Menschenleben etc.? Die aufkommenden Gedanken ließen viel Raum für kreative Ideen und neuartiges Verhalten, die aus einer derartigen Vor-Stellung erwachsen. Gedankenexperimente dieser Art können das Leben bereichern und neue

Möglichkeiten zum bisherigen Leben eröffnen.

Die Fähigkeit Vorstellungen zu entwickeln, d. h. gedankliche Bilder *in* unserem Bewusstsein vor unserem eigenen inneren Auge zu *ent*werfen, gehört zu jener Kompetenz und dem kognitiven Mittel menschlicher Kreativität, die uns neue Räume unserer Ideenwelt erschließen.

Mit den Vorstellungen in unserem Bewusstsein kreieren wir eine zusätzliche Welt – eine Welt voller Ideen, Gedanken mit möglichen Schlussfolgerungen. Sie haben in Vielem ihre Quelle in der Außenwelt des menschlichen Bewusstseins. Mit dem Zutun an Ideen, mit der Kreation neuerlicher Gedanken und Denkkombinationen schaffen wir *Ver*rücktes, das wir in der menschlichen Außenwelt nur teilweise oder gar nicht finden und eröffnen mit ihm neue Möglichkeiten der Wirklichkeitsbewältigung. Das menschliche Bewusstsein erschließt sich eine zweite Ideen-Welt, die kein Abbild der Lebenswirklichkeit, der ersten Ideenwelt, ist, sondern sie ist eine aus sich selbst heraus erzeugte, geistige Welt – des Menschen zweite Ideenwelt.

Vorstellungen sind gewachsene Bilder in unserem Bewusstsein, gespeist von der Lebenswirklichkeit bis hin zur ausschließlichen kreativen menschlichen Fantasie. Vorstellungen erlauben, »Etwas« frei von der außerhalb des Bewusstseins existierenden Realität zu denken. Der Mensch ist neben der Außenwelt in der Lage, sich seine Gedankenwelt in Verbindung mit, teilweise oder ohne konkreten Lebensbezug zu schaffen. Sie steht für Fantasien, Träume des Lebens, Gedankenverknüpfungen und geistige Vorwegnahmen von Realitäten, die der Realität entbehren. Der Mensch schöpft Erfindungen, die oftmals als kognitive Antizipationen einer zu kreierenden Wirklichkeit gelten. Ersteres ließe sich dem Spirituellen zuordnen. Das Digitale lebt in der Welt technischer, in der Natur fehlender Kreationen.

Vorstellungen zeugen von einer gewaltigen Geisteskraft des menschlichen Bewusstseins, über sie Energie und Motive des weiteren Denkens und Handelns freigesetzt werden. Es ist zweifellos ein Novum menschlichen Seins, das im Bewusstsein bewusst gewordene Sein mittels Vorstellungen auszuformen, zu entwickeln – zu *ent*werfen. Es ist der *Ent*-Wurf aus dem Bewusstsein in die Lebenswelt, das auch seine Quellen außerhalb von ihr hat und sie durch Neues bereichert.

Das menschliche Bewusstsein trägt das Potenzial in sich, eine Vorstellung aus ihrer eigenen Umklammerung zu befreien. Mit Hilfe der Kreativität des Bewusstseins können *vorgestellte* Ideen mit neuerlichem, geistigem und materiell-gegenständlichem Equipment zu Dingen des Lebens gewandelt werden. Technische Erfindungen sind hierfür beredte Zeugnisse, wie aus gedanklichen Vorstellungen und Ideen Neues für unser praktisches Leben *wird*. Gemalte Bilder, Science-Fiction oder Fantasie-Romane komplettieren die Ent- bzw. Aus-Wurffähigkeit menschlichen Bewusstseins, aus Vorstellungen neue Realitäten werden zu lassen.

Sehr eng mit Vorstellungen verwandt sind *Annahmen*. Eine Annahme ist ein Produkt menschlichen Bewusstseins, eine Form kognitiver Gedankenleistung. Das Besondere einer Annahme im Vergleich zu einer Vorstellung ist, dass sie sich durch eine geistige Vorweg*nahme* eines *möglichen* Ereignisses auszeichnet. Während eine Vorstellung den Freiraum einer absoluten Kreativität des Kombinierens von Gedankeninhalten genießt, ist eine Annahme im Hinblick auf seine Funktion in einem weit höheren Maße an die Lebenswelt geknüpft. Annahmen zeichnen sich darin aus, dass sie an Bedingungen bzw. Voraussetzungen gebunden werden.

Eine Vorstellung in unserem Denken geht von einer Bildbeschreibung aus. Sie zeichnet eine fiktive Realität. Aufgeschriebene Märchen oder gemalte Bilder sind nachgereichte Vorstellungen, die aus dem menschlichen Bewusstsein geschöpft sind und dennoch eine Verbindung zur Lebensrealität haben. Nicht selten beschreiben Vorstellungen Geschichten. Eine Annahme – so der hier gezeichnete Unterschied – formulieren wir i. d. R. vor dem Hintergrund eines vorausschauenden, weiterführenden Denkens und Handelns. Eine Annahme ist eine realitätsbezogene oder auch fiktive Prämisse. Es ist ein gedankliches Vorausschicken (Voraussetzen), um auf dieser Grundlage Schlussfolgerungen für unser Denken, Entscheiden bzw. Handeln zu entwickeln. Annahmen zeugen von vorausschauendem Denken, das uns behilflich ist, unsere wahrheitstreuen Lebensbilder zu finden.

Insofern ist eine Annahme ein *formulierter* Gedanke, den wir auch – vor allem im Bereich wissenschaftlicher Arbeit – als Hypothese kennen. Sie ist eine auf den Punkt gebrachte Aussage mit *einem* in ihm verfassten Merkmal (Kriterium, Bedingung, Voraussetzung), das für weiteres Denken im Sinne einer zu leistenden Verifikation/Falsifikation steht. Die Überprüfung des Wahrheitsgehaltes, die Praxis- bzw. Anwendungsnähe des in der Annahme formulierten Inhaltes spielt im Gegensatz zu einer Vorstellung eine entscheidende Rolle. Hierin zeigt sich ein wesentlicher Unterschied zwischen Vorstellung und Annahme.

Natürlich können Vorstellungen auch den Charakter einer Annahme einnehmen. In diesem Sinne werden Vorstellungen zur Annahme. Vorstellungen haben ein starkes Narrativ; sie erzählen uns eine Geschichte. Mit einer Annahme verbinden wir i. d. R. einen Gedanken, einen Satz, eine These, worauf sich das weitere Denken in einem logischen Schluss aufbaut und zu Ende gebracht wird. Das hindert uns nicht daran, auch Narrative als Annahmen zu deklarieren.

Sehr eng mit einer Annahme verbunden ist das, was wir als *Vermutung* bezeichnen. Eine Vermutung oder auch Mutmaßung ist vom Charakter her eine ungesicherte, nicht verifizierte Erkenntnis. Vermutungen zeigen sich im Wissen als ungesicherte Narrative. Wir sind uns des Wissens nicht gewiss. Während eine Annahme den Anspruch hat, im Kontext der Wahrheitsfindung verifiziert bzw. falsifiziert zu werden, bewegen Vermutungen sich eher im Bereich des Spekulativen, ohne einen zwingenden Anspruch, sich auf Wahrheitssuche befinden zu müssen.

Vermutungen nähren Spekulationen; sie lassen uns vielleicht etwas erahnen – fernab soliden Wissens. Es ist ein Narrativ, dass i. d. R. außerhalb der Beweisführung steht. Das macht die Suche nach dem Wahrheitscharakter einer Spekulation in besonderer Weise interessant. Sie weckt u. U. den Schein einer Wahrheitssuche, ist aber per se an dieser nicht interessiert. Vermutungen sind gewollt oder ungewollt genährte Spekulationen, vor allem dann, wenn es nicht der Wahrheitsfindungen dienen soll. Vermutungen sind Hoffnungen auf Wahrheit, im Glauben, dass sie uns zur Gewissheit bzw. Wahrheit führen. Die methodische Solidität von Wahrheit und Erkenntnis ist das Instrument der Annahme, weil sie per se der Wahrheit verpflichtet ist.

Weder das Spirituelle noch das Digitale ist frei von diesen Denkformen. Ihre Welten sind voll von Beobachtungen und Wahrnehmungen, Vorstellungen, Annahmen und Vermutungen. Als Formen kognitiven Denkens unterstützen sie das Spirituelle wie das Digitale in ihrer Existenz und Ausgestaltung, auch wenn deren Ausprägungen unterschiedlich zu verorten sind.

Animistisches und archaisches Denken geht insbesondere auf Beobachtungen und Wahrnehmungen zurück, auf deren Grundlage sich Vorstellungen über die menschliche Lebenswelt entwickelten. Diese kognitive Fähigkeit war Bedingung, dass eine derartige Denkweise möglich wurde. Wir können davon ausgehen, dass Beobachtungen und Wahrnehmungen und die daraus erwachsenen Vorstellungen des Menschen über dessen Lebenswelt die Herausbildung des Animismus für eine zweckdienliche Wirklichkeitsbewältigung unterstützte. Die kognitiven Denkmethoden des Menschen qualifizierten seine Denkarten, die wiederum die menschlichen Denkinstrumente verfeinerten. Zwischen ihnen gab es über eine lange Zeit ein förderliches Miteinander.

Das Digitale, aus dem Analogen technischer Gegebenheiten (Instrumente und Verfahren) hervorgegangen, war in seiner Entwicklung ein kognitives Denkpaket, das alle Denkmittel in sich einschloss. Sein Weg zu dem, was es heute ist und sein wird, ist ein Produkt höchster technischer Denk- und Entwicklungsleistung.

Was das Spirituelle in diesem Kontext von dem Digitalen unterscheidet, sind nicht die mit ihnen einhergegangenen Denkmethoden, sondern deren Entwicklungswege. Das Spirituelle schöpft aus der Naturkraft der Evolution menschlichen Bewusstseins, die zum animistischen und später zum archaischen Denken führte. Das Digitale ist ein Produkt menschlicher Geistesleistung auf der Grundlage und mit Hilfe aus Natur gewandelter Technik. Dies war nur möglich über eine Evolution des Kognitiven. Das menschliche Denken bis hin zur Fähigkeit, digitale Technik zu kreieren, wäre ohne ein im menschlichen Bewusstsein entstandenes und angelegtes archaisches Denken nicht möglich gewesen, das von den o. g. Denkmitteln getragen wurde.

Spirituelles und Digitales sind evolutiv und kognitiv im starken Maße verwandt – mehr als die Betrachtungen bisher vermuten lassen. Das Bild des Zusammenhangs wird sich verstärken, wenn es im zweiten Teil des Buches darum geht, die Wechselwirkung und deren gegenseitige Einflussnahme zwischen ihnen aufzuzeigen.

Erfahren, Erkennen, Wissen · Gewandeltes bewusstes Sein

Beobachtungen und Wahrnehmungen einerseits Vorstellungen, Annahmen und Vermutungen andererseits sind Instrumente unseres menschlichen Denkens, die wir uns zu Nutze machen. Sie sind uns hilfreich bei unserer Wirklichkeitsbewältigung.

Wir erfahren im Laufe unseres Lebens, dass wir über ein derartige »Werkszeuge« verfügen und verfeinern in unserer Lebenspraxis ihre Anwendung. Wir haben gelernt, sie mehr oder weniger gezielt einzusetzen. Wir wissen um ihre Funktion und Bedeutung und kennen ihre Werte für die Gestaltung unserer Lebenswirklichkeit. Stünden uns diese Denkinstrumente nicht zur Verfügung, wäre der Unterschied zwischen Mensch und vielen Tierarten gar nicht so deutlich auszumachen.

Dieses Alleinstellungsmerkmal, über ein derartig vielfältiges, hochkarätiges und geistig-kognitives Potenzial zu verfügen, sollten wir uns immer wieder vor Augen führen und uns bewusst machen, welche Denk-Kräfte der Wirklichkeitsbewältigung im Bewusstsein stecken und uns ins Gewissen rufen, mit ihnen verantwortungsvoll umzugehen.

Unser Denken steht mit diesen Instrumenten nicht allein da. Es wird von einer weiteren Spielart unseres Bewusstseins getragen, die weder über oder neben den anderen steht. Eher käme es dem Bild eines Teppichs gleich. Ein exklusiver Faden – durchgängig mit eingewebt –gibt dem Teppich *seine* besondere Note. Dieses außergewöhnliche Fadennetz im Teppich findet seinen Halt und seine Form in den anderen Fäden. Es ist die Rede von gewonnenem **Wissen**, getragen von erlebten **Erfahrungen**, die vielerorts von Beobachtungen und Wahrnehmungen gespeist werden.

Dass es eine derartige Verknüpfung gibt, ist das Ergebnis bioevolutiv-kognitiver und zugleich sozio-technisch-ökonomischer Entwicklung. Es mag uns wie ein Geschenk der Natur vorkommen, die Lebenswelt mit all unseren Sinnen und kognitiven Denkmöglichkeiten zu erfahren und aus den gemachten Erfahrungen einen wesentlichen Teil an Wissen zu schöpfen, das wir zur Lebensbewältigung benötigen.

Diese Exklusivität zeigt sich jedoch in Grenzen. Die Einzigartigkeit jener kognitiven Leistungen ist relativ, weil sie bereits in Teilen evolutiv in der Tierwelt begründet ist. Wie aus vielen Tierexperimenten bekannt und vor allem bei vielen Wirbeltieren nachgewiesen, verfügen sie über ein gewisses Maß an *tierischer Intelligenz*. Gemeint ist: Sie nehmen ihre Welt mit ihren Sinnen wahr und machen in ihrem Leben *ihre* Erfahrungen, die sie abspeichern und nachweislich wieder abrufen können. Aus diesen erwachsen Lerneffekte. Eine Katze findet immer wieder zu ihrem Zuhause zurück. Ein Hund freut sich, wenn er nach Stunden seinem Frau- bzw. Herrchen wieder begegnet. Krähen haben die Erfahrung gemacht, selbst bzw. mit Hilfe ihrer Artgenossen gelernt, wie Nüsse am besten aufgebrochen werden können, indem sie diese aus einer Höhe fallen lassen oder auf die Straße platzieren, damit fahrende Autos mit ihren Reifen die Nuss aufbrechen.

Das Sammeln von Erfahrungen, sie abzuspeichern und für das Leben einzusetzen, ist kein Novum des Menschen. Erfahrungen machen ist demnach nicht zwingend mit *bewusstem* Denken und Handeln verbunden. Erfahrungen sind auch außerhalb des menschlichen Denkens, des Bewusstseins möglich.

Menschliche Erfahrungen wachsen über die tierischen evolutiv hinaus. Ihre Qualität zeichnet sich darin aus, dass sie mit dem Bewusstsein des Menschen einhergeht. Es ist das über die Erfahrung bewusst gewordene Sein. Die menschliche Erfahrung zeigt sich im Seinsbewusstsein, was so viel heißt, dass sie durch den Menschen *bewusst* reflektiert werden kann. Das Bewusstsein über das Selbst des Menschen macht es möglich, die Erfahrung bewusst zu spiegeln. Sie ist der kognitive Boden dafür, dass aus ihr Erkenntnis und Wissen generiert werden können, was der tierischen Erfahrungswelt verborgen bleibt.

Jeder kann von sich sagen, im Laufe des Lebens Erfahrungen *gemacht* zu haben. Wir wissen besonders dann um deren Bedeutung, wenn sie in die Lebenspraxis einfließen und aus ihnen Erfolge wachsen oder ungewollt Fehler bzw. Misserfolge zu Buche schlagen.

Der Wert menschlicher Erfahrung für unser Leben ist unbestritten. Doch was sie ausmacht und wie sie im Zusammenhang mit anderen kognitiven Phänomenen steht, bleibt im praktischen Alltag oft unberührt. Wir geben unser Bestes, wollen das eigene Leben und dessen Umfeld zufriedenstellend gestalten, ohne dass je ein philosophisch-erkenntnistheoretischer Blick auf sie, auf Erkenntnis und Wissen geworfen wird. Werfen wir einen Blick auf von Menschen gemachte Erfahrungen, auf Erkenntnis und Wissen mit Blick auf das Spirituelle und Digitale.

Die *Erfahrung* ist ein Vorgang der ideellen Verarbeitung der Lebenswelt. Hierin unterscheiden sich Mensch und Tier nicht. Baut sich die Erfahrung wie beim Menschen als ein bewusster kognitiver, reflektierbarer Prozess auf, wird die Erfahrung Teil des Seinsbewusstseins. Die Erfahrung wird im Beobachten und Wahrnehmen, im Denken und Handeln zum Produkt des menschlichen Bewusstseins – des Seinsbewusstseins, sich der Erfahrung selbst bewusst zu sein.

Erfahrung ist unmittelbar mit dem Erfahren der Lebenswirklichkeit verbunden. Das Erfahrene steht für Erleben und Erlebnis sowie für Ergebnis eines geistigen Vorgangs im menschlichen Bewusstsein. Sie ist mittels Sinne und Denken verinnerlichtes Erleben, das wir in unserem Gedächtnis als solche oder als Erinnerung abspeichern.

Wenn wir von *Lebenserfahrung* sprechen, so meinen wir, dass wir im Laufe unserer persönlichen Geschichte vieles erlebt haben, was uns direkt oder auch indirekt berührte und einen Zugang zu unserem Bewusstsein gefunden hat. Sie ist bewusst gewordenes Sein.

Lebenserfahrung entsteht vor allem dann, wenn wir mit der eigenen, uns umgebenden Lebenswirklichkeit konfrontiert sind. Aus unseren Beobachtungen, Wahrnehmungen und Handlungen *werden* erfahrbare Lebenseindrücke, die wir in unserem Gedächtnis verinnerlichen. Das Erfahrene speichern wir in unserem Bewusstsein ab. Es gelangt so in unser Kurz- und ggf. später Langzeitgedächtnis. Manchmal verdrängen wir gewollt oder ungewollt Erfahrungen, weil sie von uns als unangenehm, schmerzlich, verletzend wahrgenommen werden, an die man sich ungern erinnern möchte.

Gemachte Erfahrungen, verstanden als Vorgang und Resultat menschlichen Erlebens, sind wichtige Quellen für zukünftiges Handeln. Insofern bilden sie Grundlage und Ausgangspunkt für Gefühle, zu treffende Entscheidungen im Umgang mit sich selbst und der Lebenswirklichkeit.

Aus der Unmittelbarkeit gemachte Erfahrungen stehen nicht für sich allein. Sie werden nicht nur von außen gespeist. Wenn auf Zukunft gerichtetes Denken und Handeln ansteht, fließen gemachte Erfahrungen, Erinnerungen, früher getroffene Entscheidungen, generiertes Wissen mit ein. Der

Blick auf das Gewesene, im Langzeitgedächtnis abgespeicherte früher Erlebte, macht die Erfahrung komplett. Der Sack menschlich gemachter Erfahrungen ist stets ein gewandelter: neue kommen hinzu und bereits gemachte, verinnerlichte Erfahrungen wachen über die Neuankömmlinge und werden auf deren Praxistauglichkeit überprüft. Andere werden verdrängt, um so möglichen Erschwernissen des Lebens und leidvollen Gefühlen aus dem Wege zu gehen.

Es liegt in der Natur des Menschen, dass er dem Erlebten und Erfahrenen für Entscheidungen und Handlungen große Bedeutung schenkt. Er will den eigenen Augen und Ohren trauen wollen. Das über die Sinne Erlebte und damit Erfahrene wird gefühlt dem Wahrsein zugeteilt. Erlebtes und Erfahrenes wird per se als Wahres betrachtet. Alles was aus einem selbst an Erfahrungen entspringt, wird einem besonderen, sogenannten *wahren Wert* für das Leben zugeordnet.

Kritiker mögen diese Überlegung in Frage stellen und meinen, dass die *Selbst*erfahrung, die ihre Quelle sowohl in unserer äußeren Lebenswelt als auch im früheren Erleben, in den Erinnerungen des Menschen hat, keineswegs die einzige ist. Ungeachtet dessen, dass wir hier von Selbst- und *Fremd*erfahrungen sprechen können, sind die letzteren, vor allem in Gestalt von Gruppenerfahrungen, auch jene, die als *kollektives Gedächtnis* beschrieben werden und einen nicht geringen Platz in der Erfahrungswelt des Menschen einnehmen. Sich von ihnen leiten zu lassen, hat vor allem dann Gewicht, wenn die eigenen Erfahrungen für die Meinungs- bzw. Urteilsbildung und das sichere Entscheiden und Handeln unzureichend sind. Die Zuneigung bleibt, dass den eigenen Erfahrungen oft mehr Glauben und Gewissheit zugeschrieben werden als jenen der Mitmenschen.

Die gewonnenen Erfahrungen sind für die Lebensgestaltung unermesslich wichtig, weil sie die Grundlage für ein gutes Leben bilden. Sie sind jene geistigen Helfer, die uns bei der Wirklichkeitsbewältigung unterstützen. Sie wirken wie Korrektoren oder auch Regulatoren, die dafür sorgen, dass wir angemessen und optimal handeln, weil wir uns positive Effekte und im hohen Maße Erfolge sichern wollen.[98]

---

[98] Um nicht einer weiteren Kritik unterlegen zu sein, sei hier angemerkt, dass individuelles wie kollektives Erfahrungswissen eine wichtige Quelle erfolgrei-

Trotz alledem können gewonnene Erfahrungen trügerisch sein, wenn sie unzureichenden Beobachtungen unterliegen, aus und mit ihnen Wahrnehmungen und Deutungen abgeleitet werden, die zu Fehlschlüssen führen können. Oder es werden auf Erfahrung begründete Annahmen gemacht, deren Schlüssigkeit zu wünschen übrig lassen.

Empirische, aus Erfahrung gewonnene Erkenntnisse sind unverzichtbar. Umgekehrt gilt auch, dass Erfahrung durch Wissen begleitet wird. Verifiziertes Wissen stärkt ergänzend den Erfahrungswert bzw. trägt zu dessen Regulierung bei.

Was ist *Wissen,* das uns für unser Leben ebenso wichtig erscheint? Es liegt nahe, dass wir es brauchen, um gut und erfolgreich unsere Lebenswirklichkeiten zu gestalten und kontrollieren zu können. Mit aller Bedeutsamkeit, die wir unserem Wissen beimessen, ist es auch verständlich, dass die Philosophen jeder Epoche und Strömung immer wieder diese Frage aufnehmen: Was und wo ist die Quelle unseres Wissens? Wie gelangen wir zu Wissen? Wieviel Wissen benötigt der Mensch, um seinem Leben die gewünschte Zufriedenheit zu geben? Was ist ihm das Wissen wert? Welchen Platz nimmt es in der menschlichen Kognition ein?

Wenn wir unterstellen, dass neben einer Menge von (gewonnenem) Wissen, auch ein Teil existiert, von dem wir nichts wissen, so liegt der Schluss nahe, dass unserem Wissen im Inhalt und im Umfang Grenzen auferlegt sind. Es sind blinde Flecken – sogenanntes Nicht-Wissen. Das bedeutet: *Erstens.* Wir wissen als einzelner Mensch viel, jedoch können

---

chen Handelns ist. Doch den Menschen steht angesichts der Qualität menschlichen Denkens nicht nur Primärerfahrung (-wissen) und Sekundärerfahrung (Erfahrungswissen über andere Menschen) zur Verfügung. Der Mensch verfügt über die Kompetenz, über diese Erfahrungswelt hinauszugehen und sich ein Wissen anzueignen, das dem logischen, dialektischen, analytischen und synthetischen Denken folgt. Es sind gewonnene Erkenntnisse, die außerhalb jeglicher Erfahrung liegen. Denken wir nur an die vielen Zeugnisse archäologischer Artefakte, aus denen Geschichtsbilder früherer Lebenszeit entstehen, die wir selbst nach Tausenden von Jahren niemals erfahren werden. Oder gehen wir in den Bereich der Astronomie, die heutzutage über ein Handwerkszeug verfügt, Exoplaneten oder andere Himmelskörper aufzuspüren, die außerhalb jeglicher Beobachtung und gemachter Erfahrung liegen, weil deren Existenz errechnet wird.

wir aufgrund unserer kognitiven und zeitlichen Aneignungskapazität nicht alles wissen. *Nicht-Wissen* heißt und entsteht dann, wenn wir Antworten auf Fragen suchen, Wissen generieren wollen, doch der Zugang zur Wissensquelle versperrt ist. *Zweitens.* Wissen bewegt sich in einer historisch-technischen, gesellschaftlich bedingten Klammer. Das heißt: Es ist relativ, im Entstehen an Bedingungen geknüpft, ist von Bestand oder verliert sich in Wirk- und Bedeutungslosigkeit. Eine Absolutheit von Wissen ist uns nicht gegeben. Der Weg zu mehr Wissen steht uns offen, unabhängig davon, welche Gewissheit, welchen Wahrheitsgehalt wir diesem Wissen zuordnen. *Drittens.* Wissen hat für den Menschen einen Wert, somit das Streben nach (mehr) Wissen Sinn macht. *Wissen ist Macht* – ein geflügeltes Wort, das auf den englischen Philosophen Francis Bacon (1561–1626) zurückgeht. Mit seinen Ideen stieß er die Türen für eine neuzeitliche Wissenschaft auf und ebnete die Zeit für die später folgende Aufklärung. Wissen ist ein Gestaltungs- und Herrschaftsinstrument. *Viertens.* Wissen ist End- und Ausgangspunkt für menschliches Denken und Handeln; es steht für Gewinnung, Entstehung und Entwicklung. Wissen ist Zeugnis des Wandels in Wissenschaft und Technik, Gesellschaft und Kultur. Es ist das Ergebnis menschlicher Neugier, des menschlichen Drangs nach neuem Wissen, um sich selbst und die Lebenswirklichkeit beherrschbarer zu machen. Wissen ist stets ein geistig-kognitiver Eingriff in die Lebenswelt. Wenn es Wissen als Abbild des bewussten Seins des Menschen nicht gäbe, stünde der Mensch nackt vor sich selbst, wäre er nicht das, was ihn als einen Menschen ausmacht.

Ich weiß, dass ich nicht(s) weiß soll einst Sokrates (469–399 v. Chr.) gesagt haben, jedoch Platons (428/427–348/347) Apologie zugeschrieben wird. Dieser Gedanke greift die Frage auf: Was kann ich wissen? Es geht um die Möglichkeiten und Grenzen menschlicher Wissensfindung, um das Verhältnis von Wissen und Nichtwissen. In dieser These steckt die Ideenlehre Platons, die eindrucksvoll in seinem als Gedankenexperiment abgebildeten Höhlengleichnis ihren Niederschlag findet.[99]

Wenn wir der Spur von Inhalt und Wert des Wissens nachgehen, so

---

[99] Vgl. Georg W. Bertram, Hrsg.: Philosophische Gedankenexperimente, Reclam Verlag Stuttgart 2012, S. 158 ff.

auch deshalb, weil der Zusammenhang mit dem Anliegen dieses Buches offenkundig ist. Zweifellos braucht die Umwandlung des analogen in digitales Wissen, ein technisches Know-how, gespeist aus Vorwissen, Erfahrung, vorhandener wandelbarer Technik, Neugierde und praktischen Bedürfnissen nach neuen bzw. erweiterten Anwendungen. Technikentwicklung ist nicht ohne Wissen über vorhandene Technik und Kreativpotenzial für Neuartiges möglich. Der Sinn von Wissen über erweiterte Technikapplikationen und Innovationen liegt auf der Hand: Es bedeutet Wandel und damit gesellschaftlichen Fortschritt.

Die Frage nach dem Wert und Sinn von Wissen über und für die Spiritualität ist gleichermaßen nicht unerheblich. Braucht Spiritualität Wissen – wenn ja welches und wie viel? Was sind ihre Quellen?

Machen wir es zu Anfang in der Erklärung einfach: Wissen ist all das, *was ich weiß*. Wissen ist die Gesamtheit von allem, über das der Mensch kognitiv verfügen und zur Anwendung bringen kann. *Wissen* ist die Summe aller im menschlichen Bewusstsein verinnerlichten Erfahrungen, benennbaren Gefühle, gewonnenen Werte und verankerten Lebensziele, -programme, Anschauungen, Weltbilder und Lebensstile. Wissen ist *auch* das geistig Geronnene aus Fakten, Zusammenhängen, Wirklichkeiten aus Natur, Technik und Gesellschaft. Es ist das Resümee kognitiven Denkens mit Schlussfolgerungen, Verallgemeinerungen, Begriffsbildungen und vielfältiger Abstraktionen über und außerhalb menschlicher Erfahrung. Insofern ist das *Wissen das im Bewusstsein bewusstgewordene Sein* mit hoher innerer und äußerer Gestaltungskraft.

„Das *weiß* ich" heißt: Ich verfüge über ein Wissen, mit dem ich zielorientiert das Lebensumfeld gestalten bzw. verändern kann. Wissen ist eine Geisteskraft; sie ist Inhalt und Methode *er*- und *eingreifender* Wirklichkeitsbewältigung.

Was zu alledem macht *Erkenntnis* aus? Worin zeigt sich der feine gedankliche und praktische Unterschied zu dem, was Wissen ist?

Um der Erkenntnis eine angemessene Beschreibung zu geben, liegt es in diesem Kontext nahe, sie mit Erfahrung und Wissen in Verbindung zu bringen. Erkenntnis – das dazugehörige Verb heißt *erkennen*. Wir drücken damit eine Tätigkeit, eine *geistig-kognitive* Tätigkeit aus. Erkennen ist *Weg* dieser Tätigkeit, die eine Erkenntnis zum Ergebnis hat. Erkenntnis steht für

Tätigkeit *und* Resultat. Wir sprechen von einem Erkenntnis*prozess* als Vorgang einer bewusstseinsbezogenen Tätigkeit, die wir mit bestem Wissen und Gewissen ausführen. Vielleicht sollten wir hier von Erkenn*ung* sprechen, um über das Suffix „*-ung*" – wie auch bei vielen anderen Bezeichnungen mit dieser Endung – das Prozesshafte zum Ausdruck zu bringen. Stattdessen steht *Erkenntnis* für Gedanken*veränderung und* Denk*ergebnis*.

Im Erkennen unserer Welt suchen wir einen Erkenntnis*gewinn*, mit dessen Hilfe wir unsere Lebenswirklichkeit weiter erschließen wollen. Der Gewinn kann dabei ein Wissensgewinn sein oder wir finden über ihn einen Zuwachs an praktischer Lebensbeherrschung. Insofern hat das Neugierig-Sein, das Erkennen-Wollen, das Aufdecken unserer Lebensgeheimnisse einen tiefen Wert; und es macht Sinn, auf diese Art und Weise sich seines Menschseins bewusst zu sein.

Erkenntnis als Weg zu neuem Wissen ist auch Methode, ein Instrument, Erkenntnisse zu generieren, die als Wissen ihren individuellen, kollektiven bzw. gesellschaftlichen Platz finden.

An Methoden gibt es reichlich und viele. Wir kennen die Analyse und Synthese, die Induktion und Deduktion oder die Methoden der Logik. Den Einzelwissenschaften steht eine Vielzahl von Methoden zur Verfügung, um zu neuem Erkenntnisgewinn (Wissen) zu gelangen.

In welcher Beziehung stehen *Erfahrung, Erkenntnis und Wissen* zueinander? In welcher Hinsicht macht es Sinn, zwischen ihnen zu unterscheiden? Unsere Sprache hat uns die Worte (Termini) Erfahrung, Erkenntnis und Wissen geschenkt. Wir sollten sie differenziert nutzen. Das ist im Hinblick auf den späteren Diskurs über das Spirituelle und Digitale sinnvoll und hilfreich, wenn es u. a. um die Beantwortung der Frage geht, wie beide zu Erfahrung, Erkenntnis und Wissen in Beziehung stehen und zu verorten sind.

Erfahrung und Erkenntnis. Erkenntnisse greifen zwar auf gemachte Erfahrungen zurück; doch nicht jede Erkenntnis ist auf Erfahrung begründet. Wir schöpfen auch Erkenntnisse außerhalb unserer Erfahrung. Mehr noch: Wir machen (*Selbst-)*Erfahrung auf dem Weg hin zur *Selbst*erkenntnis. Es ist das philosophisch getragene Motto „*Erkenne Dich selbst!*", das das philosophische Denken der Neuzeit, des Barocks und der Aufklärung mit Beginn des 18. Jahrhunderts prägte.[100] – Was bedeutet das für unsere Lebenspraxis?

Wie bereits oben erwähnt, sind unsere im Leben gemachten Erfahrungen aus Beobachtungen und Wahrnehmungen gewonnen. Es ist mit dem Handeln und dem zwischenmenschlichen Umgang ein wichtiges angesammeltes geistiges Repertoire, das wir im weiteren Nach-Denken – wie zum Beispiel mit Hilfe der Reflexion des Erfahrenen – bündeln, neu ordnen, analysieren, verallgemeinern. Es ist der Weg der Erkenntnis, der uns aus der Erfahrung führt, ohne dass uns die Erfahrung verlorengeht. Sie bleibt uns unbeschadet erhalten.

Dieser Weg des Erkennens führt uns zu einem vollständigen oder halbwegs abschließenden Ergebnis. Es ist das Resümee einer gemachten Erfahrung. Es sind getroffene Schlussfolgerungen, Verallgemeinerungen oder neue bzw. veränderte Glaubenssätze, die das persönliche Denken und Handeln bestimmen.

Die Erfahrungen, die wir in unserem Leben machen, können wir selbst einem Erkenntnisprozess unterwerfen. Unser menschliches Bewusstsein verfügt über die Fähigkeit der Selbstreflexion. Wir machen Erfahrung mit unseren eigens gemachten Erfahrungen. Wir machen uns Gedanken über das Erfahrene und wie wir zu dieser Erfahrung gekommen sind. Wir wandeln sie über das (Selbst-)Erkennen in Erkenntnis derart, indem wir uns über den Wert und Sinn von Reflexion und Erkenntnis Gedanken machen. Sind Wert und Sinn der Erfahrung ausgemacht, *werden* sie zu einer wichtigen Erkenntnis.

Eine gewonnene Erkenntnis ist (noch!) kein Wissen. Aus einer Erkenntnis kann Wissen *werden*, muss aber nicht. Wie vollzieht sich diese Transformation?

Erkenntnis und Wissen. Wissen ist verarbeitete, geronnene Erkenntnis. Erkenntnis führt uns zum Wissen. Erkenntnis *wird* Wissen, wenn es die Qualität einer (absoluten bzw. relativen) Gewissheit eingenommen hat.

---

[100] Vgl. Richard D. Precht: Erkenne dich selbst. Geschichte der Philosophie Bd. 2, Goldmann Verlag, München 2017

Wissen unterliegt der eigenen Relativität[101]; sie ist in Bezug auf seinen Wert an Bedingungen – an historisch-gesellschaftliche, menschlich-kognitive, wissenschaftlich-technische – geknüpft.

Wissen ist fragil und unterliegt aufgrund seines relativen Charakters stets neuerlichen Erkenntnisprozessen. Die Erkenntnis ist Antrieb, Regulator und Korrekteur des Wissens. Menschliche Neugier, defizitäre Lebenssituationen, Bedürfnisse und Bedarfe treiben die neuerliche Wissensgenerierung an.

Wir fragen nach dem Wert und Sinn von Wissen, vor allem nach dessen Gewissheit. Sind wir uns der Erkenntnis gewiss, ist sie schlüssig erklärbar, nachvollziehbar, nachweisbar, wandelt die Erkenntnis zu Wissen.

Jedes wieder in Frage gestellte Wissen, dem zuvor eine Gewissheit bescheinigt wurde, wird der Erkenntnis neuerlich zugeführt und fällt ggf. auf den Boden einer (neuerlichen) Erfahrung, um auf dem Weg der Erkenntnis wieder (neuerliches) Wissen gewinnen zu können.

Erfahrung und Wissen. Beide bewegen sich in einem Wechselspiel gegenseitiger Beeinflussung und Anteilnahme. Erfahrungen wachsen über Erkenntnis zu Wissen. Hat es sich etabliert, kann aber aufgrund seiner Historizität auch wieder zerfallen. Neue Erfahrungen, neues Datenmaterial, eine neue Weltensicht etc. führt uns dazu, das bisherige Wissen zu überdenken und ggf. neuerlich zu generieren.

Eine wichtige Quelle von Wissen ist Erfahrung, über die Wissen gewonnen werden kann – aber nicht muss, weil Wissen auch aus sich selbst kreiert werden kann. Jenes gewonnene Wissen leitet sich aus dem Erkennen der Wirklichkeit *außerhalb* jeglicher Erfahrungen ab. Es ist ein Wissen *a priori*. Das *apriorische* Wissen ist ein Wissen, das nicht auf empirisches bzw. erfahrungsbegründetes Wissen zurückgreift, sondern unabhängig von diesem durch logische, theoretische, wissenschaftsbegründete Ableitungen erzielt wird. Es sind geschöpfte Hypothesen, theoretische Annahmen und entstandenes Wissen, dem z. B. Theorienbildung folgt.

---

[101] Die Relativität des Wissens ist dahingehend zu verstehen, dass sie einer ständigen Veränderung unterliegt. Neues Wissen kommt hinzu. Vorheriges wird verworfen, weil es weder zeitgemäß ist noch dem neuen Erkenntnisstand entspricht.

Unser alltägliches Wissen haben wir zumeist bzw. ausschließlich über unsere Erfahrungen rekrutiert. Aus ihnen erwächst unser Alltagswissen. Alltagserfahrung und generiertes Alltagswissen sind der geistige Nährboden unseres alltäglichen Denkens und Handelns. Schnelles und langsames Denken, Versuch und Irrtum sind dabei seine ständigen Begleiter.[102]

In Bezug auf unsere Alltags- und Lebensbewältigung drängt sich in besonderer Weise die Frage nach dem Wert von Erfahrung und Wissen auf. Ohne den Diskurs über Spirituelles und Digitales in den folgenden Kapiteln vorwegzunehmen, so wissen wir, dass das animistische und archaische Denken von menschlicher Alltagserfahrung geprägt ist, aus denen über Erfahrungen Erkenntnisse und Erkenntnisse zu Wissen wurden.

Die *Spiritualität* hat ihre Quelle in der menschlichen Erfahrung – in der Lebensbewältigung zwischen Mensch und Lebenswelt. Sie wuchs mit der Erfahrung heran und etablierte sich als solche auf dem Weg des Erkennens innerer und äußerer Lebenswirklichkeit. Aus ihr wurde dann Wissen (gemacht), das auf die Stufe des Allgemeingültigen gehoben wurde. Es entwickelten sich Denk- und Handlungsprinzipien, die die Spiritualität, das spirituelle Denken und Verhalten zum Grundsatz (Leitbild) des Lebens machten.

In dieser Eigenschaft, d. h. in der Gewissheit der Existenz von Spirituellem, hat sich die Spiritualität ihren Platz in der alltäglichen Lebenswelt erobert und wurde kulturelles Gut menschlichen Zusammenlebens. Aus Erfahrung wurde geronnene Erkenntnis, die zu Wissen heranwuchs; es ist mit Gewissheit unterlegt, ohne zu wissen, ob es zu Recht diese Qualität besitzt.

Soviel sei vorweggenommen: Das Spirituelle und jene Phänomene, denen wir die Eigenschaft des Spirituellen zuordnen, zeigen sich im menschlichen Denken gleichermaßen als a priori und a posteriori – ein gewonnenes Wissen *vor* (außerhalb) und ein Wissen *aus* (mit) unserer Erfahrung.

Weder erkenntnismäßig noch erkenntnistheoretisch lässt sich hier die

---

[102] Vgl. Daniel Kahnemann: Schnelles Denken, langsames Denken, Siedler Verlag, München 2011; Rolf Dobelli: Die Kunst des klaren Denkens, Hanser Verlag, München 2011; Rolf Dobelli: Die Kunst des klugen Handelns, Hanser Verlag, München 2012

Büchse der Pandora unbeschadet öffnen, wenn aus ihr die Fragen drängen: Was ist die Quelle menschlicher Erkenntnis? Was ist Wahrheit? Welche Rolle spielt bei alledem der Glaube? Wie passt er in das menschliche Denken, das mit Erfahrung, Erkenntnis und Wissen verbunden ist.

Kaum andere Begriffe wie Wahrheit und Glaube haben in der Philosophiegeschichte, in Politik und Gesellschaft so viel philosophische Verwirrung gestiftet.

Ein Ende ist nicht abzusehen, wenn Spirituelles und Digitales in diese Fragestellungen eingebunden werden.

Wissen, Meinen und Glauben
Grenzgang zwischen den Wahrheiten

Es ist schon etwas Besonderes, sich darüber bewusst zu sein, über ein Wissen zu verfügen, das uns durch das Leben trägt, uns Orientierung gibt und Sicherheit vermittelt. Es ist unsere geistige Schatzkammer, auf die wir uns verlassen wollen und in den meisten Fällen auch verlassen können. Wir tragen dieses Wissen mit hoher Gewissheit in uns. Es gibt Selbstvertrauen und unterstützt unsere Entscheidungen und Handlungen, mit bestem Wissen und Gewissen das Richtige zu tun. Es hilft uns, unsere Gefühle zu überprüfen.

Wir stellen unser Wissen, einschließlich unserer Erfahrungen und Wahrnehmungen, kaum infrage. Warum auch, weil wir davon überzeugt sind, dass sie richtig sind und erklären sie als Wahrheit.

Unser Wissen ist ein Garant, mit dem wir erfolgreich und zufrieden durchs Leben gehen können.

Doch was ist, wenn wir Enttäuschungen oder Misserfolge erleben? Nicht selten stellen sich Zweifel ein. Wir werden nachdenklich und fragen uns, ob unsere Überlegungen für unsere Entscheidung richtig und das Handeln angemessen war.

Derartige Unsicherheiten erleben wir allzu oft in Lebenssituationen, die in der Bewältigung sehr komplex und schwer durchschaubar sind. Wie oft sehen wir auch über diese hinweg, ohne gezielt zu hinterfragen, was uns zweifeln lässt. Was ist ein *Zweifel*? Wie entsteht er und ist er für unser praktisches Leben von Vorteil und nützlich?

Werden wir uns des Zweifels bewusst, machen wir die Erfahrung, dass vermeintlich unumstößliches Wissen sich als nicht richtig herausstellen könnte. Es drängt sich die Frage auf: Woher nehme ich die Sicherheit, dass mein Wissen wahr und richtig ist? Lassen sich derartige Wissensirritationen vermeiden – wenn ja wie?

Noch grundsätzlicher wird die Frage nach dem *Wert und Sinn unseres Wissens*, wenn wir fragen: Was *können* wir wissen? Sind unserem Wissen und unseren gewollten Gewissheiten Grenzen auferlegt – wenn ja, welche?

Das Suchen nach und Finden von (ewigen, unumstößlichen) Wahrheiten sind für den Menschen von unschätzbarem Wert. Sie gelten als Gewissheiten und vermitteln eine Bestätigung für das eigene Leben. Sie schaffen Vertrauen und geben Orientierung, nach denen der Mensch immer wieder, vor allem in schwierigen, konfliktreichen Lebenssituationen sucht.

Die Frage nach der Wahrhaftigkeit unseres Wissens hat auch eine starke ethisch-moralische Komponente. Da der Mensch die Fähigkeit besitzt, seine Wirklichkeit in seinem Bewusstsein gedanklich so zu konstruieren, dass sie fernab jeglicher Realität liegen kann, bekommt die Frage nach der Wahrheit eine besondere Wertigkeit. Wir werden in diesem Zusammenhang mit den Fragen konfrontiert: Muss das, was ich sage, immer richtig sein? Darf ich grundsätzlich alles sagen, was ich sagen *will*? Darf ich lügen oder bin ich verpflichtet, die Wahrheit zu sagen? Ist dem Sagbaren eine Grenze – welcher Art auch immer – auferlegt?

Letztlich laufen alle oben gestellten Fragen auf eines hinaus: Was ist *Wahrheit*? Was bedeutet sie uns? Was ist sie uns wert? Und: Was dürfen, was müssen wir wissen? Inwieweit haben wir unser Wissen selbst zu verantworten?

Bei alldem schwingt auch mit, in welche Beziehung das Wissen über Meinen (Meinung) und Glauben (Glaube) zu setzen ist. Insofern greift sie in das oben gestellte Fragenpaket mit ein. Das gilt insbesondere, wenn eine Antwort auf die gestellte Frage gesucht wird: Sind Meinungen wahr? Müssen sie das Kriterium des Wahrseins erfüllen? Die gleiche Frage stellt sich für den Glauben, wobei vorab zu klären ist, was jeweils unter Wissen, Meinung und Glaube zu verstehen ist.

Es werden Antworten gesucht – nach bestem Wissen und Gewissen. Es wird um Gewissheiten gerungen – ein zutiefst menschlicher, in ihm wohnender innerer Antrieb, Wahrheiten auszumachen.

Ich bin mir dessen bewusst, dass alle folgenden Überlegungen Gefahr laufen, nicht mit Wahrheiten zu überzeugen, weil Meinungen, Standpunkte oder Thesen zu jeder Zeit dem Zweifel unterworfen und die Wahrhaftigkeit jener entwickelten Gedanken infrage gestellt werden kann. Gerüchte und Vermutungen drücken per se Unsicherheit in der Wahrheitsfindung aus, so dass berechtigt die Frage aufkommt, was sie für uns wert sind. Angesichts der krisen- und coronageschüttelten Gesellschaft ist der Raum für Irritationen und Spekulationen, Mystizismus und Verschwörungsgedanken, gedankliche Überhöhungen und Verwerfungen freigelegt. Mit ihnen öffnet sich die Tür des Spirituellen.

Die *Spiritualität* lebt neuerlich in einem angepassten, modernen Design – und das vor allem vor dem Hintergrund einer wachsenden Durchdringung der Digitalisierung des gesellschaftlichen Lebens. Es liegt nahe, dass sie sich immer mehr gegenseitig in die Hände spielen und deren Räume ineinander übergehen.[103]

Dennoch sei bei aller wohlgemeinten Kritik der Versuch erlaubt, sich kritisch dieser so brisanten Problematik zu nähern. Anlässe hierfür gibt es zur Genüge. Es gibt Zweifler, die fragen, was das Spirituelle mit dem Digitalen zu tun hat. Es gibt die unterschiedlichsten Einschätzungen zur Corona-Pandemie, in der Bewertung über Waffenlieferungen im Rahmen der kriegerischen Auseinandersetzungen zwischen Russland und der Ukraine. Die vielfältigen, oft gegensätzlichen Meinungen liegen blank. Die Haltungen und Verhaltensweisen zeugen vom Ringen um wohlgemeinte richtige Wahrheiten.

Unser Leben ist in einer Welt, aus der wir das Erleben und unsere Erfahrungen schöpfen. Sie ist *die* Welt, die uns über unsere Sinne zugänglich ist und in der wir praktisch agieren. Wir wissen auch, dass es eine Welt gibt, die außerhalb unseres Erfahrungs- und Handlungsbereiches liegt, auf die wir keinen Zugriff haben, über die wir nichts wissen. Wir fragen uns, ob sie – auch wenn wir uns diese (eine) Welt denken können – überhaupt existiert oder existieren kann. Wir hantieren in unserer Lebenswirklichkeit zwischen Bekanntem und Unbekanntem, Wissen und Unwissen, die in uns Gewiss- und Ungewissheiten hervorbringen.

Unsere Erfahrungswelt, mit der wir tagtäglich umgehen, ist auf das engste mit dem Fühlen und Denken, Entscheiden und Handeln verbunden. Ist es aber auch jene Welt, in der sich Wahrheiten ausmachen lassen und manifestieren? Nicht selten sind wir auch unsicher und zweifeln an dem, was wir erfahren.

Unsere Lebenswelt steht in einem sozialen, ökonomischen, historischen, physischen wie psychischen Kontext, in und mit ihr alle menschli-

---

[103] Es ist Gegenstand der folgenden Kapitel IV bis VI, das wechselseitige Einspielen, Beeinflussen und Zusammenwirken zwischen ihnen zu beschreiben.

chen Aktivitäten stattfinden. Doch wie ordnen sich hier Wahrheit und Wahrheitsfindung, Wahrhaftigkeit und Gewissheit ein?

Unsere Lebenswelt ist gefüllt von vom Menschen geschaffenen Artefakten. Es sind Fotos und Gemälde, Dokumentationen, Spielfilme und Romane, Geschichten und Erzählungen, Sagen und Märchen. Sind sie wahr?

Viele Menschen glauben an Götter und Engel. Sie sind Feen und Kobolden, Trollen und Elfen zugetan. Sind sie wahrhaftig? Die viel beschriebene Arche Noahs – ist sie eine Legende oder wahrhaftig? Das Trojanische Pferd im Epos von Homers Odyssee – Wahrheit oder doch nur ein dichterisch verfasster Mythos?

Wir sind in unserem Lebensalltag umgeben von vielen Narrativen: Gerüchten und Mythen, Spekulationen und Vermutungen. Sie gehören zu unserem menschlichen Dasein. Wie steht es aber um deren Wahrhaftigkeit? Wenn nicht, haben sie dennoch einen und ja welchen Wert für unser Leben? Wir werden tagtäglich mit Fakten und Tatsachen, aber auch mit Vorurteilen und verzerrten Wahrnehmungen, Fiktionen und Lügen konfrontiert. Welchen Grund gibt es, an ihnen zu zweifeln? Oft wissen wir nicht, dass sie sich als solche zeigen? Wie viel Wahrheit steckt wirklich in ihnen?

Nichts war jüngst umstrittener, was sich an Wahrheiten und Lügen, Gewissheiten, Spekulationen und Verschwörungserzählungen um COVID-19 rankte. Gefährlich sagen die einen, ungefährlich meinen die anderen und seine Nichtexistenz beschwörten die dritten. Die Antworten spalteten nicht selten Familien, soziale Gruppen oder gar Gesellschaften. Was ist von dem wahr? Alles Suchen läuft darauf hinaus, eine Antwort zu finden. Der Zweifel ist stets anbei.

Der **Zweifel** ist in der Erkenntnis-, Wissens- und Wahrheitsfindung ein wichtiges Instrument menschlichen Denkens. Dabei geht es nicht darum, die Lebenswirklichkeit in ihrer Existenz grundsätzlich in Frage zu stellen, sondern sich über den Zweifel sichere Gewissheiten zu verschaffen. Insofern ist der Zweifel ein wichtiges methodisches Instrument der Erkenntnisgewinnung, auf das wir bis zur Postulierung René Descartes' (1596–1650) zurückgreifen können. Er wirkt wie eine Triebkraft im Hinterfragen und

Neufindung von Wahrheiten. Es geht letztlich darum, übertragen auf die alltägliche Lebenspraxis, neuerlichen Aussagen, Thesen oder Hypothesen, Meinungen anderer usw. kritisch gegenüberzutreten. Das heißt, deren Wahrheitsgehalt zu überprüfen, sei es durch wiederholende Experimente oder durch Suche eines Beweises für die aufgestellte Behauptung.

In der Nutzung des Zweifels als Instrument einer kritischen, nach- bzw. hinterfragenden Betrachtung zur Überprüfung der Übereinstimmung von Abbild als das Produkt einer Erkenntnis und Urbild als Lebenswirklichkeit und andere Realitäten, die unserer Beobachtung, Wahrnehmung, Erkenntnis zugänglich sind, verbirgt sich sein Wesen. Der Zweifel steht für eine kognitive Methode der Erkenntnis- und Wahrheitsfindung. Wie oft kommen Fragen auf: Stimmt das, was da erzählt wird? Woher weißt du, dass das, was du sagst, der Wahrheit entspricht? Kannst du das beweisen, was du behauptest?

Wir sind heute mehr denn je gut beraten, vielen getroffenen Aussagen, Behauptungen, Erzählungen auf den Grund zu gehen. Die Möglichkeit der niederschwelligen, schnellen und leichten Verbreitung von Informationen – glaubwürdig oder nicht – ist heutzutage durch die durchdigitalisierte und vernetzte Lebenswelt kein Problem. In Sekundenschnelle, fast in Echtzeit, werden digital Botschaften von Handy zu Handy weitergereicht. Unter der Gegebenheit, im Besitz der aktuellsten News zu sein und in der Absicht, diese – stolz verkündend – an Freunde und Bekannte weiterzugeben, weil man/frau Gutes tun möchte, ist man über jeden Zweifel erhaben. Wer nimmt sich unter diesen Umständen – wenn Schnelligkeit zählt – die Zeit, die erhaltene Botschaft zu überprüfen bzw. die Quelle zu hinterfragen. Es kommt auch vielfach nicht die Frage zurück: Woher weißt du das? Was ist die Quelle für deine Behauptung?

Wir haben es verlernt, den Zweifel als Instrument der Erkenntnisgewinnung statt des kognitiven Verlustes einzusetzen. Zweifeln ist in unserem Alltagsdenken noch immer negativ konnotiert. Wer zweifelt, wird von dritten in Frage gestellt. Die Botschaft muss heißen: Wer nicht zweifelt, schränkt seinen Erkenntnis- und Handlungshorizont ein.

Diese Botschaft ist so alt wie das philosophische Denken selbst. Spätestens mit R. Descartes, dem Begründer des modernen Rationalismus, verdanken wir seine Erkenntniskritik und spricht sich für den Zweifel als

Prinzip der menschlichen Erkenntnis aus.

Der Mensch ist unwissend auf die Welt gekommen, als Kind unerfahren, vollgestopft mit vielfältigen Vorurteilen, vermittelten Werten und Glaubenssätzen. Im zunehmenden Alter reifen Erkenntnisse zu Wahrheiten und mit ihnen breitet sich zugleich Zweifel aus.

Im Alltäglichen setzen wir uns oft über den Zweifel hinweg, *über*denken ihn. Wir befreien uns aus Zeit- bzw. Prüfgründen von ihm und erklären Gesagtes, Gehörtes, Gemeintes als wahrhaftig, sinnstiftend und richten unser Handeln *zweifellos* daran aus. All das Erfahrene noch zu überprüfen, käme einer Mammutaufgabe gleich. Der Alltag gibt es oft nicht her. Wir haben aus der Kinderzeit gelernt, unseren Eltern zu vertrauen und haben dieses Vertrauen in unseren Lebensalltag mitgenommen. Heißt es nicht auch: Vertrauen ist gut – Kontrolle ist besser. Dann bitte nicht nur ein- sondern zwei- oder gar mehrseitig.

Zur Corona-Zeit zweifelten nicht wenige an der Richtigkeit und Rechtmäßigkeit öffentlich-rechtlicher Medien, an Artikeln in Zeitungen und anderen Presseerzeugnissen, was über die Corona-Pandemie berichtet wurde. Doch was war dieser Zweifel wert, wenn inoffiziellen Medienkanälen im Internet in Berichten und Erzählungen per se unzweifelhaft Glaube und Wahrheit geschenkt wurde? Das hat mit dem philosophischen Zweifel nichts zu tun. Es ist *politisch* gewollter Zweifel jener, die die Pandemie, deren Inhalt und Umgang grundsätzlich in Frage stellten. Das hat mit einer sachlichen Wahrheitsfindung nichts gemein. Ein erkenntnistheoretischer Zweifel unterstellt Erkenntnis- und Wahrheitsfindung für *beide* Aussagenseiten. Zweifeln heißt hier die Führung eines auf Wahrheitsfindung begründeten Faktenchecks – und dieser nach Möglichkeit begründet und mehrseitig.

In allem steckt die Suche nach Gewissheit, die sich für den Menschen als Erklärungen offenbaren. Sie sind das kognitive Gerüst, nach dem der Mensch bis heute sucht und offensichtlich benötigt, um schadlos durch das Leben zu kommen. Diese Denkstruktur gleicht jenem archaischen, vor allem animistischen Denken, das zu jener vorchristlichen Zeit existenzsichernd und sinnstiftend war.

Zurück zum Zweifel. Er zeigt sich, soweit er seinen Erkenntniswert erfüllt, in seiner Ambiguität (Doppeldeutigkeit) und Ambivalenz (Doppelwertigkeit). Gefühlt hinterlässt der Zweifel zwei Spuren, vor allem was die Haltung des Menschen zu ihm betrifft. Einerseits erzeugt er Unsicherheit und Ungewissheit, die dem Menschen das praktische Leben keineswegs leichter machen. Insofern ist die zweifelsfreie Annahme der Lebenswirklichkeit, das gelernte Vertrauen hilfreich, mit wenig Aufwand durch den Alltag zu gehen. Andererseits traut der Mensch auch nicht allem, was ihm vor die Augen und Ohren, d. h. vor die Sinne kommt. Das geschieht, wenn vermeintliche politische Obrigkeiten oder über den Menschen drohende geheime Weltbünde die Macht an sich reißen wollen, um so die Welt zu manipulieren. Derartige Verschwörungsnarrative gibt es aus der Vergangenheit und im Zusammenhang mit der Corona-Pandemie reichlich.

Freiheiten werden als gebrochen angesehen – und das auch zu Recht, weil alle pandemischen Maßnahmen zur Einschränkung der persönlichen Freiheit führten. Um diesem zu begegnen, macht der Mensch sich und andere mobil. Zweifeln und aktiver Widerstand werden angesagt. Das Gefühl von freiheitlicher, vertrauenswürdiger, vom Menschen gewollter Geborgenheit und Sicherheit wird eingetauscht in ein Gefühl von Ärgernis und Wut.

Diese Ambivalenz der gefühlten inneren Zerstrittenheit wird zudem begleitet von einer Ambiguität. Sie zeugt von einer kognitiven Doppeldeutigkeit, einer inneren Widersprüchlichkeit. Der Zweifel trägt seinen Gegensatz in und mit sich. Er ist das, was er ist, zwiespältig, Subjekt und Objekt zugleich. Der Zweifel ist ein Vieles an Erkenntnis und auch wieder ein Nichts, weil man ihm keine Bedingungslosigkeit schenken kann. Der Zweifel ist uns vertraut und auch wieder nicht. Wir lernen die Welt fragend, zweifelnd zu erkennen. Wir sind uns in Vielem nicht sicher, leben nach dem Prinzip von Versuch und Irrtum und machen unsere Erfahrungen mit unserer Lebenswirklichkeit. Wir lösen im Zuge unseres Lebens viele Zweifel auf, weil sie sich in Gewissheiten wandelten; viele Zweifel bleiben bestehen, neue kommen hinzu.

Der Mensch lebt sein Leben in und mit dem Zweifel. Sein Denken, Entscheiden und Handeln ist stets, mehr oder weniger, in Zweifel eingebettet.

Der Zweifel ist methodisch der Weg zur Wissenserweiterung und als solcher konstruktiv. Er ist auch ein Denkinstrument, das unser Leben beschwerlich macht. Die Corona-Pandemie hat gezeigt, wie sie angesichts deren unterschiedlicher Bewertung geeinte Familien oder Freundesgruppen spaltete. Hier zeigt sich, wie stark der Zweifel sein kann, welche Macht in ihm steckt und welchen Wert er für den Menschen mit sich trägt.

Das Spirituelle ist voller Zweifel und Ungewissheiten. Der Zweifel ist zudem für den Menschen im Spirituellen ein tragendes emotionales und kognitives Element. Spiritualität kultiviert den Zweifel gleichermaßen wie sie versucht, sich von ihm zu lösen und in Gewissheiten zu verwandeln und dem menschlichen Leben Sicherheit und Schutz zu geben, Zweifelhaftes in Wissendes zu transformieren.

Es ist nicht nur der Zweifel als kognitives Denkprinzip, der mit Macht und Handlungskontrolle ausgestattet ist. Es ist auch das **Wissen** selbst. Bereits im vorangegangenen Kapitel wurde auf das Wesen des Wissens aufmerksam gemacht. So wie der Zweifel seine kognitive Gestaltungskraft mit sich trägt, ist logisch einzuschließen, dass das Wissen über Macht Kontrolle mit manipulativer Kraft besitzt.

Wissen muss *werden*. Ist es erzeugt, stellt sich mit ihm die Frage nach dessen Wert und Mächtigkeit. Mit dem Wissen des Menschen steht und fällt dessen Erfolg. Es ist des Menschen geistig-kognitives Denk-, Entscheidungs- und Handlungspool. Wissen ist eine Ressource, die ständig wächst, aber nicht unerschöpflich und unbegrenzt zur Verfügung steht. Wissen muss aus der Lebenswirklichkeit mithilfe der praktischen Lebensbewältigung geborgen werden. Die Wissenschaft und Technik leistet dabei Unterstützung.

Da unser Wissen relativ ist und uns nur zu einem bestimmten Zeitpunkt begrenzt zur Verfügung steht, ist es umso wichtiger, diesem Wissen zu vertrauen, dessen Wahrhaftigkeit zu erkennen. Wir können grundsätzlich an allem zweifeln und unser Wissen in Frage stellen. Wir können an alles glauben und alles Wissen ungefragt als wahr anerkennen. Aber auch das können wir, uns im Sinne des kritisch-schöpferischen Geistes behutsam und dezidiert der Wahrheit unseres Wissens anzunähern, sie anzunehmen und über dessen Wahrhaftigkeit abwägen.

Die Frage nach der **Wahrheit** steht im Raum. Die Klärung dessen, was Wahrheit ist und welchen Wert sie bei der Wirklichkeitsbewältigung für den Menschen hat, ist eine Problematik, die sich Philosophen aller Richtungen und Zeitepochen annahmen.

Wer sich heute auf das philosophische Terrain der Wahrheit begibt, wird sehr schnell merken, dass er sich mitten auf einem Schlachtfeld philosophischer und praktisch-alltäglicher Wahrheitsfindung befindet. Der Kampf um die Wahrheit und sie für sich einzuverleiben, ist zu einem Geschäft der Macht und der Mächtigen geworden. Während der Präsidentschaft Donald Trumps wurde die Wahrheit dermaßen strapaziert und auf den Kopf gestellt, dass, wie es heißt, „sich die Balken bogen".

Für Hannah Arendt (1906–1975)[104] wäre ein derartiges Verhalten eines Politikers nicht verwunderlich. Sie meint, dass die Suche der Wahrheit in der Politik einem schmutzigen Geschäft gleichkommt. Wie oft wurde schon vor COVID-19 in der Politik gelogen und betrogen. Die Wahrheit wurde zugunsten der Machtsicherung missbraucht. Das Statement des ehemaligen Ministers der Bundesregierung, Karl-Theodor Buhl-Freiherr von und zu Gutenberg, ist nur eins von vielen aufgedeckten Beispielen. Der Adel scheint auch gegenüber der Wahrheit nicht verpflichtet zu sein. – Weil auch er nur ein Mensch ist?

Die Wahrheit wird in Form von Lügen und Fake News gebeutelt und strapaziert, um sie in diesem Kampf für sich zu gewinnen. Die einen kämpfen um sie – die anderen vermeintlich in aller Öffentlichkeit auch. Doch wer kann uns sagen, was wahr oder richtig, falsch, unwahr oder gelogen ist. Selbst die Corona-Leugner zweifeln an dem, was die Politik an Wissen und Methoden zur Pandemiebekämpfung beschert. Sie sind sich zugleich sicher in dem Wissen, das sie für sich als Wahrheit verinnerlicht haben. Die gegenseitigen Vorwürfe und Anschuldigungen des Missbrauches an Wissen und Verbreitung von falschem, verzerrtem, halbem Wissen, gemixt mit Richtigem und Falschem, sind größer denn je. Die vermeintliche Wahrheitsfindung und -verbreitung war von je her in Gesellschaften ein schmutziges Geschäft und wurde als Machtinstrument eingesetzt – auch wenn letztlich zu konstatieren ist, dass die Geschichte und Lebenswirklichkeit immer wieder Geburtshelfer von neuen Wahrheiten

---

[104] Vgl. Hannah Arendt: Wahrheit und Lüge in der Politik, Piper Verlag, Berlin und München 1972, 1987, 2013

waren.

All das macht es nicht leichter, eine solide Erklärung zu finden, was Wahrheit *ist*. Die Antwort könnte so einfach sein, wenn wir dem Alltagsverständnis folgen würden. Es ist nicht verwunderlich, dass ein Bürger, frei von philosophischer Profession, die Wahrheit für sich so zurechtlegt, wie sie ihm brauchbar erscheint. Gängig ist: Wahr ist, was jeder sagt und zu meinen hat. – *Jede* Meinung offenbart folglich *ihre* Wahrheit, von denen es dann viele gibt. Zugleich sind uns viele vermeintliche Wahrheiten um die Corona-Pandemie bekannt, von beiden Seiten ausgesprochen, die eine die richtige und die andere die falsche sei. Der philosophische Streit um das Verstehen von und der alltägliche Kampf um Wahrheiten ist immer wieder neu und bis heute präsent.

Wahrheit ist eine Eigenschaft, wie uns das Suffix „-*heit*" verrät. Wem kommt diese Eigenschaft zu – einer Sache, einem Gegenstand oder einem Gedanken bzw. einer Aussage? Ist das Urbild oder das Abbild davon wahr? Weder – noch. Die Wahrheit vermittelt uns den Charakter einer Beziehung zwischen dem Urbild und dem Abbild. Insofern ist Wahrheit eine Eigenschaft einer Beziehung zwischen ihnen. Die Beziehung zwischen ihnen ist von Wahrheit bestimmt, wenn zwischen Urbild und Abbild, zwischen einem Gegenstand und einer über ihn getroffenen Aussage eine Übereinstimmung herrscht.

Derartige alltagstaugliche Formulierungen, die auf „die wahre" Liebe, „das wahre" Leben oder auf „die wahre" Geschichte verweisen, haben mit Wahrheit im Sinne der Wahrheitsfindung und -feststellung nichts gemein. Der Wahrheitsbegriff wird für den Zweck der Rhetorik und Suggestion missbraucht, wie wir es in so manchen Printblättern zu lesen bekommen, die uns die einzig wahre Geschichte erzählen, vor allem verkaufen wollen.

Eine Wahrheit liegt dann vor, wenn eine vom Menschen getroffene Aussage mit dem Inhalt der Aussage übereinstimmt. Die Übereinstimmung zwischen Aussage und dem tatsächlichen Sachverhalt (Gegenstand), über den die Aussage getroffen wird, ist das Wahrheitskriterium.

Wenn alle Wahrheitsfindungen so einfach wären, könnten wir uns so manchen Ärger ersparen. Fake News (Abbild, Aussage) sind relativ leicht aufspürbar, wenn man sich die Mühe eines Faktenchecks macht und deren Inhalt (Urbild, Sachverhalt) überprüft. Oft lässt sich auch der Beweis als

174

Mittel der Suche nach der Objektivität des Sachverhalts antreten. Kann der Beweis – aus welchen Gründen auch immer – nicht aufgefunden werden, wird es mit der Wahrheitsfindung schwierig. Ein fehlender Beweis bleibt meistens der Wahrheitsfindung schuldig. Die getroffene Aussage, die nicht zur Wahrheitsfindung beitragen kann, ist dann eine *Behauptung* bzw. *Annahme*.

In der Geschichte von Philosophie und Theologie wurde um den Gottes-Beweis gerungen. Bis heute konnte der Beweis für die Existenz Gottes nicht geführt werden. Theologie, logisch-philosophische Ableitungen noch einzelwissenschaftliche Forschungen und Entdeckungen vermochten dem Göttlichen (physisch) existenziell näherzukommen. Darum ist es nachvollziehbar und verständlich, dass sich das Gottesbild über die Jahrhunderte veränderte, auch wenn Gottesdienste so gepredigt werden, als sei Gott nach wie vor ein substanzielles Wesen. Es ist pastorale Rhetorik.

Umgekehrt ist es den Atheisten nicht gelungen, seine Nicht-Existenz nachzuweisen. Der Versuch eines Beweises für etwas, was nicht existiert, ist ein erfolgloses Unterfangen und lässt höchstens eine indirekte Ableitung zu. In beiden Fällen haben wir es mit Hypothesen zu tun. Sie sind Annahmen. Im Falle einer angenommenen Gottes-Existenz hilft der Glaube, der die geistige Brücke zwischen dem menschlichen Bewusstsein und Gott ist. Wie sinnstiftend der Glaube an Götter ist, macht das oben beschriebene archaische Denken deutlich.

Über dem Portal des Haupteinganges der Rostocker Universität steht in lateinischen Lettern geschrieben DOCTRINA · MULTIPLEX · VERITAS · UNA[105]. Die Suche nach der und vielleicht auch einzigen Wahrheit ist in der Wissenschaft erstrebenswert, obwohl wissenschaftliche Erkenntnisse zuweilen auch unterschiedliche Deutungen zulassen, solange durch sie das Wissen nicht gesichert ist. *Wissen schaffen* ist das Credo jeder wissen-

---

[105] In der deutschen Übersetzung heißt das sinngemäß: Es gibt viele Theorien, aber nur *eine* Wahrheit. Angemerkt sei auch, dass im alltäglichen Sprachgebrauch, besonders auffällig in Kriminalfilmen, das Team über ihre vermeintlichen Theorien diskutiert. Stattdessen haben wir es mit Annahmen, Hypothesen zu tun. Eine Theorie geht von einem Wissenstand aus, dem eine Wahrheit zum Sachverhalt unterstellt werden kann. Sie zeigt Gewissheit, weil der Gegenstand der Theorie der Realität entspricht.

schaftlichen Arbeit, die der Wahrheitsfindung dient und als Gewissheit lange Bestand haben soll.

Sie ist nicht das Absolute, weil wir wissen, dass sich das wissenschaftliche Wissen mit dem Zuwachs an neuen Erkenntnissen verändert und manches Wissen relativiert werden muss. Es wird verworfen, präzisiert, erweitert – und das solange der Mensch nach Wissen strebt.

Wie oft gelangen wir im Alltag in eine strittige Situation, wenn es um unsere Wahrheit geht, einen Sachverhalt zu beurteilen bzw. zu bewerten.

Person A trifft die Aussage: Die Außentemperatur beträgt gegenwärtig 18 Grad Celsius. Person B widerspricht und sagt: Die Außentemperatur ist 2 Grad Celsius niedriger. Der Aussagenkonflikt lässt sich nur durch eine Überprüfung mittels eines Referenzmittels wie das eines Thermometers auflösen. Ein anderes Beispiel: Zwei Personen betrachten ein sogenanntes Kippbild[106]. Wir fragen sie, was sie sehen, so antwortet Person A mit bestem Wissen und Gewissen: Ich sehe eine alte Frau. Die Person B erwidert im Brustton der Überzeugung und hält dagegen: Ich sehe eine junge Frau. Beide Antworten sind berechtigt, richtig und wahrhaftig – warum, weil das Bild eine sogenannte doppelwertige Wahrheit zulässt. Diese Doppelwahrheit hat Bestand, wenn nachweislich beide Aussagen dem Objekt in Teilen der Betrachtung entsprechen. Es bedarf eines Nachweises bzw. der Feststellung von Kriterien als Referenz. Wir haben es hier mit zwei unterschiedlichen Bildinterpretationen zu tun, in denen sich Wahres und Nicht-Wahres, nichts Falsches, gleichzeitig verbergen.

Ein Menschenpaar geht spazieren, wobei der eine immer mehr vor dem anderen läuft. Der Zurückgebliebene ruft: Du gehst zu schnell! – Wobei der Vorweggehende zurückruft: Nein, du gehst zu langsam! Wie oft werden wir mit Urteilungen konfrontiert, die die Wahrheitsfindung erschweren, weil die zum Sachverhalt getroffenen Aussagen unterschiedliche Sichtweisen zulassen. Verfügen wir über Referenzen, Beweiskriterien, sind diese strittigen Urteile schnell auflösbar.

In unserem Alltagsleben ist das Heranholen eines derartigen Sachverstandes schwierig, aufwendig oder auch gar nicht möglich. Stattdessen

---

[106] Vgl. https://www.pinterest.de/pin/363102788677305143/

verlassen wir uns auf unsere Erfahrungen, unser Wissen und verinnerlichten Werte. Nicht selten eskaliert ein Streit, wenn mit unseren Glaubenssätzen, Einstellungen bzw. Haltungen verteidigt wird und man sich gegenseitig der Falschheit bezichtigt. Bewegen wir uns im Bereich von Werturteilen, wie bei den Spaziergängern demonstriert oder wir bewerten Sachverhalte mit „gut" oder „schlecht", „laut" und „leise" etc., bleibt viel Raum für eine ganz persönliche Meinungsbildung.

Das Streben nach wissentlicher Klarheit ist ein zutiefst menschliches Anliegen. Es ist in ihm archaisch angelegt. Deshalb bleiben Versuche – vor allem in unserem Alltag – bis heute nicht aus, Erfahrungen den Status des vermeintlich Absoluten in Wahrheit und Gewissheit zu geben. Doch das Leben lehrt uns immer wieder eines Besseren. Weder die Wissenschaft noch der Lebensalltag ermöglichen uns einen eindeutigen Zugang zu ihnen. Es ist der Mensch selbst, der sich in seinen natürlichen, kognitiven Grenzen bewegt. Er strebt nach Wahrheiten und muss sich letztlich mit Unvollkommenheiten begnügen. Das ist das Los, wenn der Mensch sich auf die Wahrheitssuche begibt. Mittels Beurteilungen und Bewertungen versucht er, die Wahrheitsgrenzen zu erweitern. Doch hilfreich sind sie nur bedingt.

Das kognitive Bewusstsein und seine Kreativität verfügen über die Fähigkeit, Perspektiven über Sachverhalte, Ereignisse, Dinge einerseits, von der Welt losgelöste Ideen, Sichtweisen und Handlungen anderseits zu erzeugen. Es sind jene geistigen Reflexionen, getragen durch Erfahrungen und Wissen, Werte und Glaubenssätze, die uns dazu bewegen, aus ihnen Wahrheiten zu machen, für die im Streit um Ideen, Auffassungen und Meinungen gekämpft wird.

Worüber wird in einem Disput oder einer Debatte gestritten – um Meinungen und Standpunkte, um Argumente und Auffassungen? Oder geht es im Ringen um Wahrheiten um das Fixieren von richtig, falsch oder um recht haben?

Das führt uns zu der Frage: Was ist eine Meinung? Wie erklärt sich, dass in unserer alltäglichen Kommunikation oft Meinungen wie Tatsachen (Fakten) behandelt werden und ihnen der Bonus einer Wahrheit bzw. Gewissheit zugeschrieben wird?

Die Ausgangsüberlegung ist: Meinungen sind Aussagen. Diese Aussagen sind per se nicht wahrhaftig. Als *Mein*ung unterscheidet sie sich a) von einer *Sach*aussage und b) von einer *Dein*ung. Im Meinungsstreit fallen Urteile wie richtig oder falsch. – Was heißt das? Können Meinungen wahr sein?

Eine **Meinung** ist eine sprachlich zum Ausdruck gebrachte Auffassung, eine Haltung, Position, Sichtweise über eine Gegebenheit, ein *persönlich* deklarierter Standpunkt. Sie ist von individuellem Charakter und einzigartig. Daran ändert sich auch nichts, wenn die Meinung von einer Gruppe von Menschen mit gleicher Gesinnung und Haltung getragen wird. Sie ist *keine* Sachaussage. Sie unterliegt nicht zwingend einer Beweisführung. Anders formuliert: Eine Meinung ist kein generiertes Wissen. Eine Meinung *kann* auf Wissen zurückgreifen, muss aber nicht. Sie bleibt Ansichtssache, auf deren Fakten-Check verzichtet wird bzw. dieser ausbleibt.

Eine Meinung, soweit sie zum Ausdruck gebracht wird, offenbart einen persönlichen Standpunkt, der durch eine in sich logisch abgeleitete Argumentation gestützt werden kann. Bei einer Meinung geht es nicht notwendig um die Überprüfung des Inhaltes auf dessen Wahrheitsgehalt. Sie hat erkenntnistheoretisch den Charakter einer Behauptung. Erhebt eine Meinung den Qualitätsanspruch einer Aussage über eine Tatsache (objektiven Sachverhalt, Ereignis etc.) und zugleich wahr zu sein, so muss sie auch der Beweis- bzw. Nachweisführung unterliegen dürfen. Wird die Meinung diesem gerecht, so erhält die Meinung den Charakter einer Tatsachen-Aussage – und sie ist es auch, weil der gefasste Inhalt mit der Wirklichkeit übereinstimmt (sh. Aristoteles), jedoch im Kontext einer Diskussion als Meinung erscheint. Wenn jemand den Satz sagt: Ich bin der Auffassung, … der festen Überzeugung …, dass sich die Erde um die Sonne bewegt, so folgt diese sprachliche Formulierung einer Meinung, obwohl wir es inhaltlich mit einer Aussage zu tun haben, die der objektiven (aristotelischen) Wahrheit folgt.[107]

Wir haben es in unserem alltägliche Gedanken- bzw. Meinungsaustausch damit zu tun, dass zwischen Tatsachen- und Meinungsaussage nicht

---

[107] Frei von jeglicher Meinungsbildung wäre die Aussage als Tatsachen-Aussage in der Formulierung: „Die Erde dreht sich um die Sonne".

hinreichend differenziert wird. Diese Nachlässigkeit fällt uns bei Disputen, in denen nicht klar zwischen Tatsachen- und Meinungsaussagen unterschieden wird, zwangsläufig „auf die Füße", was nur den Streit im Kampf um die Wahrheit verschärft. Genau das ist während der Corona-Pandemie im Streit um Wahrheiten passiert.

Weil nicht auf diesen feinen und doch so großen Unterschied in unserer Alltagssprache geachtet wird, der inhaltlich gleichwertige Gebrauch beider Aussagen-Typen im Ringen um Wahrheiten nicht selten ist, sind kommunikative Unzulänglichkeiten und folglich zwischenmenschliche Streitigkeiten vorprogrammiert. *Mein*ungen werden zu Tatsachen gemacht und aufgrund dessen zu festgezurrten Wahrheiten geweiht. Sie werden zu Behauptungen mit emotionalem Zündstoff, weil der Disput nicht auf der Sach-, sondern auf der Beziehungs- bzw. Gefühlsebene ausgetragen wird.

Was ist die Ursache dafür, dass Meinungen mit Sachaussagen gleichgesetzt werden und eine Unterscheidung zwischen ihnen in der Alltagssprache ausbleibt? Folgende Gründe lassen sich hierfür ausmachen: *Erstens.* Es ist gängiger Alltag, dass zwischen einer Tatsachen- und Meinungs-Aussage nicht unterschieden wird und letztere auf den Status eines Faktenwissens gehoben wird. *Zweitens.* Es liegt in der Natur des Menschen, sein gesamtes geistiges Potenzial den Charakter der Wahrhaftigkeit und Gewissheit zu verleihen. Würde er an allem zweifeln, würde er sein Wissen in allem und zu jeder Zeit in Frage stellen, was letztlich bedeutet, sich selbst in Frage zu stellen, was weder dem Selbstwert des Menschen noch seiner Entscheidungsfindung und seinem Handeln guttun würde. *Drittens.* Meinungsverschiedenheiten sind nicht selten Machtkämpfe, auszutragende zwischenmenschliche Behauptungen im Ringen um einen respektablen Platz in der Gemeinschaft. Und *viertens.* Es ist die kognitive Schnittstelle, die nur dann Beachtung findet, wenn ein dezidiertes Wissen über die Verbindung zwischen den beiden Aussage-Typen vorhanden ist. Fehlt es, verwischt sich der Unterschied zwischen ihnen und der differenzierte Gebrauch lässt zu wünschen übrig.

Noch verworrener wird es, wenn zwei oder gar mehrere Meinungen als Auffassung im Inhalt zusammenfallen. Die eigene Meinung wird als bestätigt angesehen, was den vermeintlichen Wahrheitscharakter anhebe. Der gemeinschaftliche Beweis wird im Gegenzug zur Anwendung gebracht, um die Gegenmeinung aus dem „Spielfeld zu schießen". Dieses Gemeinsein an kollektiver Meinung wird dann schlussfolgernd als Bestätigung für die Richtigkeit der eigenen Auffassung angesehen und lautstark zum Ausdruck gebracht. Diese Richtigkeitsbestätigung wird mit Wahrheit gleichgesetzt. Die Meinung wächst zur „kollektiven Wahrheit" je größer die Gruppe wird und sie von gegenseitigen Meinungsbestätigungen profitiert. Wahrhaftiger wird sie, wenn sie von einer konzertierten Meinungscommunity bestimmt ist.

Der Wille zur gegenseitigen Bekräftigung von Wahrheiten ist menschlich und psychologisch groß. Er schafft Verbundenheit und Sicherheit, ein Wir-Gefühl und Stärke gegenüber jenen, die anderen Wahrheiten folgen. Gegenseitiges Bestätigen erzeugt emotionale Geschlossenheit und Abgrenzung von anderen, die diese Meinung nicht teilen. Geschlossenheit nach *Mein*ung zählt dann mehr als die Offenheit für eine *Dein*ung als Meinung eines anderen, die Anstoß für neues, anstößiges Denken geben könnte, um im Dialog um objektive Wahrheiten zu ringen oder sich gegenseitig in den unterschiedlichen Meinungen zu belassen, zu respektieren oder auch zu tolerieren. Stattdessen werden kognitive Mauern gezogen, Emotionen wie Wut und Hass ausgeschüttet, was einen sachlichen Meinungsaustausch erschwert oder gar unmöglich macht.

Bei Corona-Pandemie-Debatten in Rundfunk und Fernsehen, auf von Querdenkern organisierten Demonstrationen oder im Freundes- bzw. Familienkreis wurde um sich »gebissen«, weil persönliche Wahrheiten zu verteidigen waren, statt sich auf den *wahren Wert einer Meinung* zu besinnen.

Vieles von dem habe ich im eigenen Bekanntenkreis erlebt. Meinungen wurden als Wahrheiten manifestiert und zum Teil missionarisch verteidigt. Es wurde kein Unterschied zwischen Wissen und Meinung gemacht. Selbst die Mühe meinerseits, diesen Unterschied aufzuhellen, fiel eher auf unfruchtbaren Boden. So passierte es mir bei einer Verabschiedung auf einem gemeinsamen Treffen unter Freunden, dass einer von ihnen meinte, die ganze Corona-Pandemie sei von der Bundesregierung lanciert und inszeniert. Alles liefe von ihr gewollt darauf hinaus, das Volk zu spalten. Die einen sahen sich in dieser Auffassung bestätigt, andere waren entsetzt, das zu hören. Ich fragte nach der Quelle dieser Meinung, woher er die

Gewissheit für seine Ansicht nehme. Dem anfänglichen Schweigen folgte als Antwort, dass er das gehört habe und andere sagen das auch. – Es wird sich auf eine Wahrheit auf der Grundlage einer gemeinschaftlichen Weltsicht berufen. Dem steht als Tatsache gegenüber, dass selbst die Freundesgruppe in der »Sache Corona« zerstritten war, weil sich gegensätzliche Auffassungen auftaten. Der Streit wie hier ging durch viele Familien und Bevölkerungsschichten. Auch Umfragen bestätigten diese Spaltung.[108]

Die Logik des menschlichen Denkens, Meinung und Wahrheit, Ursache und Wirkung mancher Ereignisse sind auf den Kopf gestellt. *Will* die Regierung *wirklich* das Volk spalten? Aus welchem Grunde sollte sie es tun? Ist es nicht eher so, dass sich angesichts von Beschlüssen und Maßnahmen der Bundes – und Landesregierungen das Volk *selbst* spaltete, weil sie von einer Ambiguität getragen werden? Diese Mehrdeutigkeit bzw. Doppelsinnigkeit auszuhalten, dass Entscheidungen unterschiedliche Handlungsweisen auch zulassen, fällt nicht wenigen Menschen leicht. Entscheidungen wollen nach menschlichem Ermessen nach Möglichkeit klar, eindeutig und unumkehrbar sein. Hat eine derartige Entscheidungskultur angesichts der hohen Komplexität der Lebenswirklichkeit Bestand, die mehr denn je sowohl Mehrdeutigkeit in der Interpretation eines Sachverhaltes als auch Doppelwertigkeit menschlichen Verhaltens zulässt? Die heutige schnelllebige Entwicklung in unserer Gesellschaft ist im Zuge jener wachsenden Komplexität immer mehr zu einem Prozess mit Offenheit, Unberechenbarkeiten und Ungewissheiten geworden. Entwicklung ist heute immer weniger planbar. Vieles von dem bleibt verborgen, ist kaum nachvollziehbar und damit für den Menschen im Bereich des Unerfahrbaren.

Die Corona-Pandemie, die sich im Sommer 2021 anschickte, in die vierte Welle zu gehen, war *die* Chance, uns im Umgang mit Schnelllebig-

---

[108] Inzwischen überschlugen sich während des geschriebenen Manuskriptes die Ereignisse. Corona ist nicht einmal ganz ausgestanden, Zwistigkeiten in der Bewertung des Umgangs mit dem Virus sind (noch) nicht beigelegt, da droht erneut Ungemach in der Bewertung des kriegerischen Konfliktes zwischen Russland und der Ukraine. Auch hier haben sich Fronten aufgebaut in der Sichtweise dieses Ereignisses, das mit historischen Argumenten untermauert wird. Der Zusammenfluss von Fakten- und Meinungsaussagen schafft einen ähnlichen Wirrwarr, wie wir es bei Corona erfahren haben.

keit, Wandlungen, Komplexitäten und zeitgebundenen Entscheidungen zu verbessern und zu lernen, Ungewissheiten auszuhalten bzw. zu tolerieren. Wir werden lernen müssen, in Zukunft mit derartigen Unwägbarkeiten souveräner umzugehen statt vermeintliche „höhere Mächte" für derartige Ereignisse in Verantwortung nehmen zu wollen.

Hinter allem steckt nicht minder das menschliche Verwirrnis zwischen Realität und Wahrheit hinsichtlich des oben verfassten Verständnisses. Real und wahr sein sind nicht ein und dasselbe. Eine Meinung, ein formulierter Mythos, eine Legende sind stets real im Sinne von vom Menschen geschaffenem Existierendem. Selbst eine falsche Aussage ist real. Aus dem Realsein leitet sich nicht zwingend deren Wahrheit ab. Das bedeutet: Nicht alles Reale ist wahr; aber Wahres ist immer real.

Unser Alltagsdenken beschert uns nicht immer die besten Strategien der Wahrheitsfindung. Wir wählen den Weg der Erfahrung, der uns zu unseren einfachen, praktikablen Lebenswahrheiten führt und meinen, dass sie für die Alltagsbewältigung, Diskussionen ausreichend seien. Die ganze Debatte um Corona zeigte uns, dass es nicht so ist.

Wird eine Gewissheit einer Meinung an den o. g. Kriterien festgemacht, so ist sie es nicht im Aristotelischen Sinne[109]. Wenn es einen Wahrheitsbezug zur Meinung gibt, dann auf übergeordneter Ebene. Das heißt, eine Meinung (Auffassung, Standpunkt) ist nur *mit sich selbst* im Sinne einer tatsächlich geäußerten und bestätigten Meinung wahr. Oder anders formuliert: Die Meinung ist nicht in Bezug auf den Inhalt der Meinung wahr, sondern in der Tatsache, dass das Gedanke als Meinung geäußert wurde.

Das Bild einer verzerrten Wahrnehmung zwischen Wissen und Wahrheit, Wahrheit und Meinung hat sich auch nach der Pandemie keineswegs abgeschwächt. Im Gegenteil. Der Frust gegenüber den Medien verstärkte sich sogar nach der Corona-Pandemie angesichts des Angriffskrieges Russlands gegenüber der Ukraine und verfestigte sich durch eine politische Lagerbildung. Vielerorts ist zu hören, dass vor allem die etablierten Medi-

---

[109] Für Aristoteles (384–322 v. Chr.) ist eine Aussage dann wahr, wenn der Inhalt dieser Aussage mit dem Sachverhalt (Tatsache, Realität), der in der Aussage beschrieben wird, übereinstimmt. Dabei wird mit dem Wahrheitsbegriff die Bedingung der Überprüfbarkeit (Beweisbarkeit) verknüpft.

en nicht die Wahrheit sagen und dass nach wie vor gelogen werde. Der Begriff der Lügenpresse steht mehr denn je im Raum und hat in der Meinungsbildung Hochkonjunktur. Die aktuelle Meinungsumfrage wie die des „Polit-Barometers" beim ZDF von Mitte September 2023 weist aus, dass nur ein Drittel der Bevölkerung der Politik der Bundesregierung Vertrauen schenkt. Im Gegenzug heißt das, dass zwei Drittel der „Ampel" misstrauen. Die AfD hat bei der sogenannten „Sonntagsfrage" mit 21% Zustimmung den zweiten Platz unter den anderen etablierten Parteien eingenommen und plant ihre politische Regierungsfähigkeit.

So beschämend dieses Bild ist, so verwunderlich ist es auch nicht. Es ist mitnichten keineswegs einer ausschließlichen und vermeintlich fehlgeleiteten Politik geschuldet. Viel interessanter ist in diesem Kontext das tradierte Verständnis darüber, wie über die Beziehung zwischen Wissen, Wahrheit und Meinung gedacht wird und Meinungen in den Stand von Wahrheiten gehoben werden.

Ausgesprochene und geschriebene Fakten – Tatsachenaussagen – verdienen uneingeschränkt das Prädikat „Wahrheit". Wir müssen zudem auch zur Kenntnis nehmen, dass Berichterstattungen nicht ausschließlich mit Fakten- bzw. Tatsachenbeschreibungen gefüllt sind. In ihnen fließen zusätzlich Kommentare, Beurteilungen bzw. Bewertungen der Autoren ein. Das sind journalistische Meinungen und stehen fernab einer Aristotelischen Wahrheit. Meinungen halten per se nicht zwingend einer Wahrheit stand; das müssen sie auch nicht, weil sie weder notwendig noch hinreichend einer Wahrheit im aristotelischen Sinne unterliegen.

Der Unterschied zwischen einer Tatsachenaussage und einer auf Meinung begründeten Aussage wird nicht erkannt und folglich auch nicht gemacht. So steht unqualifiziert der Vorwurf im Raum, die Medien würden lügen, sagen bzw. schreiben nicht die Wahrheit. Warum auch! Ausgesprochene Meinungen sind Meinungen und keine Aussagen, die zwingend dem Wahrheitsverständnis unterliegen. Meinungen bleiben Meinungen – begrünbar und unterliegen nicht der Beweisbarkeit. Tatsachen sind Tatsachen und folgen der objektiven Realität. Sie benötigen des Beweises, der keiner Begründung schuldig ist.

Neben dem oben erwähnten Erfahrungswissen haben wir es hier mit dem Fakten- bzw. Tatsachenwissen zu tun, der im Gegensatz zum Meinungswissen steht. Dieses Meinungswissen folgt u. U. auch dem Glaube, der für ein etabliertes Wissen steht.

Das zu erkennen, ist in der Meinungsbildung entscheidend. Solange Faktenaussagen und Meinungen in ihrem Unterschied nicht ausgemacht und tatsächliche Meinungen als Tatsachen wahrgenommen werden, solange bleibt das verzerrte Bild vermeintlicher Lügen.

Über Meinungen lässt sich bekanntlich streiten. Wir können uns über sie positionieren – über Darstellungen nachweislicher Fakten- bzw. Tatsachen jedoch nicht. Hier bedarf es noch mehr an Aufklärung im Kant′schen Sinne.

Meinungen finden immer dann ein Ende, wenn a) sie – wie oben angemerkt – als Tatsachenaussagen ausgewiesen und als solche behandelt werden, statt sie als das zu belassen und anzuerkennen, was sie sind; oder b) sie ziehen sich aus dem Dialog der Meinungsdarstellung bzw. Wissenserkundung zurück und nehmen die Position des Glaubens ein. Dann versagt das kreative Meinen und nicht selten tritt das Glauben an dessen Stelle. Auch das ist verständlich und nachvollziehbar, weil die Grenze zwischen Meinen und Glauben sehr dünnwändig ist. Etwas zu glauben ist Ausdruck einer Meinung, die in der Meinungsbildung Grenzen setzt. Zugleich ist festzustellen, dass eine Meinung ist nicht zwingend an einen Glauben als eine Qualität menschlicher Erfahrung bzw. Erkenntnis noch an Glaube als Doktrin bzw. Weltanschauung geknüpft ist.

Ein menschlicher Glaube zeugt von einem Rückzug aus einem konstruktiven Erkenntnis- und Wissensstreit. Er verlässt den Raum der Meinungsbildung. Das Gute am Glauben ist: Er eröffnet dem Menschen ein unbegrenztes, unerschöpfliches, kreatives Denkfeld – unabhängig von jeglicher Wahrhaftigkeit.

Glauben. Wie schnell kommt der Gedanke auf, einen Schutzengel gehabt zu haben, wenn man ein folgenschweres Unglück erlebt hat und unbeschadet aus dieser Situation herauskam. Der Anteil jener, die einen Schutzengel, in welcher Gestalt auch immer, bei sich tragen oder am inneren Rückspiegel des Autos anbrachten, sind nicht wenige. Der Glaube trägt den Menschen durch dessen Leben. Mit ihm ist oft die Sehnsucht nach Spiritualität und Transzendenz tief verwurzelt.

Animismus und archaisches Denken sind bis heute mit dem Menschen auf das Innerste verbunden, wenn auch nicht in Form und Inhalt jener Zeiten vor Jahrtausenden. Es hat im Wandel Spuren des Alten; Neuerliches ist hinzugekommen. Beides ist im Wesen des menschlichen Bewusstseins verinnerlicht und wurde trotz aller Modernität von Generation zu Generation weitergetragen.

Wissensaneignung, Aufklärung und Bildung löst menschlichen Glauben nicht auf. Er ist ein Merkmal menschlicher Lebenswirklichkeit. Dass Menschen glauben bzw. einen Glauben haben, unterscheidet sie von allen anderen Lebewesen.

Eine dem Menschen innewohnende Gläubigkeit, die ich allen Menschen unterstellen möchte, ist bei genauerem Hinsehen nicht nur alltäglich, sondern zeigt sich in verschiedener Art und Weise. Die Gottesgläubigkeit ist *eine* Form menschlicher Gläubigkeit und macht unter der Weltbevölkerung einen wesentlichen Teil von ihr aus. Das schließt ein, dass menschliche Gläubigkeit nicht auf Gottesgläubigkeit zu reduzieren ist, was jedoch im alltäglichen Sprachgebrauch und im Verständnis von Glauben vielfach geschieht.[110]

Wenn ein Diskurs über den Glauben aufkommt, so wird er schnell mit Religiösem verknüpft. In Verbindung mit den Religionen ist die Aufmerksamkeit auf kirchliche Institutionen, Klöster oder Bistümer gerichtet, die als *die* Instanzen und Hüter von Religion und Glauben gelten. Die christlichen Leitwerte sind Liebe, Hoffnung und *Glaube*.

Eine der Grundfragen Kant'scher Philosophie heißt: Was darf ich hoffen? In dieser Frage steckt die Suche nach Antwort auf Erwartungen und Zukünftiges. Es sind auch Wünsche und Sehnsüchte, die wir mit dem Hoffen in Verbindung bringen. Wer kann schon über jene Hoffnung Gewiss-

---

[110] Als ich zur Vorbereitung der 4. Rostocker Philosophischen Tage zum Thema „Spiritualität und Digitalisierung unserer Lebenswelt" einen Antrag zur Anmietung der Aula der Rostocker Universität stellte, was mit einer Gebühr verbunden war, meinte der damalige Rektor es gut mit mir und wollte die Theologische Fakultät in dieses Vorhaben einbinden, was mir die Anmietung der Aula erspart hätte. Diese Überlegung macht mir deutlich, wie eng verbunden Spiritualität und Glauben, Glaube und Gottesgläubigkeit gedacht und verstanden werden. Das aufzulösen ist ein wesentliches Anliegen dieses Kapitels.

heiten zum Ausdruck bringen? Stattdessen schwingen Ungewissheiten mit. In diese mischt sich der Glaube.

Der Glaube ist in seinem Wesen eine Frage des Gewissens, ohne Antwort auf Gewissheiten und Wahrheitsfindung. Hier verschmelzen Glauben und Hoffen miteinander und stehen sich gegenseitig bei. Emotionalität und Rationalität, Tradition und Moderne, Althergebrachtes und Zukünftiges verschmelzen hier und fließen in den Tiegel menschlicher Ungewissheiten.

Den Glauben auf das Religiöse zu reduzieren, wird weder seiner zutiefst menschlichen emotional-kognitiven Funktion noch mit Blick auf seine erkenntnistheoretische Bedeutung gerecht. Glauben heißt, befreit von seinem religiösen Umhang, *nicht wissen*. Wie oft sagen wir: Ich glaube (nicht), dass das passieren wird. Wir verknüpfen das Glauben mit Vermuten bzw. Annehmen. Das bedeutet: Wir können nicht mit Gewissheit sagen, ob es richtig ist bzw. der Wahrheit entspricht. Wir befinden uns in einer wissenden Ungewissheit, was so viel bedeutet, dass mit Gewissheit gesagt werden kann, dass darüber keine Gewissheit besteht und wir es vermutlich mit einer Halb- bzw. verzerrten Wahrheit zu tun haben. Dieser Glaube wird als *wissende Ungewissheit* (Vermutung, Annahme) – bewusst, wissentlich, gesichert – von einem Zweifel getragen.

Beim religiösen Glauben und bei all jenen, die mit Überzeugung ihr vermeintliches Wissen aussprechen, ohne für einen Beweis bzw. Faktencheck zu sorgen oder eine glaubwürdige, logische Ableitung (Argumentation) im Sinne einer Folgerichtigkeit herleiten zu können, haben wir es mit einer *unwissenden Gewissheit* zu tun. Es ist ein Glaube außerhalb jeglicher Vernunft. Mit Überzeugung oder gar Fanatismus[111] wird das Un-, halb-,

---

[111] Der Fanatismus ist nicht zwingend an den Glauben gebunden, auch wenn sie sich oft in der Geschichte paarten. Voltaire (1694–1778) widmete sich in seinem Buch *Über die Toleranz* (1763), Kapitel I, dem Fanatismus und führte als abscheulichstes Beispiel von Fanatismus die Bartholomäusnacht an. Es ist der religiöse Hass der Katholiken gegenüber den Pariser Protestanten, die ihren Glauben mit absoluter Gewissheit vertraten.

Der Fanatismus, nicht an den Glauben gebunden, ist dennoch von Gläubigkeit gespeist. Fanatismus und Glaube liegen eng beieinander, vor allem dann, wenn deren Inhalte als Gewissheiten erklärt werden. Es ist letztlich egal, ob es sich um einen fanatischen Gottesglaube oder einen weltlichen Fanatismus verzerrte Wissen in den Stand des Wahren, des Absoluten gehoben, ohne es selbst zu sein.

Hinsichtlich des Glaubens ist der Vorschlag, aus erkenntnistheoretischer Sicht differenziert zwischen *unwissender Gewissheit und wissender Ungewissheit* zu unterscheiden.

Der Glaube ist immer auf etwas gerichtet. Der Mensch glaubt an etwas. Was, das kann nach innen auf den Menschen selbst und nach außen, das heißt außerhalb von ihm gerichtet sein. Es ist der Glaube an Gott oder an die Unsterblichkeit der Seele. Es ist der Glaube und die Zuversicht (Hoffnung) an eine zukünftige sozial-gerechte Gesellschaft und an die Vernunft der Menschen, dem Leben auf unserem Planeten mehr Nachhaltigkeit zu verleihen. Es ist auch der Glaube an sich selbst, an die eigenen mentalen, physischen und seelischen Kräfte, mit deren Hilfe sich persönliche Ziele, Vorhaben, Projekte verwirklichen lassen.

Glaube steht in fester Verbundenheit mit dem Vertrauen. Wer glaubt, trägt Vertrauen in und mit sich. Glaubende haben Vertrauen zu sich selbst. Er (sie) traut sich, seiner (ihrer) Ungewissheit, seinem (ihrem) Zweifel vertrauensvoll zu folgen. Wir sagen auch: Ich glaube dir. Damit bringen wir unserem Gegenüber volles Vertrauen entgegen.

Wer glaubt, vertraut sich nicht nur selbst, sondern bittet auch um Vertrauen, sein Geglaubtes anzunehmen. Es heißt: Du kannst mir glauben, was ich dir gesagt habe. Wir werben um Vertrauen und Loyalität. Die Bitte zu glauben verstärkt sich, wenn es darum geht, Wissendes dem anderen mitzuteilen und bei aufkommendem Zweifel um *Glaubhaftigkeit* und Vertrauen zu werben.

Hier kommt nicht selten bei dem Einwerben von Vertrauen das Überre-

---

handelt, der Kraft innerer Überzeugung weltlichen Mächten frönt und damit in Glaubensvorstellungen abdriftet.

Voltaire schreibt: „Hat der Fanatismus das Gehirn einmal verpestet, so ist die Krankheit fast unheilbar. [...] Was soll man einem Menschen entgegenhalten, der sagt, er wolle lieber Gott als den Menschen gehorchen, und daher überzeugt ist, in den Himmel zu kommen, wenn er einem den Hals abschneidet?" Sh. a. a. O., Suhrkamp Verlag, Berlin 2015, S. 22 f.

den und Überzeugen[112] ins Spiel. Überredung wie Überzeugung brauchen beidseitiges Vertrauen. Einerseits geht es gleichermaßen um das Sich-Trauen eine Überredung bzw. Überzeugung auszusprechen. Zugleich wird um Vertrauen geworben, wobei das Risiko, dass Vertrauen verspielt wird, bei einer Überredung bei Weitem größer ist. Überredungen laufen Gefahr, dass Vertrauen und Glaubwürdigkeit verspielt werden. Überzeugungen – und wenn sie dazu noch schlüssig, logisch abgeleitet sind – haben dagegen das Zeug, den Glauben zu festigen. Ist das erreicht, kann der Glaube auch in umgekehrter Richtung Überzeugungen hervorbringen. Inwieweit diese Überzeugung als Ausdruck einer inneren Haltung zum Sachverhalt oder Lebenseinstellung von Wahrheit getragen wird, sei dahingestellt. Zumindest wird sie im Brustton der Überzeugung wahrhaftig geäußert.

Der Glaube drückt den Wert bzw. das Niveau einer Ungewissheit, eines Nicht-Wissens aus, während die Hoffnung uns auf den Sinn des Lebens, unseres eigenen Handelns aufmerksam macht. Beide vermitteln uns Zuversicht und Mut, was gefühlt zur menschlichen Stärke führt.

Unterstützt wird religiöser Glaube insbesondere mittels Rituale und Zeremonien. Mit deren Hilfe wird der Glaube nachdrücklich gepflegt. So hat sich über Jahrhunderte *eine* Kultur menschlichen Fühlens, Denkens und Verhaltens entwickelt, die bis heute einen durchdringenden, allgegenwärtigen Raum in der modernen Gesellschaft einnimmt.

Aber auch ein *Glauben außerhalb des Religiösen* nutzt zur Stärkung und Selbstfindung persönlicher Kräfte verschiedenartige Denk- und Handlungstechniken. Es sind mentale, autosuggestive Methoden, die zur inneren Lebensstärkung herangezogen werden: Autogenes Training oder Körperreisen, Atem- oder Bild- bzw. Textmeditationen, Yoga oder die Fünf Tibeter, um nur einige von ihnen zu nennen, die zum körperlichen und seeli-

---

[112] Es ist sehr wohl zu unterscheiden zwischen einem Überzeugen und Überreden. Mit einer Überredung haben wir es zu tun, wenn bei fehlender Grundargumentation und nachweislichen Fakten vordergründig auf emotionale Weise an den zu Überredenden appelliert wird und die Argumentation vordergründig auf den gerichtet ist, der sich um eine Überredung bemüht. Dann heißt es nicht selten: Mache es mir zuliebe bzw. mir zum Gefallen. Ein Überzeugen trägt sich selbst aus einer Sachargumentation und ggf. Beweisführung. Die Fakten sind dann die realen Zeugnisse für das Entscheiden und Handeln.

schem Wohlbefinden beitragen.

Die Loslösung des Glaubens vom Religiösen erfahren wir auch dort, wo eine Überhöhung von Unwissenheit oder eine Überbetonung von vorhandenem Wissen stattfindet. Unwissensheitsüberhöhungen sind ein Mix aus Wahrheiten und Unwahrheiten, die sich als Halb-Wahrheiten zeigen. Letztere werden als Wahrheiten deklariert und im Ganzen zu unumstößlichen Wahrheiten gemacht. Verschwörungsnarrative verlieren ihren Zweifel und selbst ihre Glaubwürdigkeit. Sie werden zu wahrhaften Überzeugungen.

Eine *Wissensüberhöhung* ist die andere Form der Gläubigkeit, die auch als „Gutgläubigkeit" beschrieben werden kann. Gutgläubigkeit insofern, weil Phänomene unseres Lebens in der Urteilsfindung überhöht werden. So ist uns in der heutigen modernen Welt, in der die Digitalisierung in allen Bereichen ihren Siegeszug einläutete, die *Technikgläubigkeit* bekannt. Mit ihr wird zum Ausdruck gebracht, dass Technik *das* Wunder ist, mit dessen Hilfe menschlicher Wohlstand im Übermaß erzeugt werden kann. So waren schon die 60er Jahre des 20. Jahrhundert dadurch geprägt, dass die Auto-, Chemische und Atomindustrie einen überdurchschnittlichen gesellschaftlichen Wert einnahmen, die den Fortschritt der Gesellschaft heiligten.

In beiden Fällen der Gutgläubigkeit ist die menschliche Wirklichkeitswahrnehmung verklärt. Glaube und Gläubigkeit haben sich vom Wesen des Glaubens, was er ausmacht, losgerissen. Wir haben es entweder mit kognitiv verzerrter (unwissenschaftlicher) Einschätzung der Lebenswirklichkeit zu tun oder der vermeintliche Glaube offenbart seinen Fanatismus in Gestalt (un)wissentlicher Fälschungen, politisiert bzw. instrumentalisiert, der einen fairen Dialog zur Wahrheitsfindung unmöglich macht.

Es sei erneut nachgefragt: Was ist Glaube? Die Beantwortung dieser Frage steht hier in direkter Verbindung mit *Religiosität und Spiritualität*, eingebettet in die Geschichte des menschlichen Denkens.

Tradiert durch den geschichtlichen Gang des Entstehens, Werdens und Entwickelns menschlichen Glaubens ist es nachvollziehbar, dass er bis heute mit den Religionen auf unterschiedlichste Weise eng verbunden ist. Doch diese ausschließlich in unserem Alltagsdenken hergestellte Verknüpfung ist nicht berechtigt; und doch werden Religiöses und Glauben weitestgehend im alltäglichen Leben gleichbedeutend gebraucht. Religiös zu denken ist *eine* von mehreren Denkweisen menschlichen Glaubens. Insofern sei eine kleine Stippvisite in der Glaubensgeschichte erlaubt und die Frage mit beantwortet, wie sich der Glaube im heutigen modernen, aufgeklärten Menschen widerspiegelt.

Im vorangestellten Kapitel über das erwachende Denken wurde darauf verwiesen, dass das archaische Denken seinen markantesten Ausdruck im Animismus findet.[113] Das archaische Denken hat seine Quelle im animistischen Denken. Seitdem beide präsent sind, gehen sie einen gemeinsamen Weg in der Evolution des Denkens.

Das animistische Denken entwickelte sich zu einem erweiterten Geist.[114] Diese Eigenart des Denkens, das den Glauben als Denkform manifestierte und instrumentell ritualisierte, kann als ein Geschenk der Evolution des menschlichen Geistes (Bewusstseins) angesehen werden. Wie dürftig wären unser Denken und Handeln, wenn es eine Lebenswirklichkeit ohne sie gäbe und der schöpferische Geist sich ausschließlich auf das Praktisch-Gegenständliche beschränken müsste.

Zu alldem ist es in der Entwicklung des menschlichen Denkens ein emotionaler und sensitiv-kognitiver Glücksumstand, dass der Mensch die Fähigkeit entwickelte, und bis heute dazu neigt, schwer aushaltbare Ungewissheiten, fehlende, dunkle, schwarze Flecken von Wissen über Lebensumstände und Naturereignisse mit Erklärungen und Verhaltensweisen zu füllen, die nicht verifiziert sind. Über diesen Weg, wie wir wissen bis heute, erlangt der Mensch mehr Sicherheit, Kontrolle über seine Lebenswirklichkeit. Zugleich wuchs mit ihm eine erweiterte, sinnstiftende Gestaltungsmöglichkeit des Lebens. Sie geben ihm emotionale Geborgenheit, fördern sein Wohlbefinden und seine innere Lebenszufriedenheit.

Es ist m. E. unangebracht, den Glauben als ein probates, über Jahrtausende funktionierendes Mittel menschlicher Realitätsbewältigung auf Aberglaube oder religiösen Glauben zu reduzieren. Unser Alltagsdenken

---

[113] Vgl. Fr. Klix, a. a. O., S. 149

[114] Vgl. Andy Clark u. David Chalmers, 1998, The Extended Mind, in Analysis, S. 10 - 23

gibt oft nicht mehr preis, obwohl es keinen Grund gibt, an dieser Glaubensreduktion festzuhalten.

Glaube als eine Denkform und Glauben als eine Art menschlichen Denkens und Handelns steht für eine unzureichende bzw. fehlende Gewissheit. Er steckt das Feld von Unwissen und die Grenze zum Wissen ab. Der Glaube zeigt sich im Schein-Wissen; er wird nicht hinterfragt und soll ggf. auch nicht hinterfragt werden. Glaube ist Nicht-Überprüftes und ggf. auch (grundsätzlich) Nicht-Überprüfbares.

Der Glaube beherbergt Vermutungen, Annahmen und nicht selten Spekulationen. In ihm mischen sich Mythen und Legenden. Seine Inhalte bzw. in Teilen werden für *tatsächlich* Existierendes gehalten. Das menschliche Hinterfragen ist vielfach hintenan gestellt und wird zur Nebensächlichkeit. Der Glaube wird auf diesem Wege zur *eigenen* Wahrheit.

Die Gefahr eines möglichen Fehlschlusses ist mir sehr wohl bewusst, weil der Glaube selbst eine Tatsache, wenn auch idealler, geistiger Natur, ist. Jeder, der an etwas glaubt oder nicht, erfüllt den Bestand einer Tatsache, die Existenz eines Glaubens, von dem der Glaubende mit Gewissheit sagen kann, dass er an das glaubt, *was* er glaubt.

An etwas glauben schafft Orientierung. Es hilft, mit Unklarem, nicht genau Wissendem zurechtzukommen. Glauben impliziert nicht wissen. Aber der Glaube selbst hat den Status des Wissens darüber, dass es Glaube *ist*, von dem der Mensch sich bei erkannten Unwissenheits-, Erklärungs-, Wahrnehmungs- oder Gefühlsnöten befreien kann. Insofern erfüllt der Glaube eine durchaus für den Menschen wichtige realitätstragende Funktion. Das geschieht vor allem in krisendurchtränkten, verunsicherten Zeiten, in denen oft das Verstehen versagt und das irrationale Denken die Oberhand gewinnt, um diese schwer zu ertragende Welt aushalten zu können. Da machen Verschwörungserzählungen, Mythen, Legenden keine Ausnahme, weil mit ihnen oft Wahres und Unwahres zusammengehen. Diese Gemengelage gibt wiederum Raum für Vermutungen, Spekulationen und Gerüchte – alles ist „anrüchig" genug, um unsere Lebenswirklichkeit zu *ver-* statt zu *er*klären.

Bei aller Aufklärung, den Menschen im Kant'schen Sinne zu einem mündigen, selbstbestimmten Bürger zu machen, bei aller gewollter Bildung, bleibt ein nicht zu unterschätzender Teil an Bürgerinnen und Bürgern, die sich dieser Aufklärung nicht stellen wollen (oder nicht können). Sie verlassen sich auf ihr Halbwissen, vertrauen auf das Wissen anderer, hinterfragen auch dieses nicht, ob es wahrhaftig ist, weil Recherchen und Überprüfungen Anstrengungen und Zeit kosten.

Das Glauben ist bis heute leichter ertragbar und machbar, als sich um Wissen zu bemühen. Die hoher Komplexität und Vernetztheit unserer Lebenswirklichkeit macht es uns auch nicht leicht, überschaubar und sicher zu wahrem Wissen zu gelangen. Insofern erfüllt das Glauben auch eine durchaus annehmbare Schutzfunktion, sich nicht mit realen Gegebenheit nachweislich auseinandersetzen zu müssen, weil es durch Unmengen an Informationen in unserem Alltagsgeschäft kaum, ja gar nicht zu händeln ist. Vertrauen ist gefragt. Stattdessen beherrschen vielfach Ängste das alltägliche Leben. Sie sind oft Quellen und Begleiter menschlichen Glaubens.

Menschen, die zutiefst emotional und irrational mit dem Glauben verwurzelt sind, jeden Zweifel ausschließen, sind nicht nur schwer zu überzeugen, weil das Irrationale ihren Denkraum überflutet, sondern sie sind zudem auch schwer – wenn überhaupt – zugänglich für einen respektablen Dialog. Sie sind weder im Verstand noch gefühlsmäßig erreichbar. Sie sind von sich und dem Gesagten derart überzeugt, dass die Kraft oft auch dafür ausreicht, andere für sich und ihren Glauben, den sie für Wahrheit halten, zu gewinnen. Dieses vermeintliche Wissen im Schutzraum des Glaubens lässt keinen Zweifel zu. Die Tür zum Fanatismus und Extremismus ist geöffnet. Sie haben leichtes Spiel, in das menschlichen Denken und Verhalten einzudringen. Eine sich auftuende Lücke würde das ganze unwissende Denkgebäude zum Einsturz bringen. Emotional getragene Überzeugungen, jedoch mit negativen Konsequenzen, wären eine schwer aushaltbare Katastrophe – besonderes für jene mit einem unzureichenden Selbstwertgefühl.

Die Auseinandersetzung mit der Wahrheit ist keine, weil Fakten verdrängt oder nicht anerkannt werden. Der Glaube – sonst wäre er per definitionem kein Glaube – ist über jeden Zweifel erhaben. Mit einem Hinterfragen könnte man u. U. sich selbst angreifbar machen und wehtun.

Das ist in allem die andere Seite des Glaubens, der sich in einer Gestalt von Schein-Gewissheit offenbart, das menschliche Denken und Verhalten nicht erweitert, sondern im starken Maße einschränkt. Der Glaube ist Sicherheit gebend und verstörend, konstruktiv und destruktiv, kreativ und bewusstseinserweiternd, einschränkend und irrführend zugleich.

Bei aller menschlichen Freiheit, glaubend und/oder wissend durch das Leben gehen zu können, bleibt die Verantwortung beim Menschen, welchem er bei seiner Lebensbewältigung unter welchen Bedingungen den Vorzug gibt. Er hat alles in seiner Hand: das Wissen, Meinen und Glauben.

Die Klammer, die Wissen, Meinen und Glauben miteinander verbindet, ist die Wahrheit. Sie ist der Qualitätsmesser kognitiven Denkens und stellt nicht nur unser Wissen immer wieder auf den Prüfstand, sondern sie ordnet zugleich das Meinen und Glauben ihren Platz zu. Insofern sei noch einmal ein Zurück zum bisherigen Diskurs über die **Wahrheit** erlaubt.

Die klare Grenzziehung zwischen Wahrheit und Falschheit ist in der Formalen Logik eindeutig geregelt. Aussagen im Charakter von Meinung und Glaube sind hier deplatziert. Tatsachen- bzw. Faktenaussagen machen Wahrheiten schnell ausfindig. Doch unsere Lebenswirklichkeit ist in dieser Angelegenheit weniger einfach – komplex. Es geht heute nicht allein darum, was wir als wahr bestimmen bzw. erklären können, sondern wir bewegen uns in unserem Wahrheitsverständnis zugleich in einem ethisch-moralischen Kontext. Kann der Mensch sagen, was er will? Wie steht es mit der Meinungsfreiheit und ihrer Beziehung zur Wahrheit? Muss alles, was der Mensch sagt, wahr sein?

Wir wissen, dass das Lügen des Menschen zum Lebensalltag gehört. Den Unterschied zwischen Lüge und Wahrheit herauszufinden, ist manchmal nicht einfach und bedarf oft viel Mühe. Damit sind keineswegs erzählte Geschichte wie Märchen, Sagen oder Science-Fiction-Romane gemeint. Diesen Geschichten Unwahrheiten zu unterstellen ist insofern unberechtigt, weil sie in ihrem Wesen, d. h. im Kern der erzählten Geschichte Lebensweisheiten vermitteln, die der Mensch im Laufe seines Lebens gewann. Es sind keine Wahrheiten im klassischen Sinne der Formalen Logik, die in den Aussagen die falsche von richtigen trennt. Was in ihnen erzählt wird, entspricht selbstredend nicht der Wahrheit; und dennoch tragen sie Wahrhaftiges in sich. Das *Wahrhaftige* ist, was sie als Erzählung als Ganzes mit den Botschaften ausmacht. Es sind die Werte und Normative des Lebens, die als Botschaften erzählt werden, die aus den

Erfahrungen des alltäglichen Lebens gewonnen, in Geschichten komprimiert und von Generation zu Generation weitergegeben werden. Diese Geschichten sind wahr und doch nicht wahr – sie sind wahrhaftig. Es sind geronnene Lebenserfahrungen und Weisheiten des Lebens, die keine Fakten-Wahrheiten in sich tragen, sondern erfahrene Lebenswahrheiten. Sie sind kreative Erzählungen im Mix aus Tatsächlichkeiten und Fantasien, die den Geschichten einen narrativen Rahmen geben, die menschliche Vorstellungswelt anregen und dazu einladen, die Wahrheiten des Lebens in der Moral ausfindig zu machen und Werteorientierung zu geben.

Über Wahrheiten als Lebensbotschaften kann sicherlich gestritten werden, weil sie Interpretationen, Deutungen zulassen – über die Geschichte als Ganzes nicht. Sie unterliegt *im Inhalt* keiner zu beweisenden Tatsachenbehauptung, auch wenn das Narrativ selbst – aufgeschrieben oder erzählt – existiert, objektiv real ist.

Heute schlägt sich der Mensch angesichts einer durchdrungenen digitalisierten Lebenswelt anderweitig mit Wahrheiten herum, die viel brisanter sind und keineswegs einem klassischen Märchen gleichkommen. Sobald wir uns auf dem Boden der Realität bewegen und über gesellschaftspolitische Ereignisse Aussagen getroffen werden, stoßen wir, wie das Leben und die Politik zeigen, auf die Frage nach der *Meinungsfreiheit* und den *Grenzen des Sagbaren*.[115]

In der Geschichte der Philosophie wird in Bezug auf die Wahrheit zwischen Wissen und Meinung unterschieden. Diese Unterscheidung ist berechtigt, weil Tatsachen-, Fakten-, Realitätswissen dem Wahrheitskriterium unterliegt, wenn eine Übereinstimmung zwischen Erkenntnis und deren Inhalt hergestellt ist und somit die Erkenntnis auf dem Niveau des Wissens im Sinne der Gewissheit steht.

Erinnern wir uns: Meinungen sind und bleiben personengebundene Denkpositionen, Haltungen, An- wie Einsichten, die *keinem* Wahrheits-, sondern nur einem Realitätskriterium unterworfen werden können. Die Wahrheit ist stets ein Qualitätsausdruck – der einer Übereinstimmung – einer gesetzten Beziehung zwischen Subjekt und Objekt, zwischen der menschlichen Erkenntnis und deren Gegenstand.

---

[115] Vgl. Philosophie Magazin, Wo liegt die Grenze des Sagbaren, Heft 3/2021

Dennoch passiert es in unserem alltäglichen Sprachgebrauch, sobald über sie Urteile im Sinne von „richtig" und „falsch" gefällt werden. Dieses Urteil ist nicht auf der Grundlage einer Über- bzw. Nichtübereinstimmung zwischen Aussage (Meinung) und deren Inhalt bestimmt, sondern in Form einer zwischenmenschlichen Absprache. Wir haben es hier mit Zustimmung bzw. Nichtzustimmung unter den Meinungsbildnern zu tun. Die Überprüfung des in Bezug auf den Wahrheitsgehalt getroffenen Urteils fällt aus. Der Meinungskonsens wird zur Wahrheit erklärt. Mehr noch: Die Meinung wird immer „richtiger", je mehr sich dieser Meinung anschließen. Wachsende Mehrheiten einer getroffenen Meinung manifestieren sich zu einer *kollektiven* Wahrheit, die bei wachsender Kollektivität objektiver wirkt; doch ihr fehlt jegliche Objektivität.

Um sich vor derartigen Denkfehlern zu schützen, ist der Gebrauch der Worte „wahr" und „richtig" sinnvoll, solange sie begrifflich nicht gleichbedeutend verwendet werden. Eine Meinung kann *wahr* sein, wenn sie nicht nur eine innere Haltung, sondern einen Wissensstandpunkt zum Ausdruck bringt, dessen Inhalt der Beweisbarkeit unterliegt. Sie ist in diesem Kontext zugleich auch *richtig*, wenn sie geteilt wird. Doch diese Teilung der Meinung unter anderen, die durch gegenseitige Zustimmung den Wert der Richtigkeit erhält, ist von Pragmatismus und Utilitarismus bestimmt. Die Wahrheit steht bei Meinungsbildungen zu Recht auf tönernen Füßen. Sie ist bestimmt durch Mehrheitlichkeit und Nützlichkeit.

In unserem Alltagsverständnis wird im Ringen um Wahrheiten nicht selten zugleich um *recht haben* gebuhlt. Zwischen ihnen wird oft kein Unterschied gemacht. Doch wir sind gut beraten, es zu tun. In der Gleichsetzung von Wahrheit und Recht haben vergessen wir den Unterschied zwischen beiden.

Was heißt Recht haben? Während mit Wahrheit eine Eigenschaft der Beziehung im Sinne der Übereinstimmung zwischen Aussage und dessen Inhalt zum Ausdruck gebracht wird, spiegelt sich im Recht haben die Bestätigung der eigenen Auffassung (Wahrheit) mit der eines anderen wider, der der gleichen Meinung ist. Recht haben ist die Berufung auf etwas, was zu dessen Bestätigung führen soll. Es liegt dann eine Übereinstimmung vor, auf die sich berufen werden kann; doch mit Wahrheit hat dies nichts zu tun. Die sogenannte Wahrheit besteht einzig und allein in der Feststellung zweier Aussagen oder Meinungen, die miteinander übereinstimmen. Sie ließe sich ggf. als *subjektive bzw. interpersonelle* Wahrheit bezeichnen.

Doch der Wahrheiten nicht genug. Wie oft wird auch von der einzig wahren Geschichte oder wahren Liebe gesprochen. Alltag und Sprache sind erfinderisch genug, dem Wahren Nachdruck zu verleihen, um so das wirklich oder einzig Wahre zum Ausdruck zu bringen. So sprechen Theologen von der einzig wahren Begegnung – die mit Gott.[116] Das Verliebtsein wird als *die* wahre Liebe wahrgenommen. Verflüchtigt sie sich, ist zugleich alles Wahre entschwunden und Paartherapeuten versuchen deutlich zu machen, dass unter *wahrer* Liebe etwas anderes zu verstehen ist als herkömmlich gemeint. (Und selbst dann hat diese Liebe mit Wahrheit nichts zu tun als nur mit einer emotionalen Wahrhaftigkeit der Verliebten.)

Eine derartige Übertonung von Wahrheit ist irreführend, manipulativ und hat mit einem seriösen Wahrheitsverständnis nichts gemeinsam. Der Versuch, der Sache (Geschichte, Liebe etc.) Nachdruck zu verleihen, um damit mehr Glaubwürdigkeit und Wahrhaftigkeit zu erzeugen, ist allzu verständlich. Lässt man sich auf sie ein, folgt früher oder später die Ent-Täuschung.

Der vorangestellte Diskurs über Wissen, Meinen und Glauben ist nicht unbedacht gewählt. Er führt uns im weiteren Gedankengang zu Spiritualität und Digitalisierung.

In der Spiritualität, so sei hier als These vorangestellt, offenbart sich nicht die Wahrheit, sondern das Wahrhaftige. Die Wahrheit zeigt sich einzig und allein in der Tatsache, dass der Mensch von Spiritualität beseelt ist und jeder spirituelle Inhalt *mit sich selbst* identisch und damit wahr ist. Dennoch wird um den Wahrheitscharakter der spirituellen Inhalte nicht selten gekämpft. Das trifft vor allem dann zu, wenn es um den Glauben an Geistern, Engeln oder anderen Wesen geht, denen eine wahrhaftige Existenz nachgesagt wird.

---

[116] Dezidiert hat sich insbesondere der Religionsphilosoph Martin Buber (1878–1965) mit dem wirklich Wahren in der Begegnung mit Gott beschäftigt. Er folgt dem dialogischen Prinzip zwischen Mensch und Gott, zwischen denen nach seinem Verständnis die *wahre* Begegnung stattfindet. Vgl. Das dialogische Prinzip, Gütersloher Verlagshaus, Gütersloh 1999; vgl. auch H.-Jürgen Stöhr: Alles Wirkliche ist Begegnung, BoD, Norderstedt, 2019, S. 75 ff.

Einfacher ist es dagegen mit der Digitalisierung, dem technischen Transformationsprozess vom Analogen ins Digitale, der alle Lebensbereiche unserer Gesellschaft durchdringt. Keiner kommt auf die Idee, diese Tatsache anzuzweifeln. Interessant wird es dennoch, wie im Kapitel III näher auszuführen wird, dass sich eine analoge und digitale Welt gegenüberstehen. Wir kommen nicht umhin, sie aus heutiger Sicht als zwei, sich parallel gestaltende Welten anzuerkennen. Doch wie steht es um deren Wahrheit bzw. Wahrhaftigkeit? Sind sie diesbezüglich miteinander vergleichbar oder haben wir es hier mit verschiedenen Wahrheiten zu tun? Die Klärung dieser Fragen berührt deren Verhältnismäßigkeit zueinander und zugleich zu sich selbst in Bezug zur menschlichen Wahrnehmung und analogen wie digitalen Lebensgestaltung.

Keiner wird auf die Idee kommen, das Analoge, das unmittelbare Erfahrbare anzuzweifeln. Keiner kommt auf die Idee, die Existenz des Digitalen in unserer Gesellschaft in Frage zu stellen. Und dennoch bleibt Ungeklärtes zurück, wenn digitale Welten erzeugt werden und die Frage sich stellt: Sind die vom Menschen konstruierten, digital begründeten Welten auch reale Welten, die dem Wahrheitsverständnis genügen?

III. Kapitel

Technik und Digitalisierung

Technik, die begeistert · Zweitnatur mit Wirkungskraft

Technikentwicklung *ist* Gesellschaftsentwicklung. Ihr Maß, ihre Qualität, ihre Verwertbarkeit durch den Menschen zwecks Naturaneignung und Lebensgestaltung bestimmt das Entwicklungsniveau und das Fortschreiten der menschlichen Gesellschaft. Beide stehen so eng miteinander, dass wir sie als untrennbar zu betrachten haben. Das heißt auch umgekehrt, dass mit einem neuen Aufbruch gesellschaftlicher Entwicklung sich Möglichkeiten für neuerlichen technischen Fortschritt auftun. Neue Gesellschaften werden zum Kreativraum für neu zu schaffende bzw. weiter zu entwickelnde Technik. Es sind die in den Gesellschaften stattfindenden technischen Innovationen, die Schübe auslösen, gesellschaftliche Entwicklung vorantreiben, sozioökonomische Umbrüche hervorbringen und die Lebenskultur der Menschen verändern. Der Kultur- und Lebenswandel der Menschen ist zutiefst im Technikwandel begründet.

Das Verhältnis von Mensch und Technik ist der Schlüssel der menschlichen Gesellschaftsgeschichte.

Das Zusammenspiel von Mensch, Technik und Gesellschaft wirft Fragen auf: Was treibt die Technikentwicklung an, dass sie wiederum die Gesellschaftsentwicklung vor sich hertreibt? Was ist Technik? Was macht sie zur Zweitnatur des Menschen? Wie erklären sich ihre Doppelwertig- und Doppeldeutigkeit?

Es ist müßig darüber zu befinden, ob Technik gut, schlecht oder gar böse ist und von Natur aus sich für oder gegen den Menschen stellt. *Erstens* ist sie per se da und *zweitens* ist es nicht die Technik, die diesen Werten zukommt, sondern es ist einzig und allein der Umgang des Menschen mit der Technik, der in ihm eine derartige Wertebestimmung auslöst.

Der Mensch ist nur Mensch *geworden*, weil in ihm die Fähigkeit steckt, Technik aus Natur zu kreieren. Technik ist menschgewordene Natur.

In diesen Thesen verbergen sich ethisch-moralische Fragen, die die Entwicklung und Nutzung von Technik berühren: Ist jede Technikerfindung an sich sinnvoll und sollte deshalb auch erlaubt sein? Oder sollten Technikinnovationen Grenzen gesetzt werden – wenn ja, unter welchen Gegebenheiten?

Die Technikentwicklung scheint unaufhaltsam und zeigt sich in ungebändigter Wirkungskraft. Nichts scheint sie auszubremsen, außer durch Selbstzerstörung.

Technikentwicklung 4.0 hat der Mensch auf den Weg gebracht. Sie etabliert sich vollends und schickt sich an, alles an Bisherigem zu übertreffen und in den Schatten zu stellen, wie im Folgekapitel aufzuzeigen ist. In diesem geht es um das grundlegende Verstehen von Technik und Entwicklung im Kontext der menschlichen Gesellschaft. Das Besondere ist, was erst in den folgenden Teilen deutlich wird, dass die Ära der Technikentwicklung bereits vor der Digitalisierung mit dem Spirituellem verbunden war. Wie zeigt sich dieser Zusammenhang oder gar die gegenseitige Beeinflussung von spiritueller Lebenskultur und analoger Technik? Welche Rolle spielte dabei der menschliche Erfindergeist und die damit einhergehende Wissenschaftsentwicklung jener Zeit? Was war in jenem Zeitalter des Vordigitalen bereits an Digitalem angelegt und floss in die Zeit des Postanalogen ein?

Für die weitere Betrachtung ist der Einstieg in ein übereinstimmendes Verständnis von **Technik** hilfreich. Technik leitet sich von dem Griechischen *techne* ab, was so viel bedeutet wie *Kunst, Handwerk oder Kunstfertigkeit*. Als solche repräsentiert sie Gegenstand *und* Methode, vom Menschen erzeugte Artefakte und Verfahren. Wir kennen eine Vielzahl von technischen Gegenständen: Es ist das Messer, das unseren Alltag erleichtert. Es ist auch das Auto, das uns in einer viel größeren Komplexität gegenübertritt als jenes Schneidegerät. Es sind auch die Verfahren zur industriellen Herstellung von Stahl, Ammoniak oder Zement. Es sind Verfahrenstechniken, technische Abläufe, die mittels technischer Instrumente realisiert werden. Wir haben es mit Produktionsanlagen, mit einer vom Menschen kreierten Industrie zu tun.

Hinter *techne* verbirgt sich auch das mit der Entstehung und Entwicklung historisch gewachsene Verständnis, Technik als jenen Teil menschlichen Wirkens zu begreifen, die Natur zu überlisten. Die schöpferische Geistesfähigkeit und körperliche Konstitution des Menschen brachten

Mensch und die natürlichen Gegebenheiten so zusammen, dass durch ihn ein stetiges Um- und Verwandeln der Gegenstände aus der Natur möglich wurde.

Die Geschichte der fortwährenden Naturüberlistung nahm ihren Anfang vor ca. zwei Millionen Jahren. Von Generation zu Generation – bis vor ca. 100.000 Jahren kaum erkennbar – nahmen Menge, Verfeinerung und Spezialisierung zu. Ein Werkzeug folgte einem anderen – und mit ihm die Produktion von ge- und verwandelten Naturstoffen und -gegenständen. Die Anzahl der vom Menschen veränderten und erfundenen Objekte ist im Laufe der Geschichte vom Faustkeil vor ca. 2 Millionen Jahren bis heute auf das Millionenfache gestiegen.[117]

Die Technikgeschichte ist in ihren Wesen eine Zeitgeschichte der *Technikentwicklung*. Sie ist durch fortwährenden Fortschritt bestimmt. Er zeugt von Perfektionierung und Erweiterung des Arsenals von Instrumenten und Verfahren, die heute alles in allem übertreffen, was bisher an Technikmenge und -komplexität existierte. Er ist durch größere und in ihm kleine innovative Qualitätssprünge bestimmt, die sich im Nachgang sehr gut nachzeichnen lassen.

Technik trägt nicht nur unser Leben, sondern sie ist mittlerweile lebens*bestimmend* geworden, was so viel heißt, dass der Grad der Abhängigkeit des Menschen derart groß geworden ist, dass deren Verfall auch den des Menschen in der Gesellschaft nach sich zieht.

Technikentwicklung hat den gesellschaftlichen Fortschritt in Bewegung gebracht. Sie ist *die* treibende Kraft in der sozioökonomischen Geschichte des Menschen. Ohne sie hätte es keine Marker und Umbrüche in der Historie der menschlichen Gesellschaft gegeben.

Technikentwicklung ist als eine Abfolge menschlich-kreativer Basis- und Design-Innovationen zu verstehen. Sie ist der Weg des Menschen, mit seiner körperlichen und geistigen Kompetenz kleine wie größere aufeinander aufbauende, bedürfnisgerechte Kreationen zu schaffen – und das ge-

---

[117] In *Wie wir die Welt veränderten. Eine kurze Geschichte des menschlichen Geistes* (Stefan Klein, S. Fischer Verlag, S. 41) ist eine Grafik, die das exponentielle Wachstum der vom Menschen kreierten Objekte bis zur heutigen Zeit eindrucksvoll darstellt. Es reicht vom Steinwerkzeug bis zum Handy. Aufsummiert sind es ca. eine Milliarde Artefakte.

zielt, gewollt oder auch zufällig, weniger absichtlich. Doch letztlich wird der Mensch angetrieben durch seine Neugierde, durch Versuch und Irrtum und vor allem durch den unbändigen Willen zur Lebensverbesserung.

Technikentwicklung ist das stetige Einfließen menschlicher Erfahrungen, ist geronnenes Wissen in Artefakte, die als Zeugnisse menschlichen Lebens und Lebenskultur auftreten und somit Geschichte der gesellschaftlichen Entwicklung, der menschlichen Kommunikation und Kooperation dokumentieren.

Technikentwicklung ist zudem in seinem Wesen eine Geschichte aufeinander folgender und aufbauender Ideen menschlicher Naturaneignung. Der Mensch macht sich die Natur zunehmend zum Untertan, zu seinem „Knecht" – alles in der vollen Absicht der Naturbeherrschung zwecks praktischer Lebenserleichterung und Wohlstandsförderung, ohne sich zu jeder Zeit bewusst zu sein, dass menschliche Herrschaft über die Natur auch zunehmende Abhängigkeit des Menschen von der von ihm geknechteten Natur bedeutet.[118]

Aller Wandel in der Gesellschaft über Jahrhunderte und Jahrtausende hat seine Quelle im Menschen. Mit Kreativität und handwerklichem Geschick vermag es der Mensch, bewegt durch seine Bedürfnisse und die natürlichen Gegebenheiten, bestimmt durch das gegebene Niveau der Technikentwicklung (Instrumente und Verfahren), zusehends die Natur für sich zu eigen zu machen. Es ist *der* Prozess menschlicher Naturaneignung, der mit dem Fortschreiten der Gesellschaftsentwicklung zur wachsenden Naturbeherrschung und letztlich Naturausbeutung führte. So wurde der Mensch zum alles bestimmenden Subjekt der Naturaneignung und -beherrschung. Er hat der Natur seinen »Stempel« aufgedrückt, der heute als *Antropozän* seinen Namen gefunden hat – als das vom Menschen über die Natur bestimmende Zeitalter.

---

[118] Es ist meinerseits der Verweis auf die Hegelsche Schrift *Phänomenologie des Geistes*. In ihm beschreibt Hegel das asymmetrische und dialektische Verhältnis zwischen Herrschaft und Knechtschaft. Der Knecht, der für andere Arbeitende gelangt, zur Herrschaft über die Natur. Insofern ist der Mensch in einem Teil als ein vom Menschen Geknechteter und zugleich ein durch Arbeit Getriebener, zum Subjekt der Naturbeherrschung. Dabei vergisst der Mensch, dass er mit seiner Naturknechtung von der Natur zurückgeworfen und von ihr selbst beherrscht werden kann.

Die Technik wurde sein selbst geschaffener „Helfershelfer". In dieser beherrschenden Dominanz hat sich die Technik zur *zweiten Natur des Menschen* entwickelt. Darunter verbirgt sich zum einen das Verständnis, dass es ein Bereich der Lebenswirklichkeit des Menschen ist, der sich in der Natur begründet und zugleich aus ihr herausgewachsen ist. Der Mensch hat sich derart verwandelt, dass die Technik dem Menschen viel näher steht als die Natur selbst.

Technik ist vom Menschen zum eigenen Zwecke gewandelte Natur. In dieser Anwandlung hat sie sich verselbstständigt, einen eigenen menschlichen Charakter angenommen. Die Naturumwandlung in technische Artefakte ist der natürliche, vom und für den Menschen geschaffene verlängerte Arm seiner Lebensgestaltung. Diese zweite Natur des Menschen ist ein auf Natur begründetes und zugleich die Natur ausschöpfendes Instrumentarium. Technik ist im Werden eine gewandelte und geronnene Natur-Mensch-Beziehung.

Wir haben es heute mit einer ausgeprägten, aktiv gestalteten *Mensch-Natur-Technik*-Beziehung zu tun, wobei die Dynamik – die Wechselwirkung und gegenseitige Beeinflussung – heute mehr denn je von allen drei Seiten ausgeht. Der Mensch schafft neue Technik, greift mit ihr vertiefend und erweiternd in die Natur ein. Wir spüren es rückwirkend durch den Klimawandel. Die Häufigkeit an Temperaturanstiegen, Trockenheiten, Bränden, Überschwemmungen, Stürmen etc. nimmt zu. Die Natur rächt sich am Menschen, verweist ihn mit ihrer Botschaft in seine Schranken, sie in ihrem Sein und Wesen zu respektieren.

Die Natur nimmt nicht nur Menschenleben, sondern sie zerstört auch die vom Menschen geschaffene Technik: Brücken, Straßen, Häuser, Kulturlandschaften. Warnungen einer derartigen Entwicklung sprach bereits Friedrich Engels (1820–1895) in seinem Aufsatz „Anteil der Arbeit an der Menschwerdung des Affen" aus, wenn er schreibt: „Schmeicheln wir uns indes nicht zu sehr mit unsern menschlichen siegen über die Natur. Für jeden solchen sieg rächt sie sich an uns. Jeder hat in erster Linie zwar die Folgen, auf die wir gerechnet, aber in zweiter und dritter Linie hat er ganz andre, unvorhergesehene Wirkungen, die nur zu oft jene ersten folgen wieder aufheben."[119] Wie recht hatte F. Engels, was heute unsere Sorgen um Naturschutz und Klimawandel zeigen.

Der fortwährende auch von Profit und Macht bestimmte Griff zur Technikentwicklung ist mit dem unbändigen Drang verbunden, nicht nur bestehende Bedürfnisse zu befriedigen, sondern über sie neuerliche zu erzeugen. Das bringt den Mensch selbst und seine natürliche Lebenswelt immer mehr in Bedrängnis.[120]

Die Geschichte der Technikentwicklung ist zugleich eine Geschichte der Menschwerdung, des menschlichen Geistes und des Fortschreitens menschlicher Gesellschaften. Sie stehen in einem unmittelbaren, wechselwirkenden Zusammenhang. Ihre Wechselwirkungen in der Lebensgeschichte des Menschen sind Ausdruck einer Kulturgeschichte von Mensch, Technik und Gesellschaft. Insofern ist die Technikentwicklung eng mit der Geschichte und dem Werden des menschlichen Denkens verknüpft. Aus dieser Warte ist interessant, den Entwicklungsschritten nachzugehen und sie in ihrem Wesen nachzuzeichnen.

Die Zeit des Ur- bzw. Vormenschen reicht bis ca. 3,5 Millionen Jahre zurück. Es ist die Zeit des Pleistozäns, in der die Australopithecinen (Homo erectus) und fortführend der Homo habilis lebten und das Tier-Mensch-Übergangfeld einleiteten und überschritten. Diese zweibeinigen, den Menschenaffen sehr ähnlichen Wesen, die des Zufassens, Ergreifens und Ertastens, des Schwingens von Keulen und Erschlagens von Beute, des Streichelns und Beruhigens ihrer Artgenossen, des Tragens ihrer Säuglinge mächtig waren, hatten auch das Zeug dazu, Steine zu behauen und sie als *Werkzeuge* zu benutzen. Es waren einfache, handballengerechte Steine, die offensichtlich die Funktion hatten, die Wirkungskraft der Hand, z. B.

---

[119] A. a. O. in: Dialektik der Natur, MEW, Bd. 20, S. 452 f., Dietz Verlag Berlin, 1968

[120] Vgl. a. a. O., S. 453 ff.
Über die so genannten menschlichen Ver-Rücktheiten habe ich mich in dem Buch *Alles Wirkliche ist Begegnung* geäußert, BoD, Norderstedt 2019, S. 383 ff. Das Nachfolgende verstehe ich als eine Ergänzung zur Charakterisierung der Technikentwicklung mit Blick auf das Folgekapitel zur Digitalisierung, als einen Qualitätssprung in der Technikentwicklung, mit dem eine neuerliche Technikentwicklungsära eingeleitet wurde.

beim Graben, Auf- oder Zuschlagen, zu verstärken. Es sind abgebrochene Äste oder Zweige, mit den Händen so hergerichtet, dass sie als verlängerter Arm oder als unterstützende Hand zum Erwerb von Nahrung eingesetzt wurden, so wie wir es heute bei Schimpansen beobachten können, wenn sie Geäst so herrichten, um an Termiten zu gelangen.

Wir haben es hier mit Naturgegenständen zu tun, die durch menschenähnliche Hände verändert und zum Werkzeug, einem *Artefakt 1.0,* wurden. Natur als Artefakt 1.0 gewandelt ist *animalisch*: tier-, natur-, triebhaft, elementar, urwüchsig. Der Naturgegenstand zeigte sich in der Qualität seiner wenig aufbereiteten, direkten Nutzung. Es waren nur wenige zweckgebundene Tätigkeiten der Bearbeitung für den Gebrauch erforderlich. Das gefundene bzw. gestaltete und genutzte Artefakt 1.0 ist der vom (Ur- oder Vor-)Menschen angeeignete Naturgegenstand. Diese Naturaneignung bleibt ohne oder nur von geringer Gegenwirkung auf die Natur, jedoch wirkungsvoll für den Menschen.

Dieses Werkzeug, das allgemein auch als Faustkeil bekannt ist, bleibt in seinem Wesen ein Naturprodukt. Neben dem Faustkeil wäre in der Weiterentwicklung des Artefaktes 1.0 das Messer, der Schaber oder auch die Pfeilspitze zum Erlegen von Tieren zu nennen. Es sind Werkzeuge und doch wieder nicht – charakteristisch für den Übergang zur Menschwerdung und weit darüber hinaus. In dieser Zeit liegen mehr als zwei Millionen Jahre.

Was sie gemeinsam bis zu Artefakt 1.0 ausmacht ist, dass in dieser Zeit Werkzeuge verschiedener Art hergestellt wurden, sie jedoch nicht zur Anfertigung neuer Werkzeuge geeignet waren. Dennoch sind sie „die frühesten Zeugnisse jener Wechselwirkung zwischen inneren psychophysischen und äußeren, geophysikalischen und biologischen Bedingungen".[121]

Das wandelte sich grundlegend, als neben diesen Gerätschaften der Stein-und Knochenhobel auftritt. Er ist das erste Werkzeug, das zur Werkzeugherstellung benutzt wird. Es sind z. B. Bohrer, Stichel und anderes Gerät, mit deren Hilfe Naturgegenstände zu Werkzeugen gemacht wurden. Artefakte 1.0 schaffen neuartige, graziler behauene Steine, fertigen Nadeln oder Haken zur weiteren Bearbeitung von Naturmaterialien an. Die fort-

---

121 F. Klix, Erwachendes Denken, a. a. O., S. 46

schreitende Technikentwicklung des Typs Artefakt 1.0 war der Grundstein für das Herstellen von Werkzeugen zur Werkzeugherstellung. Sie sind die *Artefakte 2.0*. Zugleich erfolgte die Verfeinerung jener technischen Gerätschaften, die *nicht* zur weiteren Werkzeugherstellung genutzt wurden. Es sind Steinmesser und Dolche, Klingen aus Feuerstein, verwandelte Speere in Präzisionswaffen zur Tötung von Tieren.[122] Im erweiterten Verständnis hat der Technikentwicklungs-Typ Artefakte 2.0 den des Artefakt 1.0 mit aufgenommen.

Mehr denn je sind diese Werkzeuge eine vom Menschen getragene vergegenständlichte Erfahrung. Sie zeugt von verfügbaren Informationen, geronnenem Wissen, kooperativ getragen, von Generation zu Generation weitergegeben.[123] Wir haben es hier nicht nur mit einer neuartigen Technikqualität zu tun, sondern sie ist in ihrem Wesen mit den verschiedenen Arten der Werkzeugherstellung und deren unterschiedlichen Epochen auch Technikkultur.

Es sind **Technikkulturen**, die als Technologien verstanden werden können, die vom Homo habilis über den Cro-Magnon-Menschen bis zum Menschen in die jüngere Steinzeit reichen.[124] Es sind Technikkulturen[125],

---

[122] Vgl. St. Klein, a .a. O. , S. 48

[123] Vgl. F. Klix, a. a. O.

[124] Vgl. a. a. O., S. 49

[125] F. Klix verweist ebenda und folgende Seiten auf vier Kulturen der Technikentwicklung. Es ist die Kultur des Oldovayums, in der faust- bis handgroße Steine, mit einer Spitze versehen, zurechtgeschlagen werden und noch zu den Artefakten 1.0 zuzurechnen ist. Die Kultur der Acheuéen ist die Zeit der Neandertaler, die Werkzeuge herstellten mit einer zweckbestimmten Arbeitskante zur Neugestaltung von Naturmaterialien. Die Levallois-Technik, die ein weiteres, spezielleres Geschick zur Materialherstellung abforderte, war eine Technikkultur in der späten Zeit der Neandertaler. Die Scheiben-Kern-Kultur ist eine stark rationalisierte und spezialisierte Technik des Cro-Magnon-Menschen. Es entstanden Werkzeugtypen und Materialien, die u. a. dem Fischfang dienten, die Sesshaftigkeit der Menschen beförderten, die die Sozialisation und das Leben des Menschen und dessen individuelle Leistungsfähigkeit unterstützten und rückwirkend als Stimulatoren für neue Kreationen in der Technikentwicklung galten. Für einen Höhepunkt in der Geschichte des Cro-Magnon-Menschen spricht die Flint-Technologie (vgl. a .a. O., S. 266), in der Werk-

die die Qualität der Technik in der Entwicklung selbst beschreiben. Sie sind Zeugnisse, wie Mensch, Natur und Technik immer mehr zusammenfinden und der Mensch mittels seiner kreierten Technik immer mehr sie nutzend und in die Natur verändernd eingreift.

Doch Technikentwicklung steht in einem viel komplexeren Zusammenhang. Sie ist Ausdruck werdender zwischenmenschlicher Kooperation und Arbeitsteiligkeit, der wachsenden sozialen Bewertung menschlichen Denkens und Handelns, des Reflektierens und Lernens, der Kommunikation und des Informationsaustausches.[126] Die Aktivität des menschlichen Geistes, das rasante Wachstum der Informationen und die vom Menschen erfundenen Dinge erfolgten in den letzten fünf bis acht Jahrtausenden in einem exponentiellen Tempo, in einem unbändigem Ausmaß, das kein Ende zu finden scheint, solange der Mensch sich in seiner tradierten Lebenswelt bewegt.[127]

Soweit wir hier von einer Technikkultur sprechen, geht das Verständnis über das hinaus, was F. Klix in seinen vier Kulturen der Technikentwicklung beschrieb. Technikkultur versteht sich als gemeinsame Weise des gesellschaftlichen Lebens, der Sprache, Kommunikation bzw. des Informations- und Ideenaustausches. Technikkultur ist von Geist und menschlichem Denken beseelt und zeugt von einer bestimmten Qualität des menschlichen Zusammenlebens.

Die Frage, die sich hier stellt, ist: Wie sind das archaische und animistische Denken, die Lebensweisen des Menschen als Teile der frühen Technikkultur und gesellschaftlichen Entwicklung einzuordnen?

Das mit Urwüchsigkeit *und* Spiritualität frühzeitliche Denken, die damit verbundene Geschichte der Entwicklung des Menschen und Technikentwicklung lassen letztere zu einer Kultur des Lebens werden. **Kultur** versteht sich als eine Lebensform (Lebensweise) des Menschen, in die das menschliche Denken und Handeln, das zwischenmenschliche Zusammenleben (Verhalten) mit seinen Ge- und Verboten, die von ihm geschaffene

---

zeuge zur Herstellung von Werkzeugen, zu denen u. a. Sichel und Säge zählen. (vgl. a .a. O., S. 139 f.)

[126] Vgl. St. Klein, a. a. O., S. 41

[127] Vgl. a .a. O., S. 42

Technik und Technikhandhabungen, das gesamte vom Menschen erzeugte und genutzte gegenständliche und geistige Equipment einfließt. Sich in den Anfängen jener Technikkultur festzulegen, ist bestimmt von den archäologischen Funden.

Der zeitliche Rückgriff ist aufgrund der gefundenen Artefakte bis in die Zeit des Neandertalers möglich, einem Abkömmling des Homo erectus, der vom Homo sapiens, dem Cro-Magnum-Menschen verdrängt wurde. Hier kann von einem Zeitraum von bis zu 100.000 bzw. 40.000 Jahren gesprochen werden.

In der qualitativen Beschreibung jener Technikkultur ist es eine Zeit der kollektiven Lebensbewältigung, die mit hierarchischen Strukturen und sozialen Kompetenzen in der Entscheidungsfindung einherging.[128] Im Zuge wachsender Sesshaftigkeit veränderten sich nicht nur die Anforderungen an neuartiges technisches Gerät und mit der Technik verbundene Lebensweise, sondern wuchsen auch soziale Gruppen und Arbeitsteiligkeit, das Regelwerk des Zusammenlebens. Das Gemeinwesen wuchs neben menschlicher Integrität und Natur. Die Macht über Mensch und Technik behielt die Natur und mit ihr die Art und Weise, wie der Mensch zu jener Zeit dachte und lebte.

Diese von der Natur auf den Menschen ausgeübte Macht, das hohe Maß der Abhängigkeit des Menschen von ihr, war nicht nur von seinem Urwesen der Einfachheit, sondern zugleich von einem *Animismus* geprägt. In Bedarfs waren sowohl Ausdruck menschlicher Kreativität als auch geistig bildhafte Darstellungen, Symbolbilder und Rituale flossen Emotionen des Erlebten ein. Die Herstellung von Zeichnungen und Skulpturen, Schmuck und Musikinstrumenten, von bemalten, verzierten, ausgeschmückten Gegenständen des täglichen Bedarfs war sowohl Ausdruck menschlicher Kreativität als auch künstlerischer Fähigkeiten, dem Leben eine ästhetische Note zu verleihen. Mit dem praktisch Nützlichen hat der Mensch den Dingen des Lebens eigens emotional gebundene Formen und Farben gegeben. Die Gestaltung, Pflege und Nutzung von Plätzen oder Räumen, ritualisierte Tänze, die die Verbindung zwischen Mensch und Natur herstellten, waren den übernatürlichen Kräften gewidmet. All das ist Technikkultur, ist Kul-

---

128 Vgl. F. Klix, a. a. O., S. 148

tur menschlichen Lebens mit Geist, Natur und Technik. Diese beschriebene Einheit sei als *Artefakt 3.0*[129] verstanden.

Das archaisch-animistische Denken ist des Menschen tragendes Alleinstellungsmerkmal. Es sind vom ihm erbrachte, von der Natur losgelöste und doch mit ihr in Verbindung stehende geistige, kreative Leistungen und Produkte. Es ist die Malerei von Bisons in der Höhle von Altmari, die Knochenflöte aus dem Hohlfels bei Ulm[130] oder der Totemismus, die Beseeltheit, den Geist des Menschen nach außen tragen. Es sind die gepflegten Rituale an den Kult(ur)stätten, die sie zum *Kult* machen und der Verehrung und Versöhnung mit dem Übermenschlichen dienen.[131] Es ist die eng an das archaische, animistische Denken gebundene Bildersprache.

Soweit zu jener Zeit Zeichen bzw. Symbole verwendet wurden, waren es kommunikative Mittel, die primär den Zweck magischer Handlungen hatten. Dahinter stand die Absicht, „auf etwas anderes zu verweisen, für etwas anderes zu stehen, es zu ersetzen".[132] Die in den magischen Kulten genutzten Bilder, Formen, Farben, Zeichen, Symbole hatten nicht die Funktion der Vermittlung einer Nachricht oder Information unter den Menschen, sondern sie standen für Botschaften an Kräfte des Übernatürlichen. Insofern sind derartige Signale und Signalbilder die ältesten, vom Menschen hervorgebrachten Zeichen mit magischem Ausdruck und spiritueller Wirkung. Es sollten Jahrtausende vergehen, bis sich aus dieser Kultur eine neue wandelte.

Die kult(ur)bedingte Technikentwicklung veränderte sich, als Regionen des sozialen Zusammenlebens zu menschlichen Ballungsgebieten wurden, die an das Miteinander unter den Menschen grundsätzlich neue Anforderungen stellten. Aus ländlich-dörfischem Leben wurde städtisches. Produktion und Handel, Verpflichtungen und Abhängigkeiten, die Gewährleistung von Ordnung und Sicherheit, Ansprüche, Rechte und Pflichten ver-

---

[129] Artefakt 3.0 löst die vorigen beschriebenen Artefakte nicht ab, sondern nimmt sie mit in sich auf. Das heißt, die über viele Generationen, Jahrtausende hinweg bestehenden Artefakte verschwanden nicht, sondern existierten anbei.

[130] Vgl. St. Klein, a. a. O., S. 75, 38

[131] Vgl. F. Klix, a.a.O., S. 171

[132] A. a. O., S. 185

langten eine Neuordnung des Gemeinwesens. Die zwischenmenschliche Kommunikation, der Informationsaustausch musste auf grundsätzlich neue Füße gestellt werden. Mit der ritualisierten bzw. spiritualisierten Sprachbildung und Zeichen- bzw. Bildverwendung waren diese Anforderungen nicht zu bewältigen.[133]

Während die Lautsprache lange vor dieser Zeit – also vor ca. 20.000 Jahren – verfügbar war, brauchte es nun in den städtisch wachsenden Räumen, die sich vor ca. 8.000 Jahren herausbildeten, das Wissen, wie u. a Mengen zu teilen, Schuldansprüche zu dokumentieren waren. Es wurde ein vollkommen neuartiges Zeichengut erforderlich.[134]

Die Entstehung von Schrift und Zahlzeichen verschaffte den Durchbruch von der ritualisierten Bildersprache hin zur entritualisierten Zeichensprache, die der Sozialisation einen qualitativ neuartigen Entwicklungsschub gab. Das Instrument Schrift, mit deren Hilfe Gedanken, Erfahrungen und Erlebtes dokumentiert, Aufzeichnungen über Handel, Vereinbarungen und Regeln des Zusammenlebens festgehalten wurden, revolutionierte die bisherige Kultur der Technikentwicklung. Es waren anfänglich Bildzeichen, wie sie uns bei den Hieroglyphen bekannt sind. Doch waren sie in der Funktion im Vergleich zur Zeit des archaisch-animistischen Denkens vor über 50.000 Jahren weit fortgeschritten.

Das gewachsene „kollektive Gehirn"[135] bewirkte eine Veränderung der Symbolbildung und Zeichensprache, die es möglich machte, den praktischen Anforderungen der Lebenswirklichkeit – abstrakte Klassen- bzw. teilbare Mengenbildung, verbunden mit Schrift und Zahlzeichen (Ziffern) – gerecht zu werden. Das brauchte seine Zeit, bis Rechenoperationen und mit Zeichen Worte und sinnvolle Sätze gebildet und in ihnen gedankliche Inhalte in komplexer Weise ausgedrückt werden konnten.

Alles zielte letztlich darauf hinaus, mit diesem neu gebildeten Artefakt die Lebenswirklichkeit nach innen (Gesellschaft) und nach außen (Natur) zu beherrschen.

Dieser Qualitätssprung, der Schrift und Zahlensystem hervorbrachte,

---

[133] A .a. O., S. 185
[134] A. a. O., S. 184 f.
[135] Vgl. St. Klein, a .a. O., S. 57 ff.

kann hinsichtlich dieser Merkmalsbeschreibung als *Artefakt 4.0* bestimmt werden.

Während sich Artefakt 4.0 von seinem o. g. Alleinstellungsmerkmal befreite, vermochte es die Kultur der Technikentwicklung nicht. Es gilt auch für Artefakt 4.0, dass es die geschichtlich vorgebildeten Artefakte nicht komplett abschüttelte, sondern diese als Reliquien in Gestalt von Bilddarstellungen und im archaisch-animistischen Denken fortlebten. Religionen, Vielgötterei und mit ihnen die Rituale naturgebundener Götteranbetungen und -beschwichtigungen bestimmten nach wie vor das Leben und den Glauben der Menschen an übernatürliche Kräfte.

An einem Leben mit und im Spirituellen hat sich nichts geändert. Was sich jedoch veränderte, war die Möglichkeit, mit neuerlichen Erfahrungen und Erkenntnissen, mit astronomischen Berechnungen (wie z. B. durch die Voraussage einer Sonnen- oder Mondfinsternis oder von anderen außerirdischen Ereignissen), die Spiritualität der Menschen zu nutzen, um so Einfluss auf sie auszuüben, sie zu manipulieren, sie in ihrer Spiritualität zu stärken oder von ihr abhängig zu machen.

Das archaisch-animistische Denken, ohne dass dieses im Menschen vollkommen verloren ging, wandelte sich mit der Erfindung und Nutzung einer sprachgebundenen Zeichenbildung und mit der Herausbildung eines komplexen Schrift- (Buchstaben, Worte, Sätze, Erzählungen) und Zahlensystems (Fünfer-, Zehner-, Zwanziger-, Sechzigersysteme). Die kognitive Beherrschung der Lebenswirklichkeit verfestigte sich. Begriffe werden in Termini (Wörter), Zahlen in Form von Ziffern mit einem hohen kognitiven Leistungswert abgebildet. Deren Effizienz hat nicht nur mit dem urbanen Zusammenleben der Menschen Einzug gehalten, sondern auch mit der Fähigkeit zur Mengenbildung und zum Kommunikations- und Informationsaustausch. Mittendrin bewegt sich die menschliche Spiritualität. Der Artefakte-Wandel tat dem Spirituellen keinen Abbruch, sondern qualifizierte sie immer mehr über und mit Sprache *und* Schrift.

Jedes Artefakt ist von Kultur und Technik bestimmt und eine historisch einzuordnende Form menschlichen Zusammenlebens. Sie sind ein Symbol des Lebens und repräsentieren „Werkzeuge für den Verstand"[136].

---

[136] Vgl. a. a. O., S. 13

Die Geschichte von technischem Fortschritt und gesellschaftlicher Entwicklung in Epochen oder Revolutionen einzuteilen,[137] ist eine hilfreiche Unterstützung bei deren Systematisierung und Charakterisierung.[138]

Der Wandel von Bildsymbolen hin zur Schrift- (Wörter und Sätze) und Ziffernbildung (Mengen und Zahlen), was in einer außergewöhnlichen hohen Geistesleistung und Abstraktionsfähigkeit begründet ist, währte über dreitausend Jahre, bis Mitte des zweiten Jahrtausends unserer Zeit mit Johannes Gutenberg (1400–1468) der mechanisierte Buchdruck die Verbreitung von Informationen revolutionierte.[139] Bücher – um ein Vielfaches gedruckt und verbreitet – schickten auf damalig kurzem und schnellem Wege Informationen und Wissen, Lügen und Wirklichkeitsverzerrungen in die Welt. Selbst die Kirche wusste dieses vermeintliche Teufelswerk zu schätzen und zum eigenen Vorteil zu nutzen. Es war der Beginn passiver, netzwerkartiger Informationsverbreitung – das Internet des späten Mittelalters, das die Kultur des zwischenmenschlichen Lebens neben anderen technischen Innovationen grundlegend veränderte. Technik und Wissenschaft stellten sich zur Zeit der Renaissance neu auf. Es ist der Zeitbeginn einer Technikkultur und des Wandels hin zum Frühkapitalismus, der sie als *Artefakt 5.0* markieren lässt.

---

[137] Vgl. St. Klein, a .a. O., S. 12 ff.; vgl. auch https://de.wikipedia.org/wiki/Kondratjew-ZyklusKondratjeff-Zyklen ist eine hilfreiche Unterstützung bei der Systematisierung und Charakterisierung der Menschheits- und Technikentwicklung

[138] In diesem Zusammenhang ließe sich in der Gesellschaftsentwicklung ein jeweiliger sozial-ökonomischer, mit der Technikentwicklung einhergehender Paradigmenwechsel in der Abfolge von ca. fünfhundert Jahren – und das bis ca. 3.000 Jahre – beschreiben. In der Zeitrechnung weiter zurück müssten dann zeitlich größere Abstände eingeräumt werden. In der Zurückverfolgung der Technikentwicklung der letzten zweihundert Jahre sind technische Basisinnovationen in einem Zyklus von ca. fünfzig Jahren erkennbar, auf die in der Fortsetzung dieses Kapitels näher eingegangen wird. Die von mir vorgenommene Einteilung in die jeweiligen Artefakte ist der Versuch, in den Gedanken vorbereitend und gezielt auf den Zusammenhang von Spiritualität und Technikentwicklung hinzuführen.

[139] Die Anfänge des Buchdrucks lassen sich bis ins achte Jahrhundert in Ostasien zurückverfolgen.

Die Technikkultur 5.0 beschert uns exponentielles Wachstum in allen Bereichen der Gesellschaft: Stadtentwicklung und Bevölkerungswachstum, Mechanisierung der Technik und Universitäten, Fortschritte in der Naturerkenntnis, Inquisition und Hexenverfolgung, Aufklärung und Mystizismus. Es ist ein Epochenbruch, der alle vorangegangenen Artefakte vor 5.0 und deren Geschichten voneinander trennt.[140]

Die Renaissance des 15. und 16. Jahrhunderts stellte die Weichen für einen Übergang in die Neuzeit. Kunst und Kultur, Technik und Wirtschaft befanden sich im Um- und Aufbruch. Sie bereitete den Boden für eine Kultur des Wissens, des Wachstums und damit den Nährboden für eine ab dem 18. Jahrhundert beginnende Industrialisierung des gesellschaftlichen Lebens.

Artefakt 5.0 ist ein von Wissenschaft *und* Technik angetriebenes Zeitalter besonderer Art. Wir haben es hier mit einer Technikkultur zu tun, die von Massenhaftigkeit und Massenwirksamkeit charakterisiert ist und das Markenzeichen der *Industrialisierung* trägt. Sie hat ihren Vorgänger in der Mechanisierung.[141]

Es ist die Zeit des Paradigmenwechsels von Welt-, Lebens- und Menschenbild. Mit ihm ankert das Newton'sche Weltbild. Das 17. Jahrhundert offenbart mittels Wissenschaft und Technik ein Welt- und Menschenbild, bestimmt durch einen Laplace'schen Dämon[142], der Voraussagbarkeit und Berechenbarkeit von Weltgeschehen, getragen von der Auffassung, dass der Mensch eine Maschine sei[143] und die Natur mechanischen Gesetzen

---

[140] Diese hier getroffene Bewertung versteht sich mit Blick auf die nachfolgenden Etappen der Industrialisierung und die Digitalisierung.

[141] Die Mechanisierung ist dadurch charakterisiert, die menschliche Arbeitskraft mit einem Werkzeug über den einfachen Gebrauch hinaus mit einfachen Maschinen zu unterstützen. Es sind Wasser- und Windmühlen, mechanische Webstühle oder Fahrzeuge. Die Mechanisierung charakterisiert die Industrialisierung in der ersten Phase: Industrie 1.0.

[142] Vgl. Offray La Mettrie, Der Mensch eine Maschine

[143] *Issac Newton* (1643–1727) verfasste in der Philosophiae Naturalis Principia Mathematica die bekannten drei Newton'schen Gesetze. *Pierre-Simon Laplace* (1749–1827), französischer Mathematiker, Physiker und Astronom, meinte, mit seiner Wahrscheinlichkeitsrechnung, Ereignisse des Lebens voraussagen zu können. *Julien Offray de La Mettrie* (1709–1751) schockierte als Arzt mit

folge.

Die Industrialisierung durchläuft wie die Gesellschaftsentwicklung der letzten zweihundert Jahre eine Geschichte des Wandels. Er zeigt sich in der Verstärkung und Verlängerung der menschlichen Hand und des Geistes mittels industrialisierter Werkzeuge und Produktion. Es sind Maschinen besonderer Art, vom Menschen entwickelt – aus Neugier, Macht und Profit – step by step, von der Industrie 1.0 auf dem Wege hin zu Industrie 4.0.

Was verbirgt sich hinter diesen Industrien? Wie nähern wir uns über sie an die Digitalisierung und Spiritualität?

Industrialisierung und gesellschaftlicher Fortschritt geben sich gegen- und wechselseitig die Hand. Mathias Greffrath resümiert in seinem Hörfunkmanuskript „Anmerkungen zur Automatisierung. Von der Zukunft des homo sapiens": „Das Leben ohne die Mühsal der Arbeit: Es blieb 2.000 Jahre lang ein Traum der unteren Klassen – und das waren neun Zehntel der Völker. In den Utopien der Renaissance stützten kühne technische Erfindungen zwar die Idee einer Gesellschaft von Gleichen. Aber erst in der Gleichzeitigkeit von Aufklärung und Industrieller Revolution begannen sich Fortschritt in der Naturbeherrschung und Fortschritt in der Freiheit zu verbinden."[144] Hier offenbart sich ein weiteres, spezifisches, signifikantes Merkmal, das den doppelfreien Lohnarbeiter herausstellt. Das heißt frei von Leibeigenschaft und gebundener Örtlichkeit und frei in der Wahl der Arbeit. Der Weg von der Mechanisierung zur Industrialisierung war im 19. Jahrhundert geebnet.

Die in jenem Jahrhundert eingeleitete Industrialisierung (Artefakt 5.0) vollzog sich in Schritten, die als Industrie 1.0, 2.0 und 3.0 beschrieben werden kann. *Industrie 1.0* ist die Zeit der komplexen Mechanik an Werkzeugen wie die eines Webstuhls, des industriellen Einsatzes von Kohle und Wasser, mit deren Hilfe Dampfmaschinen betrieben wurden. Dampfschiffe, Eisenbahnen, Dampfhammer und andere unter Kohle und Feuer stehende Großwerkzeuge der Eisen- und Textilindustrie bestimmten den

---

seiner oben erwähnten Schrift die Öffentlichkeit und folgte dem damaligen Zeitgeist der Aufklärung und des mechanischen Materialismus und Determinismus.

[144] In: Dlf Audiothek, deutschlandfunk.de

technischen Fortschritt jener Zeit.

In der zweiten Hälfte des 19. Jahrhunderts gab die Elektroindustrie der Industrialisierung einen neuen Innovationsschub (*Industrie 2.0*). Elektromotoren wurden in der industriellen Produktion zu einer neuerlichen Antriebskraft für eine steigende Produktion und damit für Wachstum in der Wirtschaft. Mit ihr wandelte sich die Mobilität. Die Autoindustrie hielt Einzug, als neben der Kohle das Erdöl als Energiequelle für die Industrie entdeckt wurde. Die industrielle Fertigung wandelte sich in Gestalt zunehmender Fließbandproduktion. Die Mobilität schlug sich auch in den Kommunikations- und Informationswegen nieder. Der Erfindergeist an Elektrizität und Kommunikationstechnik war um das Jahr 1900 ungebremst.

Industrie 3.0 etablierte sich in der Mitte des 20. Jahrhunderts. Sie leitete die Automatisierung der Industrie und Produktion ein und markierte den Anfang für eine später weltumspannende Digitalisierung der Lebenswelt. Bis dahin sollten weitere fünfzig Jahre vergehen. Industrie 3.0 legte den Grundstein und ebnete dafür den Weg. Regeltechniken und automatisierte Verfahrenstechnik bestimmten die Produktion. Riesige Rechenmaschinen kamen zum Einsatz, die mit umfänglichen Vorbereitungen, wie u. a. das Stanzen von Lochkarten, Berechnungen anstellten oder mit deren Hilfe automatisierte Maschinen betrieben wurden. Die Informationstechnik, die ihre Grundlage in der Kybernetik hatte, sorgte für mehr Schnelllebigkeit in der Arbeits- und später auch umfänglich in der Lebenswelt. Es waren die 60er und 70er Jahre, Jahrzehnte des Aufbruchs folgender Technikentwicklung, die im Vergleich zur Vergangenheit die Lebenswirklichkeit der Menschen in der modernen Welt als Ganzes beeinflussten. Es war die Zeit, in der die Technik sich in den privaten Haushalten etablierte. Es waren die Fernseher, Waschmaschinen, Kühlschränke, Staubsauger, div. Küchengerätschaften und nicht zu vergessen das geliebte Auto.

Der Computer hatte in den 40er Jahren des vergangenen Jahrhunderts seine Geburtsstunde und löste in Folge die klassische Schreibmaschine ab, die einhundert Jahre ihren Dienst für den Menschen leistete. Der Personalcomputer (PC) steht als *das* Sinnbild für eine beginnende Digitalisierung in Verwaltungen und privaten Haushalten. Mit der Einführung der Personal- bzw. Heimcomputer in den 80er und frühen 90er Jahren hatte die Industrie 3.0 ihren Höhepunkt erreicht und leitete den Übergang in *Industrie 4.0* ein. Es wurde die Zeit der aufkommenden Digitalisierung in der Produktions- und Arbeitswelt – der Lebenswelt schlechthin. Das Internet, die kleinräumige Vernetzung von Maschinen und ganzer Produktionsanlagen, das Intranet in einem Betrieb, die Robotertechnik hielten Einzug. Die weltweite Vernetzung, lernende Algorithmen, Big Data etc. mögen nur wenige der hier vermerkten Phänomene der sich offenbarenden Industrie 4.0 sein.[145]

Ziehen wir ein Resümee stattgefundener Technik- und Industrieentwicklung, so wird erkennbar, dass der Mensch über Jahrtausende seine Hand durch die von ihm kreierten Werkzeuge verstärkte. Er setzte den in den letzten zwanzig Jahren geschaffenen Werkzeugen eine intelligente Krone auf und stattete die Maschinen mit Künstlicher Intelligenz (KI) aus. Der Mensch verlängerte nicht nur seine Hand, sondern erweiterte mit ihr seine Sinne und geistig-rationale Kompetenz. Er überlässt das geistig-kognitive Arbeiten zunehmend den Computeralgorithmen, die vielfach organisierende, kreative und musische Tätigkeiten übernahmen.

Es ist eine Technikkulturentwicklung, mit der erkennbar wird, wie Mensch und Technik immer mehr miteinander verschmelzen und *eins* werden. Die anstehende Entwicklung ist vorausschaubar. Doch ist mit dieser Entwicklung zugleich einsehbar und nachvollziehbar, dass der Mensch sich mit dieser Entwicklung vollends identifizieren kann? Läuft er vielleicht Gefahr, dass die fortschreitende, von ihm selbst hervorgebrachte Technikentwicklung eines Tages sich gegen ihn stellt? Diesen Fragen wird im folgenden Kapitel nachzugehen sein.

Alles spricht dafür, dass Industrie 4.0 noch nicht der Höhepunkt und schon gar nicht das Ende bisheriger Technik- und Industrieentwicklung ist. Es geht weiter und weiter, was den Menschen auch dazu antreiben mag. Menschliche Technikkreationen scheinen unerschöpflich zu sein und verfolgen das unbändige Ziel, Körper- und Geisteskraft erweitern und sich mit Digitalem verschmelzen zu wollen.

---

[145] Vgl. https://industrie-wegweiser.de

Digitalisierung · Technikentwicklung 4.0

Die vom Menschen geschaffenen Werkzeuge sind nicht nur seine über die Geschichte zunehmend verlängerten Hände, sondern zugleich auch sein von ihm selbst vorangetriebener, erweiterter Geist, der sich als ein kreatives, kollektives Gehirn zeigt[146]. Mensch und Technik haben sich zu unzertrennlichen Partnern zusammengetan. Technik ist menschlich – der Mensch ist ein homo technicus. Es wuchsen beide über die Jahrtausende immer mehr zusammen, was die Evolution der Menschwerdung begründete.

Industrie 4.0[147], die durch Digitalisierung gekennzeichnet ist, stellt den bisherigen Höhepunkt in der Technikentwicklung dar. Was ist Digitalisierung? Was ist darunter zu verstehen? Was machte sie mit dem Menschen, was er selbst hervorbrachte?

Soweit wir einen Blick auf die Technikentwicklung und deren Geschichte werfen, gehen Neuentwicklungen ungebremst ihren Weg. Doch was bedeutet neue Technik im Niveau von Industrie 4.0 – und was kommt danach?

Der Zusammenfluss von Mensch und Technik im Sinne eines verlän-

---

[146] Vgl. St. Klein, a. a. O., S. 61

[147] Um einer möglichen terminologischen und begrifflichen Verwirrung entgegenzuwirken, sei im Sinne einer verständlichen Systematisierung angemerkt: Industrie 4.0 versteht sich als Technikentwicklung 4.0 als den allumfassenden Einstieg in die Digitalisierung. Sie ist Teil von Artefakt 5.0. Im Zuge der Technikentwicklung im Charakter der Industrialisierung, beginnend mit dem 19. Jahrhundert von der Mechanisierung (Industrie 1.0) bis zur Automatisierung (Industrie 3.0) in der Mitte des 20. Jahrhunderts ließe sich Artefakt 5.0 ausdifferenzieren in 5.1 bis 5.4. Es sei den historischen Systematikern überlassen und insofern kritisch angemerkt, ob Industrie 4.0, die die Digitalisierung einleitete, in die Technikentwicklung 5.0 eingeordnet werden sollte oder mit Industrie 4.0 sich bereits ein weiterer Artefakt der kultur-technischen Entwicklung erschließt. Das wird sicherlich die weitere Geschichte der Technikentwicklung mit sich bringen. Wenn die Künstliche Intelligenz in ihrer Entwicklung, mit der zunehmenden Verschmelzung von Mensch und Technik eine neue Qualität erreichen sollte, wie in diesem Kapitel nachfolgend beschrieben, dann stünde der Ausbildung von Artefakt 6.0 nichts mehr im Wege und Artefakt 5.4 wäre dann dem von 6.1 zuzuordnen. Die weitere Geschichte der Technikentwicklung, insbesondere die der Digitalisierung wird es richten.

gerten Armes und vergrößerten Gehirns hat auch seine Kehrseite. Mit jedem neuartigen Zusammenwachsen von Mensch und Technik wuchs auch die Abhängigkeit zwischen ihnen. Die Freiheit des Menschen durch Technik vermittelt Unabhängigkeit und Abhängigkeit zugleich. Die Erfolgsgeschichte und der Siegeszug der Digitalisierung offenbart ihre Janusköpfigkeit[148].

Die soziokulturelle und technische Entwicklung der menschlichen Gesellschaft füllt sich zusehends mit Industrie 4.0. Mit ihr öffnet sich nicht nur eine Seiten- oder Hintertür neuerlicher technischer Innovation, sondern auch ein Tor mit einer vollkommen andersartigen Zukunft. Sie ist von realen Bildern gezeichnet. Sie steckt voller Visionen. Sie zeigt ihre *Verrücktheiten*, die die Künstliche Intelligenz (KI) immer mehr offenbaren wird.

Diese gesellschaftlich in alle Bereiche durchgreifende Entwicklung des Digitalen wird als **Digitalisierung** verstanden. Im Zuge dessen fallen auch die Worte wie *digital* bzw. *Digitales, Digitalisat, Digitalität* und *Künstliche Intelligenz* ins Gewicht. Sie in ihren inhaltlichen Bedeutungen aufzuhellen, soll Klarheit im Grundverständnis und Gebrauch bringen – und das soweit, wie es für das Anliegen dieses Diskurses sinnvoll erscheint.[149]

In dem Wort *Digitalisierung* verbirgt sich das Lateinische *Digitus* für Finger – im Englischen und in der Wortbezeichnung für *Zeichen*. Finger und Zeichen miteinander in Verbindung zu bringen ist gar nicht so abwegig, wenn man bedenkt, s bis heute noch vielfältige Finger- und Handzeichen als Symbole der Vermittlung von Botschaften genutzt werden, was immer eine Deutung durch den Empfänger voraussetzt. Es ist eine Finger-

---

[148] Janus war der römische Gott des Anfangs und des Endes. In Bildern oder auf Münzen fand das seinen Ausdruck in einer Doppelkopfdarstellung. Er verkörpert den Sinn, dass Dinge oder Umstände zwei oder mehr Bedeutungen in sich tragen können. Die bereits oben erwähnte Ambiguität bringt die Dualität des Lebens zum Ausdruck, das sich als Licht und Schatten, Vergangenheit und Zukunft, einfach und kompliziert usw. erweist.

[149] Neben diesen Termini und Begriffen ist auch in der Literatur der der *Digitalizität* im Umlauf, auf den Jan Distelmeyer in seinem Buch *Kritik der Digitalität*, Kapitel 1.2 Mythos/Materie (Digitalizität und Computerisierung) verweist. Vgl. a. a. O., Springer Fachmedien, Wiesbaden 2021

sprache der Informationsvermittlung und menschlichen Gestik, deren Tradition und Nutzung weit in die menschliche Vorgeschichte hineinreichen und mit dem archaischen Denken verknüpft sind.

Diese natürliche, mit Fingern ausgedrückte Zeichensprache hat mit dem Wort *Digitus* Pate für all das gestanden, was an neuer Technikentwicklung (Industrie 4.0) hervorzubringen war. Insofern liegt es nahe, dass in unserer Sprache die Bezeichnung *Digitalisierung* Einzug hielt.

Mit der Digitalisierung beschreiben wir in unserer Sprache Entwicklung, Verfahren und Technik neuerlicher Qualität, die das Analoge transformiert. *Digitalisierung als Entwicklung* versteht sich, wie bereits oben angemerkt, als *eine* geschichtliche Epoche einer über Tausende von Jahren währende, von Generation zu Generation weitergereichte Technikentwicklung. Mit ihr hat die Technikentwicklung einen Punkt erreicht, was Mensch je an Technik kreieren vermochte. Es ist der *Wandel des Lebens vom Analogen ins Digitale*, der inzwischen in alle Bereiche des gesellschaftlichen und menschlichen Lebens hineinreicht. Es ist eine Transformation, die sich gut mit dem Übergang der Herstellung von Werkzeugen zur Herstellung von Werkzeugen vor gut 100.000 Jahren vergleichen lässt.

Digitalisierung ist Verfahren. In diesem Sinne gleicht sie einem Vorgang der Umwandlung von einer Art bisher bekannter und genutzter Technik in Neues an Verfahren und Artefakte des menschlichen Lebens. Es ist der immer weiterreichende, schrittweise Vollzug, die analoge Lebenswelt mit einer dafür entwickelten Technik in eine digitale zu verwandeln. Insofern haben wir es hier mit einem allumfassenden technologischen Vorgang zu tun, in dem die Umwandlung vom Analogen zum Digitalen bewerkstelligt wird. Dazu bedarf es einer Technik, die selbst der Digitalisierung unterliegt und wiederum neue digitale Technik hervorbringt. Damit erfahren diese Technik und eigens für die Digitalisierung entwickelte Verfahren selbst eine Entwicklung. Es ist ein sukzessives Fortschreiten und Entwickeln an digitaler Technik und Verfahren.

Digitalisierung ist in Gestalt von Technik geronnene Digitalisierung. Die Digitalisierung findet ihr Produkt in den Endgeräten. Es sind digitalisierte Techniken, die das bereitgestellte Digitale nutzbar machen. Es ist der Laptop und der Scanner, das Smartphone und die inzwischen vielfach gebrauchte Tafel in der Bildung, die wir als unsere alltagstauglichen, digitalen Geräte kennen.

Es sind die digitalisierten Fotos wie auf Papier geschriebene Texte, die eingescannt in eine digitale Foto- oder PDF-Datei umgewandelt sind, abgespeichert oder digital weiter verarbeitet werden können. Hier verknüpfen sich in der Digitalisierung Prozess *und* Resultat. Die Technikentwicklung brachte *Hardware* als die Gesamtheit aller elektronischen und mechanischen Bauteile hervor, zusammengefügt zu einem datenverarbeitenden System oder Gerät, ergänzt durch technische Mitgeräte wie Maus, Tastatur, Bildschirm und Drucker. Es ist die physische Komponente, mit deren Hilfe die *Software* zur Wirkung kommen kann. In ihr verbirgt sich das Programm, eine Art Regieanweisung. Es sind Daten in der Eigenschaft digitalisierter Informationen, um auf diesem Wege das in Software definierte Aufgabenspektrum abzuarbeiten.

Analoges wird in Digitales gewandelt – sei es als Technik, Verfahren oder Endprodukt. Der digital ausgestattete Rechner benötigt ein digital funktionierendes Arbeitsprogramm, mit dessen Hilfe Resultate gespeichert bzw. konfiguriert werden. Ein Schreibtext wird mit einem Schreibprogramm (z. B. WORD) in den Rechner eingespeist und lässt sich mit ihm abbilden. Dieses digitale Produkt kann wieder in das Analoge zurückgeführt werden, wenn der eingegebene Text auf einem Blatt Papier ausgedruckt wird. Das ist auch in Form von Wortlauten und Musik, von Bildern, Filmen oder Gegenständen (z. B. durch einen 3 D-Drucker) möglich. Analoges lässt sich in Digitales – Digitales in Analoges zurückverwandeln. Das Digitale wird auf Analoges gespeichert bzw. festgehalten. Es sind CDs oder DVDs, die diese Daten mit sich tragen, um bei Bedarf sie wieder mit Hilfe digitaler Technik auf diese zurückzuverwandeln.

Die Möglichkeit der Wandlung des Analogen ins Digitale und zurück hat eine Breite erreicht, dass alle Bereiche des gesellschaftlichen Lebens davon betroffen sind und von den Transformationen profitieren. Das Anwendungsspektrum, wie unzählige App-Entwicklungen zeigen, macht deutlich, dass sich das Digitale immer mehr unentbehrlich macht und es keine Grenzen des Unmöglichen zu geben scheint.

Das Digitale umfasst die Gesamtheit von alledem, was der Mensch von Analogem ins Digitale wandelte. Es ist die Summe aller Technik, Gerätschaften, damit verbunden das Zubehör sowie Verfahren, Programme und mit deren Hilfe produzierter Endprodukte. Diese im Rahmen der Überführung von Analogem ins Digitale (Digitalisierung) zwecks weiterer Verarbeitung und Speicherung entstandenen Endprodukte werden *Digitalisate* genannt.

Mit der *Künstlichen Intelligenz* (KI) hat der Mensch einen weiteren Höhepunkt seiner Selbstübertroffenheit an Technischem erreicht. Sie zeigt sich in einem Niveau technischer Entwicklung, in dem Mensch und Maschine auf neuerliche Art und Weise aufeinander zugehen. Wir haben es hier mit einer fortgeschrittenen Digitalisierung, die auf der Grundlage künstlich erzeugter, d. h. vom Menschen selbst produzierter neuronaler Netze, funktioniert. Es steht die Nachbildung des menschlichen Gehirns und Denkens im Focus. Es sind Programme, die darauf zielen, so weit wie möglich die Funktionsweise des menschlichen Gehirns nachzuempfinden, dessen Struktur weitestgehend nachzubauen und nutzbar zu machen.

Das menschliche Gehirn ist die natürlich-biotische Grundlage für menschliches Bewusstsein, aus dem Intelligenz erwächst. Mit der Intelligenz verbinden wir eine Art menschlichen Denkens, die Fähigkeit, Informationen aufzunehmen, zu verarbeiten und sie in unserem Gedächtnis als Erkenntnisgewinn zu speichern. Das erlaubt den Menschen, das gespeicherte Wissen für weiteres Denken nutzen und für Entscheidungen und Handlungen abrufen zu können.

Mit Intelligenz verbinden wir Fähigkeiten und Begabungen verschiedenster Art, die in der Profession unterschiedlich differenziert werden. Es sind bis zu acht Arten, zu denen u. a. die kognitiven, z. B. sprachlichen, logisch-mathematischen und bildlich-räumlichen Intelligenzen, des Weiteren die soziale (zwischenmenschliche) und intrapersonelle (emotionale) Intelligenz gehören.

Die Komplexität der menschlichen Intelligenz wäre für die KI-Entwickler eine kaum vorstellbare und machbare Herausforderung. Dennoch lassen sie sich nicht beirren, wagen sich an scheinbar Unmögliches und verfolgen das Ziel, das menschliche Gehirn mit seinen Neuronen und Nervenzellen nachzubilden. Inwieweit eine derartige Nachbildung letztlich machbar ist, sei dahin gestellt. Menschliche Entwicklung war stets an technische Entwicklung und umgekehrt geknüpft. Es wäre m. E. fatal, die Augen zu verschließen und sich dahingehend zu trösten, dass es dem Menschen zu keiner Zeit gelingen wird, das Gehirn mit seiner Intelligenz nachzubauen oder sogenannte Hybride aus natürlicher, d. h. menschlicher und künstlicher Intelligenz zu entwickeln.

Zwar noch in den Kinderschuhen steckend sind bereits vielfältige Entwicklungen erkennbar, die ein erfolgreiches Zusammengehen von Mensch und Maschine in der Lebenspraxis zeigen. Es ist bereits mehr als das: Mensch und Maschine verschmelzen immer mehr zu einem Ganzen, zu einem Individuum eigener Qualität. Es ist der Mensch mit seiner Intelligenz, die er in die Maschine implementiert. Sie wird nach innen und nach außen dem Menschen nachempfunden. Schafft der Mensch mit der Künstlichen Intelligenz zunehmend sein technisches Abbild?

Die Industrie 4.0 repräsentiert eine derartige Entwicklung. Es ist die Technologie der cyber-physischen Systeme (CPS). Digitale Netzwerke sind mit kleinen Computern ausgestattet, in Materialien (Geräten, Maschinenteilen, in menschenähnlich geformten Hüllen) eingebaut und mit dem Internet (G 5) direkt oder indirekt verbunden. Sie nützen Menschen mit Körperversehrtheiten und geistigen Einschränkungen, die über eine intelligente Technik ausgeglichen werden können. Es sind z. B. technische, anziehbare Mittel, um querschnittsgelähmte Menschen beim neuerlichen Laufen zu unterstützen. Gedanken, ausgesprochene Worte lassen sich in Handlungsanweisungen für mit KI bestückte Digitalisiate umwandeln und werden so zum nützlichen Diener des Menschen.

Dennoch sollten wir nicht so tun, als wäre die Verschmelzung von Mensch und Maschine ein Heilsbringer und Selbstläufer des alle Zeit Guten menschlichen Fortschritts. Technikentwicklung hat zu keiner Zeit seinen Doppelcharakter des Nützlichen und Destruktiven abgelegt. Daran wird sich m. E. nichts ändern, schon gar nicht, wenn bei Technikkreationen vordergründig Obsession, Macht und Gier im Spiel sind. Dabei geht Gefahr nicht von der intelligenten Maschine aus, sondern vom Menschen selbst. Er ist der Schöpfer der Künstlichen Intelligenz in Ausrichtung und Zweckdienlichkeit.

Facebook forscht an einer Technologie, mit der Menschen ihre Gedanken ohne die PC-Tastatur verwenden und online übertragen können. Die Vision des Gedanken-Lesens scheint immer näherzurücken. Worte ohne manuelles Hinzutun auf die PC-Oberfläche zu denken, ist sicherlich nicht nur ein Traum für viele Menschen, denen die Benutzung der Hände oder der Füße versagt sind, sondern auch für jene, die nicht sprechen können. Mehr noch: Das Weiterleiten von Gedanken an das Sprachzentrum ist das eine, die Umbildung von Wörtern von einer Sprache in eine andere, was letztlich das schriftliche Übersetzen ersparen kann, ist eine weitere damit einhergehende wissenschaftliche Herausforderung. Das in Gedanken deutschsprachig gebildete Wort über eine Tasse lässt sich heute schon mit einem fremdsprachigen Wort aus dem Spanischen oder Chinesischen übersetzen.

Aktuell ist das ChatGPT[150] in aller Munde. Dahinter verbirgt sich ein digitales Programm, das bei einer gestellten Aufgabe bzw. Frage eine text-gebundene Antwort gibt. Es wird von der KI auf der Grundlage bereits gespeicherten Wissens neuerliches Wissen in Bezug auf die Fragestellung generiert. Was heute noch als eine „Spielerei" anmutet, wird zukünftig Bildung und Allgemeinwissen digital unterstützen und die Anforderung an Lernen und Wissensaneignung auf neuerliche Füße stellen.

Die zunehmende Verschmelzung des menschlichen Gehirns, dessen Funktion und Leistung mit dem Computer ist keine Fiktion mehr. Wir können davon ausgehen, dass, so der Technologie-Milliardär Elon Musk, das künstliche Nervengewebe zum Verbinden mit Computern bald zu einer Zukunftstechnologie gehören wird.

Der Zusammenfluss von Menschen und IT-Technologie offenbart sich auch von einer anderen, destruktiven Seite. Cyborgs zeigen sich aus tausenden Kilometern Entfernung als Kampfmaschinen. Heute sind es mit Raketen bestückte Drohnen, die eingesetzt werden, ohne sich die Hände schmutzig machen zu müssen. Morgen stehen uns menschenähnliche, vom Menschen gemachte Kreaturen – jene Cyborgs – gegenüber, die gegen den Menschen kämpfen können. Welche Absurdität, zu der der Mensch fähig ist.

Roboter erhalten immer mehr ein menschliches Aussehen, um von Menschen angenommen zu werden. Alles menschliche Streben geht dahin, diesen Robotern menschliches Denken und Verhalten beizubringen und sie

---

[150] Die Abkürzung ChatGPT steht für Chatbot Generative Pre-trained Transformer.

lernfähig zu machen. Dabei bleibt nichts unversucht, ihnen noch mehr Menschlichkeit zu geben. Die Mitgabe von Gefühlen bzw. Gefühlsregungen, was Kritiker anzweifeln, würde die Künstliche Intelligenz noch näher an die der menschlichen bringen.[151] Der Schritt zur vollständigen *Selbstorganisation* der KI ist dann nicht mehr weit, was mit deren Selbstlernkompetenz bereits seinen Anfang hat. Da bleibt in diesem Kontext die Frage nach dem eigenen Sein und der Selbstverwirklichung nicht unberührt.

Denken wir weiter, was heute noch als unmöglich erscheint: Hat der homanoide Roboter ein Niveau des Agierens in Gemeinschaften und der Selbstentwicklungsfähigkeit erreicht, was einer sich selbst verwirklichenden Reproduktion entspräche und in der Natur der biotischen Evolution – vergleichbar mit einer Fortpflanzung – gleichkäme, dann stünden sie selbst agierend dem Menschen gegenüber. Es ist die wechselseitige Begegnung zwischen dem Homo sapiens sapiens und dem Homo sapiens technicus digitalis.

Ist dieser Schritt vollzogen, hat sich in der Technikentwicklung Industrie 4.0 qualitativ in 5.0 gewandelt. Die Kulturgeschichte des Menschen und mit ihr die Kultur der Technikentwicklung stünden dann auf einem bisher nie dagewesenen Prüfstand des beidseitigen Umgangs.

Es sind hominide Roboter, die sich selbst erschaffen können und mit jeder weiteren Erneuerung das Gelernte an Entwicklung und Anpassungsfähigkeit weitertragen. Eine derartige Evolution wird vermutlich keine Tausende von Generationen benötigen. Die auf Digitalisierung beruhende Evolution könnte in einer wesentlich kürzeren Zeit vonstattengehen. Der Kommentar des Astrophysikers Stephen Hawking zu einer derartigen Entwicklungsmöglichkeit ist: „Wenn Menschen Computerviren schaffen, wird irgendwann auch jemand Künstliche Intelligenz schaffen, die sich selbst vermehren kann."[152] Der Historiker und Sozialkritiker Yuvai Harari bringt ebenfalls seine Bedenken zum Ausdruck: „Eine Gefahr ist, dass Künstliche Intelligenz die Menschen überflüssig macht. Schon zu unseren

---

[151] Vgl. Kenza Ait Si Abbou: Menschenversteher. Wie Emotionale Künstliche Intelligenz unseren Alltag erobert, Droemer Verlag, 2023

[152] Vgl. www.heise.de/tp/features/Hawking-warnt-Roboter-koennten -die-Menschen-ersetzen

Lebzeiten könnte es passieren, dass Millionen von Menschen aus dem Arbeitsmarkt verdrängt werden, weil Künstliche Intelligenz und Roboter alles besser können als Menschen. Ich glaube nicht, dass es den Homo sapiens in 200 Jahren noch geben wird."[153]

Die Transformation, in der Mensch und Maschine über die Künstliche Intelligenz nicht nur miteinander zusammenwachsen, sondern immer mehr an Kompetenz und damit auch sich selbst an sie abgibt, ist keineswegs allein und ausschließlich eine Frage des technischen Fortschritts, sondern zeigt sich in einer umfassenderen Komplexität – in einem soziokulturellen Kontext stehend.

Das führt uns zur *Digitalität*. Sie ist keineswegs nur eine Eigenschaft im Rahmen dessen, was unter eine Gestaltungsform des Digitalen fällt. Digitales und Digitalität fallen trotz ihres gemeinsamen (analogen) Ursprungs ungleich aus. Der Begriff der Digitalität ist von grundsätzlicher Natur derart, die heutige Gesellschaft qualitativ neu abzubilden. Digitalität versteht sich als eine durch die Digitalisierung gewandelte Gesellschaft. Sie ließe sich als Nährboden verstehen, auf dem unsere Gesellschaft zu einer digitalisierten wächst. Mit ihr geht eine neue Kultur des gesellschaftlichen und menschlichen Lebens hervor.

Die Digitalität erweist sich als eine in der Digitalisierung begründete soziokulturelle Eigenart menschlichen Lebens. Sie ist ein soziokultur-technisches Phänomen, eine neuzeitliche Lebensbedingung, die Mensch und Gesellschaft zu einer neuartigen Lebensweise führen.

Digitalität ist Ausdruck und „Folge eines weitreichenden, unumkehrbaren gesellschaftlichen Wandels".[154] Sie gleicht einer mit Digitalisierung durch- und besetzten Kulturentwicklung, die F. Stadler mit ihren Formen Referentialität, Gemeinschaftlichkeit und Algorithmizität beschreibt.[155]

Digitalität gibt neue Möglichkeiten der Konstitution und Verknüpfung von unterschiedlichsten menschlichen und nichtmenschlichen Akteuren frei. Sie ist die kulturelle Durchdringung von all dem, was den Menschen ausmacht. Digitalität *ist kulturelles* Leben, in dem Analoges und Digitales

---

[153] www.zeit.de/zeit-wissen/2017/04homo-sapiens-schwierigkeiten-technik-wirtschaft-gesellschaft/seite-4

[154] Felix Stalder: Kultur der Digitalität, Suhrkamp, Berlin 2019, S. 11

[155] Vgl. a. a. O., S. 13

gleichermaßen ihre Wirkung und Wechselwirkung erlangen und dadurch neue Konventionen zwischen den Menschen Einzug halten: Analoges wird weiterhin in Digitales gewandelt. Bereits digital Bestehendes wird weiterentwickelt.

Allein die hier verkürzte Einführung des Digitalitätsbegriffs[156] macht erkennbar, dass ein halbwegs erfasstes Grundverständnis von Digitalität nicht ohne Folgen bleibt für das, was oben als Digitales, Digitalisate und Digitalisierung beschrieben wurde. Sie stehen alle füreinander ein, weil sie eines gemeinsam haben: den *digitus* und zeigen sich, wie oben beschrieben, jeweils von ihrer ausweisbaren, definierten Seite.

Angesichts der Entwicklung, Ausbreitung und wachsenden Einflussgewinnung von Digitalisaten, einer weit geöffneten Tür für eine unbändige Digitalisierung des gesellschaftlichen Lebens, scheint das aufkommende Verständnis von Digitalität zur rechten Zeit ihren Platz einzunehmen. Gemeint ist, dass die Digitalisierung und deren Endgeräte bzw. Endprodukte mit vordergründigem Blick auf deren technische Entwicklung, wie es in Industrie 4.0 beschrieben wird, keineswegs dem entspricht, als was es hingestellt wird: eigenständig, losgelöst, mit ausschließlichem Fokus auf das Technische. Die Digitalität ist ein Marker unserer heutigen modernen Gesellschaft, mit der Kultur und Akteure, die Gestaltung zwischenmenschlicher Beziehungen, Verhalten, Kommunikation und Wertebildung digitalisiert abgebildet werden. Das bedeutet, soweit die Digitalität auch die Digitalisierung und das geschaffene Gerät mit einschließt, dass Digitalisierung und Digitalisate mit der Digitalität verbunden sind.

Die Digitalität ist ein Produkt technischer *und* soziokultureller Entwicklung. Als Qualitätsmerkmal unseres heutigen modernen Lebens und –

---

[156] Es sei darauf verwiesen, dass die obige begriffliche Erklärung von Digitalität weitestgehend dem von F. Stadler folgt. Sie ist in der Literatur nicht die einzige. Bei Jan Distelmeyer „bezeichnet Digitalität die Gesamtheit und Eigenart der Bedingungen und folgen elektronischer Digitalcomputer in all seinen Formen". (Vgl. Kritik der Digitalität, Springer Fachmedien Verlag, Wiesbaden 2021, S. 2) Thomas Hanstein und Andreas Ken Lanig definieren in Spirituelle Kompetenz in digitalen Lern- und Arbeitswelten (Tectum Verlag 2020, S. IX) Digitalität „als [...] die von digitalen Technologien geprägte Bedingung, wie wir etwas über die Welt erfahren, wie wir unsere Arbeits- und Lernprozesse gestalten und wie wir dabei mit der Welt verbunden sind".

soweit wir uns ihres Daseins bewusst sind – verfügt sie über das Potenzial, auch als Katalysator zu wirken und damit einer unbändigen Digitalisierung Einhalt zu gebieten. Die Digitalität trägt all das in sich, was hilft, eine ausufernde Digitalisierung zu bändigen. In der Digitalität sei all das vereinigt, was Mensch und Gesellschaft, Technik und Natur ausmachen. Sie wirkt als eine menschliche Kraft, die der Digitalisierung Kultur und Werte gibt.

Digitalisate sollten davon nicht unberührt bleiben. Das heißt, wir brauchen digitale Endgeräte, die von Digitalität, d. h. soziokulturell, wertebestimmt durchdrungen und nicht ausschließlich auf eine digitale (technische) Netzwerkbildung fokussiert sind.

Unter dieser Maßgabe bekommt auch das Digitale eine erweiterte Seite – jene, die die Digitalität einschließt. Daraus leitet sich die Aufforderung ab, das Digitale stets im Kontext der Digitalität zu betrachten. Das Digitale – so der Anspruch – ist in seinem Wesen mit Digitalität auszustatten. Wer über das Digitale spricht, möge die Digitalität mitdenken.[157]

Der Reigen begrifflicher Fassungen, die im Zusammenhang mit dem Digitalen stehen, endet hier nicht. Der Vollständigkeit halber ist ein weiterer Begriff hinzuzufügen, der mit dem Digitalen in Verbindung steht: die *Digitalizität*. Wir haben es hier mit einem Neologismus zu tun, der sich gegen den Hype des Digitalen wendet. Er ist kaum gebräuchlich, sperrig und bei Wikipedia nicht zu finden. Stattdessen entdecken wir ihn schon vor zwanzig Jahren in einem Vortrag von Tom Holert unter dem Titel „Globodigitalizität. Über die Zumutung des Evidenten" (KHM, Köln, 4. Juni 2002, https://www.khm.de). Aktuell gibt es einen Zugriff auf die „Digitalizität" bei J. Distelmeyer in seiner Kritik der Digitalität.[158]

Der Begriff Digitalizität nimmt den *Mythos* des Digitalen insofern auf, mit ihm die mythische Zuschreibung am Digitalen abwenden zu wollen. Was ist damit gemeint? J. Distelmeyer erkennt im menschlichen Umgang mit dem Digitalen (Digitalisierung) und dessen Kulturisierung (Digitalität) eine Bürde, eine Zumutung, eine Überforderung. Heilsversprechen und Unheilsdrohungen[159] stoßen hier aufeinander. Machbarkeit und Beherrsch-

---

[157] Näheres wird im Teil V ausgeführt.

[158] A. a. O., S. 11 ff.

[159] A. a. O., S. 12

barkeit, einerseits mit dem Anspruch, die digitale Welt besser kontrollieren zu können und Machtlosigkeit an überforderter Komplexitätsbeherrschung andererseits, baut sich als doppelwertigen Mythos auf. Gewollte Freiheit und Partizipation, Flexibilität und kreierte Immaterialität[160] entpuppen sich als Scheinbilder. Die Digitalisierung unserer Lebenswelt und die KI werden von vielen Menschen als Übermächte wahrgenommen, denen sie sich ausgeliefert sehen.

Digitalizität ist der begriffliche Versuch der Abwendung von jenem Digitalen, der mit dem Mythischen in Verbindung gebracht wurde, „ohne dabei seine mythische Dimension zu reproduzieren"[161]. Das Digitale (Digitalisierung, Digitalität) umgibt der Schleier des schwer Fassbaren, Erfahrbaren und zugleich Verklärten. Das Neue zeigt sich in seiner Magie; der Hype auf das Digitale lässt *es* mythisch *werden*.

Es ist der Mensch, der das Digitale mystifiziert. Das Digitale ist selbst frei von jeglicher Mystik. Doch ist das wirklich so? Ist es nicht gerade für die Digitalität, die mit Mensch und Kultur verbunden ist, naheliegend, sie mit dem Mythischen als Ausdruck übernatürlicher, nicht rational fassbarer Weltendeutung in Verbindung zu bringen. Aus diesem Gedanken stellt sich die Frage, ob der Digitalisierung und der Digitälität in ihren Wesen Mythisches zukommt oder ob es schlechthin ein menschliches Hineindenken von Mythischem ist. Die Antwort auf diese Frage ist insofern von Bedeutung, weil mit deren Klärung deutlich zu machen ist, ob der Begriff der Digitalität (einschließlich Digitales und Digitalisierung) von grundsätzlich anderem Charakter ist als der der Digitalizität.

Diese Frage kann nicht unbeantwortet stehen bleiben. Der aufgeworfene Zusammenhang und die angedeutete Verbindung zwischen dem Digitalen und Mythischen werden im Teil VI im Rahmen einer erweiterten und vertiefenden Betrachtung neuerlich aufgenommen. Die von J. Distelmeyer angesprochene Kritik der Digitalität, die sich exponiert in dem Begriff der Digitalizität wiederfindet, wird sich wandeln, wenn der Versuch unternommen wird, der Mystik des Digitalen eine konstruktive Spiritualität entgegenzusetzen, die die Mystik neutralisiert.

---

[160] Ebenda

[161] A. a. O. S. 12

Die These, dass zwischen dem Spirituellen und Digitalen, der Spiritualität und Digitalität eine wechselseitige Verbindung und Wirkung besteht und mehr noch herzustellen ist, bleibt weiterhin unbeschrieben im Raum. Das ändert nichts an der Darstellung, dass die bisherige Technikentwicklung auch als eine Evolution *kultureller* Artefakte betrachtet werden kann. Des Weiteren wird davon ausgegangen, dass die Artefakte 1.0 bis 3.0 auch das Spirituelle mit sich tragen und nicht neben der Technikentwicklung stehen. Wenn dies seine Bestätigung findet, aus welchem Grunde sollte dann die Industrie 4.0, die in der Technikentwicklung die Digitalisierung einleitete, frei von Spiritualität sein? Eben das gilt es in Folge näher kenntlich zu machen und nachzuweisen, dass die Spiritualität im Zeitalter der Künstlichen Intelligenz einen festverankerten Platz hat.

Analoges und Digitales
Grenzgang mit Passfähigkeit zum Spirituellen

Kein Mensch hat Ende des 19. Jahrhunderts Gedanken darüber verloren, in guter Voraussicht ein Leben zwischen zwei technischen Welten zu führen – und noch viel weniger, dass die eine, analoge Welt sich in eine andere, digitale umwandeln ließe. Die menschliche Lebenswirklichkeit war eh und je *analog* – körperlich und sinnlich, berührend und überschaubar, konkret und gegenständlich, und nicht zuletzt auch spirituell. Digitales lag außerhalb menschlicher Denk- und Technikweite. Es war weder technisch gegeben noch zu jener Zeit vorstellbar – weltfremd.

Analoges ist Dingliches. Mit Analogem[162] wird in der Wortbedeutung auch ein sinngemäßes Übertragen, Wertgleiches bzw. –ähnliches ausgedrückt. Das Analoge hat in unserem heutigen Sprachgebrauch sein Gegenstück im Digitalen. Es wird als Nicht-Digitales verortet und steht für alles das, was nicht digital ist.

Das Analoge ist das uns bekannte Gegenständliche, in der Sache bestehende. In dieser Eigenschaft ist uns das Analoge in unserem Leben vertraut. Es zeigt sich in seiner Überschaubarkeit, Berechenbarkeit und Endlichkeit. Wenn uns Analoges aus technischer Sicht in der Funktion und Zusammensetzung (Struktur) gegenübertritt – z. B. als Auto oder Kernkraftwerk, so ist es für den Menschen trotz des komplexen Charakters bei aller Kompliziertheit dennoch halbwegs erfass- und verstehbar. Bewegen wir uns in die Welt des Digitalen, so werden wir mit einer Raum-Zeit-Dimension konfrontiert, die alles Analoge sprengt.

Digitales kommt dagegen ganz anders daher – diskret. In der Informatik ist das Digitale der Gegenpart zum Analogen. Es besteht vereinfacht aus Null und Eins. Aus dieser Einfachheit wächst seine Komplexität, Null

---

[162] Analog hat den sprachlichen Ursprung im Griechischen: análogos und bedeutet so viel wie entsprechend, verhältnismäßig, sinngemäß, gleichwertig, annähernd. Wenn eine Pharmafirma auf synthetische Weise ein Antidepressiva bzw. Beruhigungsmittel herstellt, dessen Wirkung einem Johanneskraut, dem Baldrian, der Melisse oder Passionsblume gleichkommt, so ist das pharmazeutische Produkt im Vergleich zu den Pflanzen analog, d. h. gleichwertig, ähnlich, vergleichbar.

und Eins milliardenfach in Abfolgen zusammengesetzt. Mit ihm wird in der Welt der Technik Stufenloses, Kontinuierliches – Diskretes – abgebildet.

Wir unterscheiden zwischen einer analogen und digitalen Uhr. Eine analoge Uhr mit ihrer Anzeige ist technisch so ausgelegt, dass sie jeden Zwischenwert annehmen kann und dafür ein entsprechendes Zeigerinstrument zur Verfügung steht. Eine digital konstruierte Uhr zeigt die Zeit *diskret* an, was so viel bedeutet, dass die angegeben Zeiteinheiten, z. B. die Sekunden, voneinander getrennt, abgegrenzt abgebildet werden. Die Anzeigen sind demnach im Vergleich einer analogen Uhr begrenzt.

Eine Schallplatte oder ein Film auf einer Spule ist analog. Die Töne einer Schallplatte werden über eine Abtastnadel aufgenommen und weitergeleitet. Die Filmspule wird in ein sogenanntes Vorführgerät eingelegt und abgespielt. Dagegen ist eine (analoge) Compact Disk (CD) oder DVD das ins Digitale verarbeitete Format, mit dem wir alle problemlos umzugehen wissen. Dahinter verbergen sich Töne und Bilder in diskreten Werten, in Nullen und Einsen abgespeichert. Räume für eine weitere Verarbeitung des analogen Materials werden möglich.

Jetzt stehen wir als Mensch mehr denn je einer analogen *und* digitalen technischen Welt gegenüber. Mehr noch – der Mensch ist Teil, Erschaffer, Gestalter, Nutznießer dieser beiden Lebenswirklichkeiten. Technische Erfindungen und Entwicklungen, Elektronik und Informatik machten es möglich, neben der analogen auch eine digitale Welt zu kreieren.

Fragen türmen sich auf, sobald wir uns diesen beiden Welten nähern und sie miteinander in Verbindung bringt – Analoges mit Digitalem und umgekehrt. Was geschieht zwischen ihnen? Sind sie zueinander passfähig, obwohl das Digitale aus dem Analogen erwachsen ist und sich verselbstständigte? Es stellt sich die Frage nach deren Kompatibilität und wechselseitigen Veränderungsfähigkeit. Ist mit der Digitalisierung unserer Lebenswelt das Analoge in Gefahr, weil die analoge Welt zugunsten der digitalen kleiner wird oder gar von ihr aufgesogen wird? Wenn das die zukünftige Entwicklung ist, was würde das bedeuten?

Es soll auch die Frage erlaubt sein: Wenn Analoges in Digitales gewandelt werden kann, wie ist es mit deren Rückverwandlung bestellt? Sollten wir das Digitale als ein historisch-technisches Durchgangsstadium in der Gesellschaftsentwicklung betrachten, vergleichbar mit Durchläufen so mancher Lebens- und Technikkulturen in der Geschichte der Menschheit, die ihre Blütezeit hatten, untergingen und von neuen abgelöst wurden? Es steht die Frage nach der Zukunftsfähigkeit des Digitalen und damit beider Welten im Raum.

Der Diskurs über die Gestaltungsmöglichkeit und Passfähigkeit von analoger und digitaler Lebenswelt schärft nicht nur den Blick auf das Dialektische zwischen Analogem und Digitalem, sondern zieht auch ethische Fragen nach sich. Die digitale Lebenswelt scheint in Breite und Tiefe unaufhaltsam und unerschöpflich zu sein. Nichts vermag sie in Weite und Tiefe aufzuhalten. Ist es wirklich so? Verbessert die Welten-Digitalisierung wirkungsvoll und nachhaltig unsere Lebensqualität? Brauchen wir für ein gutes Leben eine von Digitalität beseelte Lebenswirklichkeit? Die Frage nach dem Wert und Sinn des Digitalen stellt sich vor allem aus der Position, dass Technik einer *objektiven* Entwicklung folgt: von Menschen gemacht und dennoch unabhängig von deren Wollen und Willen, weil sie wie Gesetzen der Natur in der Gesellschaft gleichkommt.

Die *Passfähigkeit zwischen dem Analogen und Digitalen* ist insofern nicht nur an das Technische und an dessen Wandlungsfähigkeit geknüpft, sondern berührt in gleicher Weise das Philosophisch-Ethische. Für beides brauchen wir einen Blick.

Der technische Wandel in unserer Zeit ist ein Wandel vom Analogen ins Digitale, ohne dass das Analoge abgelöst, ersetzt wird. In dem Versuch, eine historische Linie der Wandlungen zu zeichnen und Knotenpunkte zu fixieren, könnte sie wie folgt beschrieben werden: *Manu*isierung – Es ist die menschliche *Hand* von tragender, entscheidender und instrumenteller Kraft, mit der die Welt angeeignet wird. Es ist die Hand, die sich natürliche Gegenstände zur Hilfe nimmt, sie verändert und für die menschlichen Bedürfnisse nutzbar macht. Das mit den Händen hergestellte, weitestgehend an die Naturgegebenheiten gebundene *Hand*werkszeug wird im Laufe der Entwicklung von Mensch und Gesellschaft ein Instrument zur Herstellung eines neuerlichen Werkzeuges bzw. ein technisches Mittel zur Veränderung eines Naturgegenstandes. Gemeint sind Kunstgegenstände wie Reifen und Schnallen, Anhänger oder Figuren. Es sind auch praktische Lebensgegenstände wie die Herrichtung bzw. Schaffung von Behausungen, die Herstellung von Gefäßen oder anderen Aufbewahrungsmitteln.

Aristoteles (384–322 v. Chr.) spricht von der *Hand als Werkzeug* und macht sie zum Werkzeug aller Werkzeuge. Für Immanuel Kant (1724–1804) ist die Hand das nach außen gestülpte Gehirn des Menschen. Die Menschwerdung ist unmittelbar mit der Evolution der Hand verbunden. Die Entwicklung des menschlichen Gehirns, von Hand und Arbeit sind evolutiv eng miteinander verknüpft und bedingen sich gegenseitig. Es sind nicht nur Aristoteles und Kant, sondern auch Anaxagoras (um 499–428 v. Chr.) und Diogenes von Apollonia (5. Jh. v. Chr.), im 19. Jahrhundert Georg Wilhelm Friedrich Hegel (1770–1830) und Friedrich Engels (1820–1895)[163], die sich wertschätzend über die Hand äußerten. Die *Hand als Werkzeug aller Werkzeuge* – in diesem Verständnis hat sich bis heute trotz wachsender Zunahme von digitalisierter Technik, des Einsatzes von Robotern in Wissenschaft, Technik und Industrie nichts geändert.

Es sollten Tausende von Jahren an Technik- und Gesellschaftsgeschichte vergehen. Mit der Antike, hinein in das späte Mittelalter und den Frühkapitalismus, entwickelten sich die Handwerkzeuge zu mechanischen, komplexer werdenden Werkzeugen. Aus dem Handling von Technik wandelte sich eine *Mechanisierung* der Technik, auch wenn das Handwerkeln (Manufaktur) bis heute erhalten geblieben ist und sich nicht durch den weiteren technischen Fortschritt ablösen ließ.

Die technische Mechanik zur Zeit der griechischen Antike brachte die Wasserorgel, die Luftpumpe, die Wasseruhr hervor. Die Hydraulik hielt Einzug. Wasserwerke wurden installiert. Der Kran aus Seilen, Hebeln, Rollen und Winden gehörte zu den außerordentlichen Erfindungen der Römerzeit. Katapulte waren in jenen Zeiten komplexe Kriegsmaschinen. Leonarde da Vinci (1452–1519) gehörte zu jenen Kreativen, der so manche technische Apparatur entwarf.

Um 1800 und später sollte sich das ändern. Die *Industrialisierung* hält Einzug. Wissenschafts- und Technikentwicklung machten es möglich, eine ganze Werkzeugindustrie zu schaffen. Die Produktion gestaltete sich zu einer Technologie. Die Produkte nehmen an Komplexität zu. Die Textil-, Stahl- und später Elektroindustrie beförderten eine bis dahin nie dagewe-

---

[163] Vgl. G. W. F. Hegel: Phänomenologie des Geistes (1807); F. Engels: Anteil der Arbeit an der Menschwerdung des Affen (1876)

sene komplexe Technikwelt. Hinsichtlich der technischen Mobilität war es anfänglich das Zweirad, es folgten die Eisenbahn und das Automobil, die die Bühne der Technikkreationen mit wachsender Komplexität betraten.

Es setzte die *Automatisierung* seit Mitte des 20. Jahrhunderts mit einem kürzeren Entwicklungsabstand ein. Fast nahtlos ging dieser Technikwandel in die *Digitalisierung* über. Seit dieser Zeit hat die Transformation von Analogem ins Digitale eingesetzt.

Sprechen wir von einem *Wandel des Digitalen*, so schließt er drei Ebenen der technischen Evolution ein. *Ebene 1*: Das Analoge i. S. des Gegenständlichen, das der Vergleichbarkeit und Ähnlichkeit in der Wirkung unterliegt, wird im und für den Gebrauch digitalisiert. *Ebene 2*: Im Sinne der Information und Signalgebung in der Übertragungstechnik wird Analoges in Digitales gewandelt; kontinuierliche Werte werden in diskrete transformiert. *Ebene 3*: Digital Entwickeltes wird weiterentwickelt. Es sind vergleichsweise sogenannte Updates, wie wir sie bei der Hard- und insbesondere Software kennen.

Spätestens seit Beginn der 90er Jahre hat die Digitalisierung weltweit Einzug gehalten. Sie setzte sich in vielen Bereichen der Wirtschaft, in den Dienstleistungen, im Bildungs-, Sozial- und Gesundheitswesen durch. Das Handy wurde unser ständiger Begleiter und trug uns in die Außenwelt. Das Kommunizieren mittels digitaler Technik war nicht mehr wegzudenken. Jugendliche zwischen 16 und 18 Jahren waren während der Corona-Zeit (2020) durchschnittlich 70 Stunden pro Woche digital unterwegs. 2019 waren es nur 58 Stunden. Das Smartphone wurde 41 Stunden genutzt. Das Jahr zuvor waren es etwa 36 Stunden. Laptop, Tablet, Desktop-PC als die uns allzu bekannten digitalen Endgeräte hatten und haben im Gebrauch Hochkonjunktur.[164] Selbst Kleinkinder im Vor- und Kindergartenalter haben *begriffen*, mit ihren kleinen Fingern über Touchscreen-Geräte zu wischen. Sie haben diese Bewegung gelernt und verinnerlicht; sie machen es auch dann, wenn es nichts zu wischen gibt.

Das Denken und Handeln des Menschen ist in allem auf Digitales eingestellt. Insofern wäre es müßig, Gedanken gegen den Wandel zwischen

---

[164] Vgl. Postbank-Jugend-Digitalstudien 2021 in: Ostsee-Zeitung v. 13. 8. 2021

Analogem und Digitalem zu verlieren. Der Rubikon[165] im Fluss der Technikentwicklung wurde überschritten. Das Digitale vermochte sich gegenüber dem Analogen immer mehr durchzusetzen. Natürlich war das keine Frage der Entscheidung, ob die Lebenswelt analog bleibt oder sich zunehmend in eine digitale wandelt. Die Objektivität der Technikentwicklung, die Kraft menschlichen Erfinder- und Entwicklungsgeistes machen die Anfänge des Digitalen zu einer Innovation mit wirtschaftlicher, gesellschaftlicher und sozialer Tragweite.

Analoge Technik wandelte sich in großen Qualitätssprüngen. Die digitale Technik steht derartigen Sprüngen nicht nach. Sie unterliegt selbst einem qualitativen Wandel, wie die Technikgeschichte Industrie 4.0 es verdeutlicht. Wie wird ein weiterer Wandel des Digitalen aussehen? Aus anfänglicher Digitalisierung formte sich die Robotik (Robotertechnik). Mensch und Technik erleben sich in einer Interaktion, wofür wir den Begriff der Künstlichen Intelligenz (KI) kennen. Alle Bemühungen gehen dahin, Mensch und Technik auf intelligente Art und Weise zusammenzubringen, Technik dem Menschen im Denken und Fühlen, Entscheiden und Verhalten ähnlicher zu machen. Die *Techne-Homini(di)sierung* ist die hominide Gestaltung von digitaler Technik. Ziel ist es, diese Technik menschenähnlich zu machen, sie so menschennah wie möglich als Partner des alltäglichen Lebens einsetzen zu können. Mit der Techne-Homini(di)sierung hat der Mensch sich seinen Gefährten, Helfer, Unterstützer geschaffen. Es sind „Techne-Hominide", bekannt als humanoide Roboter, Androide oder Avatare.

Die Umwandlung vom Analogen zum Digitalen übernimmt ein Umsetzer. Dieser Digital-Analog-Umsetzer, auch Digital-Analog-Wandler genannt, wird verwendet, um analoge Signale in ein digitales Format zu ver-

---

[165] Der Ausspruch »*Die Würfel sind gefallen*« geht auf eine Historie zur Zeit Gaius Julius Caesars (100 v. Chr. bis 44 v. Chr.) zurück, der einen Bürgerkrieg gegen den Politiker Gnaeus Pompeius Magnus (106 v. Chr. bis 48 v. Chr.) führte. Caesar saß am Grenzfluss Rubikon und dachte darüber nach, ob er diesen Grenzfluss überschreiten und sich gegen Forderungen des Römischen Senats stellen solle, der für die Heerscharen Caesars eine Bannmeile zog. Im Zuge der Entscheidung, sich gegen Rom zu wenden, hieß es sinngemäß: *alea iacta est*, was so viel bedeutet wie *Hochgeworfen sei der Würfel* oder auch im Sinne des obigen Ausspruches.

wandeln. Das ist gängiger technischer Alltag. So waren die zuvor analog laufenden Fernseher in einen digitalen Modus über ein Zusatzgerät umzustellen oder diese technische Vorrichtung war im Fernseher bereits vorinstalliert. Es wäre technisch kein Problem, eine Rückverwandlung vom Digitalen ins Analoge zu vollziehen. Audio-Konverter, die ein digitales Signal zu einem analogen Gerät bringen, sind probate Lösungen, wenn man beabsichtigt, ältere technische Anlagen aus den achtziger Jahren festzuhalten. Ein analoges Equipment bliebe weiterhin im Gebrauch und mag im Klang den einen oder anderen mehr überzeugen.

Analog heißt aber auch, in ihm das Sinnlich-Konkrete, Fassbar-Gegenständliche aufzunehmen und zu erfahren. Es ist unsere Sinneswelt, in der wir mit unserem Bewusstsein analog unterwegs sind. Unsere Kommunikation, Wahrnehmungen und zwischenmenschlichen Begegnungen haben eine unmittelbar erfahrbare Lebensnähe. Neben diesen sich analog gestaltenden Lebensräumen haben sich digitale, virtuelle etabliert. Kommunikation und Bildung sind beispielgebend genannt und offenbaren die Existenz zweier Lebenswelten. Unsere Lebenswirklichkeit ist nicht nur analog, sondern zudem digital. Bildung, Technik, Sozialarbeit zu digitalisieren ist technisch machbar. Angesichts mancher Lebensumstände, wie die der Corona-Pandemie, war das Digitale dem Analogem überlegen und eine hilfreiche Möglichkeit, das gesellschaftliche Leben aufrechtzuerhalten. Doch ist eine Wandlung zum Digitalen in jedem Fall auch sinnstiftend und praktisch wertvoll?

Technisch stellt sich die Frage nach den Grenzen einer Passfähigkeit zwischen dem Analogen und Digitalen nicht. Die Vor- und Rückverwandlung zwischen ihnen ist machbar. Im Sinne einer zwischenmenschlich wirkungsvollen Nachhaltigkeit zeigen sich jedoch Grenzen. Das wurde besonders im Bildungsbereich, in Schulen, Hochschulen und Universitäten, deutlich. Der lebensnahe analoge Kontakt, die Begegnungen mit anderen Menschen und mit sich selbst, sind von unwiederbringlicher Menschlichkeit, die keine Digitalisierung, keine Künstliche Intelligenz – zumindest nicht heute, wenn überhaupt – ersetzen kann. Analoge Präsenz, die in der Tiefe eine Resonanz zwischen den Menschen hervorbringt, ist ein Mittel des Lebens, was dem Leben die Aufmerksamkeit gibt, die der Mensch für sein Sein benötigt.

Das Motto kann aufgrund dessen nur heißen: Digitales nur so viel wie nötig – Analoges so viel wie möglich. Ein Zuwachs an Digitalisierung in der Gesellschaft sollte wohl überlegt sein. Seine Grenze aufzuzeigen ist dort sinnvoll, wo soziale, zwischenmenschliche Kontakte leiden. Die Folgen einer Überdigitalisierung sind für den Menschen unübersehbar. Die Wirkungen sind heute schon auszumachen. Qualitätsminderung in der Bildung, aufkommende Süchte, psychische Erkrankungen und Persönlichkeitsstörungen stehen aktuell auf der therapeutischen Agenda.

Die *Hyper-Digitalisierung des Menschen* bringt ihn als analog denkendes und handelndes Wesen in Not. 40.000 Jahre Cro-Magnon-Mensch hat ihn in seiner biologisch-genetischen Konstitution kaum verändern lassen. Sein Genpool blieb stabil. Anders zeigt sich für diese Zeit seine mit ihm einhergehende technische Entwicklung. Für seine Technik-Kreativität scheinen keine Grenzen zu bestehen. Der oben im kurzen Abriss aufgezeigte Technikwandel bis hin zur Industrie 4.0 ist Ausdruck einer vom ihm schaffbaren hochkomplexen Technik. Das menschliche Gehirn zeigt sich von einer ungebremsten Kreativität und Innovationsfähigkeit. Aber genau das ist das Dilemma, in dem sich der Mensch bewegt. Die Kraft der Verwandlungsfähigkeit der Natur zum Nutzen des Menschen, die Schaffung von Technik, sie wie Natur beherrschen zu wollen, schlägt in ihr Gegenteil um, wenn sich Technik gegen den Menschen wendet, weil der Mensch an die Grenzen ihrer Beherrschbarkeit gelangt und sie sich in ungewollter Wirkung verselbstständigt.

Wäre nicht mit diesem Statement ein weiterer Slogan angebracht, der da hieße: Schuster (Mensch!), bleibe bei deinen Leisten! Das technisch Machbare bedeutet nicht immer zugleich, das technisch Sinnvolle zu sein.

Trotz aller Passfähigkeit von Analogem und Digitalem, die sich zudem in wechselseitiger Wandlungsfähigkeit zeigt, verbergen sich in ihnen Gefahren und menschliche Unzulänglichkeiten. Sie sind nicht in der technischen Umwandlungsmöglichkeit zwischen dem Analogen und Digitalen, sondern *außerhalb* von ihnen begründet. Sie zeigen sich vielmehr in einer unter diesen Bedingungen zu bewältigenden Lebenswirklichkeit.

Der Mensch ist ein durch und durch *analoges* Wesen.[166] Wird er so bleiben? Der Zugriff auf einen zu digitalisierenden Menschen sollte nicht als Fiktion betrachtet werden. Bekommt der Mensch zu Lebzeiten seinen Avatar? Bewegt er sich – in welcher Gestalt, Form, wie auch immer – in den analogen Menschen hinein, dann steht das Digitale nicht neben oder außerhalb des Menschen, sondern er ist ein immanenter Teil von ihm. Das Beamen von Menschen oder Gegenständen von einem Ort zu einem anderen und vielleicht noch dazu zeitversetzt, sind heute alles Fiktionen und schwer nachvollziehbar. Vieles vom Menschen Gedachte hat sich über die Jahrhunderte in Realitäten verwandelt. Was spricht dagegen, dass das oben Geschilderte nicht auch seine eigene Wirklichkeit erhält?

Es sind angedeutet gezeichnete Bilder, die uns in hoffnungsvolle Zukunftsvisionen hineintragen und zugleich verunsichern. Keiner wird aus gegenwärtiger Entwicklung sagen können, ob wir die *digitale Revolution* als ein historisch-technisches Durchgangsstadium in der Geschichte der Gesellschaft betrachten sollten, weil alles Entstehen und Werden das Vergehen einschließt. Es wäre naheliegend vergleichbar mit Durchläufen so mancher Technikkultur in der Menschheitsentwicklung, die ihre Blütezeit hatte, unterging und von einer neuen abgelöst wurde.

Die Digitalisierung als Endpunkt einer technologischen Entwicklung und die KI als deren alleiniges Resultat anzusehen, wäre m. E. unangemessen und wirklichkeitsfremd. Solange der Mensch die Erde bewohnt, beide Existenzen nicht gefährdet sind, so lange wird es weiter und weiter technische Kreationen, Entwicklungen und Anwendungen geben. Die bisherige 100.000 Jahre während Mensch-Natur-Technik-Geschichte lässt keinen Zweifel daran. Was durchaus im denkbar Möglichen liegt, so die Annahme, dass die Wandlung und Passfähigkeit von Analogem und Digitalem

---

[166] Mit fortschreitender Digitalisierung mag diese Selbstverständlichkeit schwinden, wenn digitale Chips oder Flüssigkeiten in den menschlichen Körper implantiert werden. Der analoge Körper wird digitalisiert. Inwieweit in Zukunft das menschliche Gehirn betroffen ist, bleibt abzuwarten. Ist der Mensch erst einmal so weit, dass er in der Lage ist, das menschliche Gehirn digital nachzubilden, dann ist es nicht mehr weit, die Intelligenz auch auf das Technische zu übertragen. Das Bild über den Menschen (Menschenbild) wird sich verändern müssen. Bleibt die menschliche Vernunftbegabung, was „homo sapiens" bedeutet, sein Alleinstellungsmerkmal?

neuerliche Qualitäten im Sinne Hegelscher Negation der Negation hervorbringt. Um welche es sich handeln könnte, liegt jedoch außerhalb meiner Vorstellungskraft.

Bei aller Entwicklungsmöglichkeit und Wandlungsfähigkeit von Analogem ins Digitale werden wir uns mit der Frage auseinandersetzen müssen: Verbessert die Digitalisierung wirkungsvoll und nachhaltig unsere Lebensqualität? Brauchen wir für ein gutes Leben eine von Digitalität beseelte Lebenswirklichkeit?

Die Frage nach dem Wert und Sinn des Digitalen steht im Raum. Lesende mögen diese Frage für überflüssig halten und erklären sie für widersinnig. Wenn davon auszugehen ist, dass die Technik sich in ihrer Entwicklung im Bereich des Objektiven, d. h. unabhängig vom Wollen und Willen des Menschen, bewegt und einem Gesetz unaufhörlicher Verwirklichung folgt, dann nimmt die Technikentwicklung für den Menschen den Charakter von Schicksalhaftem an. Ist der Mensch der Technikentwicklung willkürlich ausgeliefert?

Technikentwicklung ist kein klassisches Naturgesetz. Sie ist im Wesen objektiv und dennoch vom Menschen gemacht, durch ihn mittels Natur begründet. Die sich in ihr vollziehenden Entwicklungsschritte folgen einer inneren Logik. Gemeint ist, dass ein bestimmtes Niveau der Technikentwicklung inneren wie äußeren Bedingungen bedarf. Es sind *erstens* die kognitiven Fähigkeiten und die körperlichen Konstitutionen des Menschen, *zweitens* das Wissen über und der Zugang zu den Natur- bzw. Rohstoffen und *drittens* der Entwicklungsstand des als Technik genutzten Materials.

Alle Technik ist in ihrem Ursprung von analoger Qualität. Mit der analogen Technik und ihrer Entwicklung hat sich auch das Lebensniveau verbessert. Von Paradigmenwechsel zu Paradigmenwechsel, von gesellschaftlicher Epoche zu Epoche nahm die Qualität des menschlichen Lebens zu, was trotz aller Ausbeutung und vieler Lebenswidrigkeiten am wachsenden Wohlstand der Menschen zu messen war. Es ist die Technikentwicklung, die als Triebkraft gesellschaftlichen Fortschritts anzuerkennen ist. Ob sie wie charakterisiert als analog zu betrachten ist, scheint eher beiläufig und von wenig Bedeutung zu sein. Der Zusammenhang von technischem Fortschritt und wachsender Lebensqualität ist jedoch nicht zu übersehen.

Nun kommt das Digitale in die Lebenswelt seit der Mitte des 20. Jahrhunderts erst in kleinen und in den 80er Jahren in großen, schnellen Schritten hinzu. Verliert das Analoge an Wert und mit ihm das Leben an Qualität (Güte), wenn das Digitale einen immer breiteren Raum einnimmt und die Lebenswirklichkeit immer mehr an Tiefe durchdringt?

Technik war schon immer in ihrem Charakter von Janusköpfigkeit bestimmt. Schaut man sich die Mensch-Technik-Geschichte in ihrem Fortschreiten an, so liegt es m. E. sehr nahe, dass jene Technik in ihrer Nutzungsfähigkeit und Wirkungsweise an Spannung zugenommen hat. Es liegt nach gegenwärtiger Wahrnehmung und Einschätzung nahe, dass das auch für die Wandlung des Analogen ins Digitale gilt. Man wird nicht den Eindruck los, dass mit wachsender und durchdringender Digitalisierung der Lebensfortschritt zugenommen hat und im gleichen Zuge auch Schritte in der Lebensqualität, in den gesellschaftlichen Lebensbedingungen zurückgegangen wurden. Ein Schritt vorwärts, ein oder gar zwei Schritte zurück? Befürchtungen und Ängste tun sich auf. Die Digitalisierung zwingt den Menschen zu Denk- und Verhaltensweisen, die ihm aus seiner ureigenen Natürlichkeit fremd sind. Der Druck der Digitalisierung auf den Menschen ist immens. Die Kapitalisierung des Technisch-Digitalen wächst, begleitet von Neugier und Macht. Die Warnrufe werden mehr und lauter, denen ich mich anschließe.

Es ist nicht überschaubar, was die Digitalisierung der Gesellschaft in mittlerer Zukunft mit sich bringen wird, zumal Innovationsschübe sich zeitlich immer mehr verdichten. Der verheißende Wert an menschlicher Lebensqualität, Wohlstand, Zufriedenheit und Zuwachs an freiwerdender, selbstbestimmbarer Lebenszeit wird – so meine Annahme – genauso ausfallen, wie in der Zeit der 60er Jahre, als Auto, Fernseher und vielfältige elektrisch betriebene Technik (Waschmaschine, Staubsauger, div. Küchengeräte) in den Haushalten Einzug hielten. Jede gewonnene Zeit[167] wurde entweder durch deren erforderliche Reinigung, Pflege, Reparaturen

---

[167] Zeit lässt sich nicht gewinnen. Zeit bleibt in unseren irdischen Maßstäben immer gleich. Der Tag hat 24 Stunden, keine Sekunde mehr oder weniger. Insofern stellt sich die Frage nach der Zeitnutzung, der Wichtigkeit und Dringlichkeit. Vgl. H.-J. Stöhr: Altern kennt keine Zeit, BoD, Norderstedt b. Hamburg 2022

aufgefressen oder der Zeitgewinn an zusätzlicher Muße wurde neuerlich mit Arbeit oder anderen Tätigkeiten gefüllt.

Es liegt mir fern, diese Technik verteufeln. Keiner will diese Technik und deren Weiterentwicklung in Frage stellen. Es war des Menschen Wille, so und nicht anders mit ihr umzugehen. Technik ist von Menschen gemacht und letztlich ungewollt gewollt, angetrieben durch immer weitere Innovationen, die Wirtschaftszuwachs bringen und die Kapitalbildung aufrechterhalten sollten.

Mit der Digitalisierung scheint sich eine neue Lebenswertetür zu öffnen. Sie folgt zwar dem gleichen Muster der Doppelwertigkeit von Technikentwicklung; dennoch scheint es mit der Industrie 4.0 und der Künstlichen Intelligenz anders zu sein. Die zunehmende Verschmelzung von Mensch und Technik, das Hineinwachsen des Menschen in die digitale Technik und umgekehrt sind von neuerlicher Qualität, die das menschliche Leben bisheriger Güte grundsätzlich in Frage stellt. Die wechselseitige Verinnerlichung von Mensch und Digitalem zeugt von der Gefahr, dass der Mensch in seinem Wesen – im Denken, Fühlen und Verhalten – durch die Digitalisierung verändert wird. Wird der Mensch durch das Digitale inkludiert, was so viel bedeutet, dass er selbst immer mehr an, mit und in sich digitalisiert wird, steht mehr denn je die Frage nach dem Wert, Menschenbild und Sinn des Lebens mit einem breit zu führenden Dialog im Raum.

Je mehr der Mensch über seinen Umgang mit der Technik nachdenkt, je mehr er selbst die Erfahrung macht, dass der Wandel vom Analogen zum Digitalen seinen Siegeszug fortschreitend angetreten hat, je mehr tun sich Zweifel auf. Die Nachdenklichkeit ist keineswegs nur technisch und pragmatisch, sondern sie kann sich durchaus auch im Bereich des Spirituellen bewegen. Das wird sich vor allem bei jenen Menschen zeigen, die ihr Leben mit dem Spirituellen verbunden sehen und die Spiritualität einen festen Platz im alltäglichen Leben einnimmt.

Wie viel *Spiritualität* spiegelt sich *in der Geschichte analoger Technik und im Wandel zum Digitalen* wider? Was befördert den Zugang und die Hinwendung des Menschen, der Digitalisierung spirituell gegenüberzutreten?[168]

Die Technikentwicklung, einschließlich die damit verbundenen Marksteine kulturtechnischer Evolution, ist primär ein sich über Jahrtausende vollziehender Wandel des Analogen. Im Vergleich zu dieser Zeit erscheint der Übergang vom Analogen zum Digitalen eher einem Moment des Blitzschlages zu entsprechen, der alles Vorangegangene an technischem Zeitenwandel (Innovationen) in den Schatten stellt. Das Digitale eroberte in wenigen Jahrzehnten die menschliche Lebenswelt und ist dabei, alles bisher Analoge in den Hintergrund zu drängen. Eine neue, digitale Welt transformierte sich aus der alten, analogen Technikwelt und entwickelt(e) ihren eigenen Charakter. *Parallelwelten* haben sich aufgetan, was besonders zwischen der virtuellen und realen Welt[169] auszumachen ist. Lässt man sich auf eine gut inszenierte virtuelle Welt ein, fällt es schwer, beide Welten voneinander zu unterscheiden. Der analoge Mensch verschmilzt im Geiste mit einer digital geschaffenen virtuellen Welt, in die er sich hineinbewegt und sie nicht selten wie eine analoge Welt erlebt.

Es stellt sich die Frage, inwieweit mit der Technikentwicklung das Spirituelle Eingang findet und menschliche Spiritualität die Technikentwicklung beeinflusst.

Da die Technik immanenter Bestandteil kultureller und gesellschaftlicher Entwicklung ist, liegt der Zusammenhang nahe, eine Verbindung zwischen Spirituellem und technischen Kreationen herzustellen, sie zu verstehen und zu beschreiben.

So sehr Technik an das Natürlich-Stoffliche gebunden ist, so sehr ist sie

---

[168] Im Teil VI des Buches wird diesen Fragen eine vertiefende Aufmerksamkeit geschenkt.

[169] Die adjektive Bezeichnung von „virtuell" und „real" ist im Sprachgebrauch nicht ganz korrekt und irrenführend. Realität ist die Gesamtheit alles Existierenden. Wenn also eine virtuelle Welt mittels Rechner und Digitalisierung erzeugt wird und wir geraten in diese Scheinwelt, so ist sie in unserer Wahrnehmung eben real wie das auf der anderen Seite stehende Haus. Es bedarf keiner Sonderstellung. Träume in unserem Bewusstsein, die Wahrnehmung einer Fata Morgana, das Spiegelbild eines selbst wahrgenommen Körpers – alles das sind Realitäten, jedoch von anderer Qualität und Materialität. Im Teil IV wird diese Problematik im Diskurs zwischen Diesseits und Jenseits, zwischen Transzendenz und Immanenz aufgegriffen.

auch ein Produkt des menschlichen Geistes. Insofern ist sie immer auch ein Aus-Wurf von beiden. Die Geschichte des Menschen von den Anfängen der Werkzeugherstellung bis in unsere heutige Zeit ist auch eine Geschichte des menschlichen Geistes, der nicht nur durch kognitiv-abstraktes Denken bestimmt ist, sondern in dessen Anfängen von archaisch-animistischer Denkkraft getragen wurde. Wie drückt sie sich in der Technikentwicklung aus?

Der Rahmen dessen, was an Spirituellem während der Technikkreation einfloss, ist auch eine Frage des Verständnisses, was wir unter *Technik und Spiritualität* verstehen wollen. Es berührt das Grundverständnis von Technik, wenn es ausschließlich an Werkzeuge zur Herstellung verschiedenster vom Menschen gestalteter Artefakte gebunden wird. Es erweitert sich das Verständnis von Technik, wenn mit deren Herstellung zugleich die Lebenskultur des Menschen abgebildet wird. Letzteres ist gut zu erklären, wenn es unter das animistische Denken fällt, wie es zuvor im Kapitel über das erwachende Denken beschrieben wurde. Dabei soll die Technik als Verfahren der vom Menschen vorgenommenen Naturveränderung und -aneignung mit eingeschlossen sein. Jede technische Zeitepoche – z. B. die Jungstein-, Bronze- und Eisenzeit – ist immer auch eine Zeit menschlicher, d. h. gesellschaftlicher und kultureller Entwicklung.

Werkzeuge, in welcher Zeit auch entwickelt, sind geronnene, vergegenständlichte Erfahrungen des Menschen in Auseinandersetzung mit der Lebenswirklichkeit in dem tagtäglichen Bemühen, der Natur zu trotzen und sie für sich zu gewinnen. In ihnen stecken Wissen *und* Spirituelles. In der als Technik vom Menschen geformten Natur vereinigen sich Körperkraft, Geschick, Ideen *und* Spiritualität.

Wie viel an Spirituellem, in welcher Form, Art und Weise ist über die Jahrtausende der Technikentwicklung in den technischen Dingen wiederzufinden? Jeder vom Menschen verformte, veränderte, gestaltete Naturgegenstand trägt in sich Menschliches. Es ist vergegenständlichtes, mit Erfahrung und Kreation verbundenes Wissen. Doch wie viel an spirituell bestimmter Geisteskraft geht bei der Verformung der Natur ein?

Die Kraft des menschlichen Bewusstseins, aus ihr Erfahrung, Wissen, Kreativität zu schöpfen und mit deren Hilfe aus einem Naturrohling Gegenständliches zu formen oder aus dem Gedächtnis Erlebensbilder an die

Höhlenwand zu malen, mag bei dem Vormachen und der Nachahmung von eigener Spiritualität zu sein. Die Fähigkeit des Menschen, im Geiste Vorstellungen zu produzieren, eröffnet eine Gedankenwelt jenseits der gegenständlichen Erfahrungswelt.

Der Geist im Geiste (Bewusstsein) verwirklicht sich in der Lebenswelt und mischt, bringt sich in die äußere Welt von Mensch und Natur ein. Je mehr die Naturaneignung gemeinschaftlich erfolgte, desto mehr gewann das Spirituelle an Raum. Es war nicht mehr der Geist des menschlichen Individuums, der den Menschen trug; es etablierte sich ein kollektiver, von der menschlichen Gemeinschaft getragener Geist. Das Einzelbewusstsein floss in ein gemeinschaftliches Bewusstsein, in die Gemeinschaft kollektive Werte, von gemeinschaftlicher Sitte und Moral, die nun über Animismus und Transzendenz standen. War diese Raumerweiterung des Spirituellen auch mit der über Jahrtausende fortschreitenden Technikentwicklung verknüpft?

Die in der Entwicklung des Menschen – vom Homo habilis bis zum Cro-Magnon-Menschen waren Technikkulturen, in denen das Lernen als gewinnender individueller Gedächtnisbesitz seine Verbreitung fand. Insofern betrachte ich das Lernen, die Fähigkeit des Menschen zum Lernen als einen wichtigen Marker menschlicher Spiritualität. Das Lernen als individuelle und kollektive Geistesleistung, als Form der ideellen Wirklichkeitsaneignung führt zur neuerlichen, verbesserten, erweiterten Naturgestaltung und lässt den Gedanken aufkommen, dass Spirituelles im Spiel ist und sich in Inhalt und Form zu erweitern vermag.

Das erklärt, warum zu *Beginn menschlicher Kulturgeschichte* sich das Spirituelle in einem Vielgötterdenken und in den damit verbundenen Ritualen widerspiegelte. Die monotheistische Spiritualität entwickelte sich erst mit dem Auftreten der Weltreligionen. Selbst zur Zeit der Antike des alten Griechenlands, der Ägypter und Babylonier vor mehr als fünftausend Jahren gehörte die Vielgötterei zum Leben der Menschen. Das Sesshaftwerden, das Entstehen menschlicher Ansiedelungen, der Beginn einer Verstädterung vor etwa 12.000 Jahren, was der Technik einen neuerlichen Entwicklungsschub gab, kann als die Quelle eines erst viel später einsetzenden Theismus angesehen werden. Er brauchte zu seinem Werden die Metropolen- und wachsende Struktur- bzw. Klassenbildung in der Gesellschaft.

Der sich verfestigende Glaube an einen Gott stützte diese Entwicklung. Hinzu kamen der Gegensatz zwischen arm und reich; die Herrschaft von Völkern über andere, wie wir es insbesondere aus der Geschichte des Römischen Reiches kennen, war auch eine Reaktion der Menschen darauf, mit einer in ihr innewohnenden spirituellen Kraft sich dieser Herrschaft zu erwehren *und* gleichzeitig zu ertragen.

Das Spirituelle im Menschen hat sein Wesen und seine Funktion nicht verloren. Es veränderte sich in seiner inhaltlichen Ausrichtung. Nach einer langen Zeit der Gotteszugewandtheit verband der Mensch das Spirituelle mit der Natur, übertrug es später auf die Gesellschaft und konzentrierte das Spirituelle letztlich auch auf und *in* den Menschen selbst.

Der Mensch hat seit der Antike seine Natur- und Lebenswelt technisch immer mehr in den Griff bekommen. Die Bändigung des Wassers durch die Schifffahrt oder der Bau von Viadukten, prachtvollen Häusern, Straßen, Arenen, Kampfwagen und Waffen machte die Kraft des Menschen gegenüber dem Göttlichen erkennbar, ohne sich von ihm zu lösen. Das Schaffen des Menschen entwickelte zusehends eigene Kräfte und übertrug die Naturkraft über die Jahrhunderte von Generation zu Generation auf sich selbst. Das Göttliche stand nicht mehr nur über dem Menschen, sondern mit und in ihm.

Der Bau von Kultstätten und die Ausübung von Ritualen gehörten auch schon zur Zeit des archaischen Denkens vor mehr als 10.000 Jahren zur menschlichen Lebenskultur. Vor weniger als zweitausend Jahren nahm die Kraft der Institutionalisierung zu – und mit ihr die technische Möglichkeit Gotteshäuser zu bauen, die alles Bisherige übertrafen. Beredte Beispiele sind nach dem Zerfall des Römischen Reiches der Bau der Hagia Sophia (6. Jh. n. Chr.) im damaligen Konstantinopel, zuvor die Errichtung der Petersbasilika (um 324 n. Chr.) zu Ehren des Heiligen Petrus in Rom und die vielen Klöster und Kirchenbauten auf dem europäischen Kontinent. Sie sind vom Menschen geschaffene Abbilder des Göttlichen und menschliche Wirkungsstätten, in der sich beide Welten vereinigten.

Wissenschaft und Technik verfielen seitdem in einen tausendjährigen Schlaf. Es bewegte sich im Sinne des Wissens- und Technikzuwachses nur sehr wenig. Die Kraft des Spirituellen in Gestalt des Religiösen schien ungebändigt. Jede Abweichung von festgeschriebenen christlichen Glaubenssätzen wurde bestraft. Das sollte noch bis ins 17. Jahrhundert ein geschriebenes Gesetz der Kirche sein.

Damit war der heidnische, nicht christliche Glaube in anderen Lebensregionen nicht verbannt. Die Vielgötterei lebte in den germanischen Völkern noch über Jahrhunderte weiter, bis sich in Europa ab dem 12. Jahrhundert die Christianisierung durchsetzte.[170]

Das Spirituelle lag in göttlicher *und* menschlicher (weltlicher) Hand. Wer wusste, mit seinen Händen etwas anzufangen, mit ihnen Neues zu schöpfen, der wusste auch, dass er mit der Hand Göttliches (Besonderes, Faszinierendes, Außergewöhnliches) vollbrachte und auf diesem Wege den alltäglichen Lebensdingen göttliche Kraft einhauchen konnte.

Die Waffen der Kämpfer und Soldaten wurden vergöttlicht und ihnen außergewöhnliche Kräfte zugesprochen. Sie wurden mit Hilfe der Götter (des Gottes) geheiligt, gesegnet, damit dessen Geist, Mensch und Schwert im Kampf gegen den Feind *eins* werde. Das sagenumwobene Schwert Excalibur um König Artus oder der Heilige Kelch, den der Apostel Petrus aus dem Abendmahl nach Rom gebracht haben soll, sind nur zwei Beispiele von vielen, wie Technik und Kunst in einem spirituellen Kontext eingebunden werden. All das war nur möglich, weil der Mensch fähig ist zu einer derartigen Kreation, die er zu seinen Gunsten als Kraft zur Beherrschung seiner Lebenswirklichkeit einzusetzen vermochte. Er war sich dieser Möglichkeit des Verbindens und der Nutzung bewusst. Die Herstellung einer derartigen Verknüpfung liegt im Wesen der Natur des Menschen. Sie zeigt den Menschen in seiner Kraft und dem Willen, seine Lebenswelt beherrschbar zu machen und zugleich in dem Bewusstsein, in seinen Grenzen und seiner Fragilität leben zu müssen.

Mit der *Renaissance seit dem 15. Jahrhundert*, in jener Zeit, in der Wissenschaft und Technik, Kunst und Kultur, das aufstrebende Bürgertum

---

[170] Der Blick auf die Geschichte von Technik und Spiritualität ist verkürzt dargestellt. Andere Lebensregionen, z. B. die Hochkulturen in Asien, insbesondere in China, sind ausgeklammert. Selbst heute gibt es Regionen in unserer Welt wie in Südamerika, Afrika und Asien, in denen Stämme leben, die ein Vielgötterverständnis haben und ihr Leben danach ausrichteten. Diese Auslassungen werden meinem Anliegen, eine Geschichte von Technik und Spiritualität zu verfolgen, keinen Abbruch tun.

und Finanzwesen sich ihren Platz in der Gesellschaft zunehmend eroberten, hatte die Spiritualität unter den Menschen keineswegs an Einfluss eingebüßt. Der Papst und mit ihm das Christentum waren fest im gesellschaftlichen Leben der Menschen in Europa verankert. Das Christentum schickte sich an, mit der gewachsenen technischen Möglichkeit per Schiff die Welt zu erobern. Mit der Technikentwicklung, der vorangeschrittenen technischen Mobilisierung nahm die Globalisierung an Fahrt auf und mit ihm die Verbreitung eines Theismus.

Wissenschaft und Technik waren nicht mehr aufzuhalten. Das aufstrebende Bürgertum sah die Chance, neuerliche technische Kreationen in Profit zu wandeln. Nikolaus Kopernikus (1473–1543), Giordano Bruno (1548–1600), Galileo Galilei (1564–1642), Johannes Kepler (1571 – 1630), Isaac Newton (1643–1727) waren jene, die das christliche Welt- und Menschenbild ins Wanken brachten. Die Kirche stellte sich mit aller Macht dagegen; als Ketzer benannt und verfolgt landeten nicht wenige Menschen, die der Kirche nicht folgten, auf dem Scheiterhaufen und wurden verbrannt. Die Hexenverfolgung in Deutschland wurde noch bis ins 18. Jahrhundert hinein praktiziert.[171]

Der wissenschaftliche und technische Fortschritt im 18. Jahrhundert stellte die Wirtschaft und Gesellschaft auf einen Boden grundsätzlich neuer Entwicklung. Die Mechanisierung als Ausdruck technikgebundener Gesellschaftsentwicklung war nicht mehr aufzuhalten. Die Zeit der philosophischen Aufklärung setzte sich durch und bestimmte immer mehr das Leben. Die englischen Philosophen Francis Bacon (1561–1626) und David Hume (1711–1776), die französischen Aufklärer um René Descartes (1596–1650), Jean-Jacques Rousseau (1712–1778), Denis Diderot (1713–1784), der niederländische Philosoph Baruch de Spinoza (1632–1677) und ebenso zu erwähnen Immanuel Kant (1724–1804), der mit seinem philosophischen Konzept den Streit zwischen den englischen Sensualisten

---

[171] Der Höhepunkt der Hexenverfolgung in Europa liegt zwischen Mitte des 16. und 17. Jahrhunderts. Im April 1756 wurde die 15jährige Veronika Zeritschin als letzte Hexe verbrannt, nachdem sie zuvor geköpft war. 1775 wurde Anna Maria Schwengelin wegen Teufelsbuhlschaft als letzter Hexe in Kempten der Prozess gemacht. Ca. vierzigtausend Menschen fielen in Deutschland der Hexenverfolgung zum Opfer. (sh. Wikipedia – Hexenverfolgung)

und Empiristen einerseits und den Rationalisten um René Descartes versöhnlich beenden wollte, waren die Wegbereiter für ein aufstrebendes, aufgeklärtes Bürgertum, das die Geschicke der neuen Gesellschaft in die Hand nahm.

Der Theismus, wenn auch nicht durchgängig im Alltag und in der Bevölkerung, geriet immer mehr auf den Prüfstand. Der Zweifel wurde zur philosophisch-erkenntnistheoretischen Methode, die von Gott bestimmte Spiritualität in Frage zu stellen. Die Mechanisierung des gesellschaftlichen Lebens verdrängte das tradierte Gottesbild und beförderte den Blick auf Technik *und* Natur. Zu jener Zeit veränderte sich das Gottesverständnis – weg vom Theismus hin zum Deismus[172]. Im engen Zusammenhang mit der Aufklärung des 17. und 18. Jahrhunderts formierte sich zudem der Pantheismus: Das Göttliche befinde sich nicht außerhalb des Weltlichen, sondern in ihm, in der Natur. Gott *ist* Natur. Die Natur *ist* göttlich. Die Natur lebt in und mit dem Spirituellen.[173]

Während sich die Aufklärung und ein pantheistisches Gottesverständnis eher in der gebildeten Schicht der Bevölkerung etablierte, blieb für das immer mehr in die Stadt drängende Volk das tradierte Gottesbild unverändert. Ein Leben in Armut wurde als Schicksal und Gottes Wille angenommen. Der Trost wurde durch Beten, Reue durch Buße, aufgeladene Schuld durch Beichten oder tradiert durch Gänge in die Gotteshäuser gesucht.

Auf der einen Seite stand das Ertragen bzw. Erdulden des eigenen Lebensschicksals mit Hilfe von tief verinnerlichter Spiritualität bzw. göttlichem Glaube und auf der anderen wuchs die Kapitalisierung der Gesellschaft, die durch die Technikentwicklung und mit ihr die wachsende Kapi-

---

[172] Während der Theismus von einem Verständnis eines personifizierten Gottes als Schöpfer und Lenker der Welt ausgeht, ist mit dem Deismus eine Auffassung von Gott verbunden, nach der die Welt von Gott geschaffen wurde, jedoch keinen weiteren Einfluss auf das Geschehen ausübt.

[173] Der Pantheismus steht in seiner (dialektischen) Aufgehobenheit (im Sinne der Negation von G. W. F. Hegel) in Verbindung mit dem Animismus. Während der Animismus die Natur mit Göttern, Dämonen und Geistern durchdrungen und belebt sieht, ist im Pantheismus die naturgebundene Vielgötterei aufgehoben. Stattdessen repräsentiert die Natur das Göttliche für sich. Der Pantheismus ist naturgebundener Monotheismus.

talbildung vorangetrieben wurde.

Das 19. Jahrhundert leitete den *Übergang von der Mechanisierung zur Industrialisierung* ein. Das Proletariat begann sich gegen diese Entwicklung zu stellen. Maschinenstürmerei, folgende Aufstände und Revolutionen waren keine Proteste gegen eine allgegenwärtige Gottesauffassung, die es weder zu reformieren noch zu beseitigen galt. Sie waren zum einen Bilder, in denen der Technikentwicklung die „Schuld" für das aufkommende Elend zugeschrieben wurde. Die neue Technik, was nicht Gottes Wille sein konnte, wurde als ein abzuschaffendes Teufelswerk betrachtet. Zum anderen waren die Reste der feudalen Gesellschaft, inklusive Leibeigenschaft, zu beseitigen. Was für ein schwer auszuhaltender Gegensatz, das eine zu wollen und das andere nicht zu haben, wo doch Industrialisierung und Kapitalisierung in der Geschichte der Gesellschaftsentwicklung unauflösbar zusammengehören. Doch wer vermochte, diesen Zusammenhang zu rezipieren.

Im Zuge der weiteren gesellschaftlichen Entwicklung, die mit dem technischen Fortschritt von der *Automatisierung zur Digitalisierung* einherging, schwand nicht das im Menschen tief verankerte Gottesbild. Spirituelles gehörte – und das bis heute – zur Lebenswirklichkeit und ist für den Menschen das Medium für Rückzug, Trost und Wirklichkeitsbewältigung geblieben. Insofern gibt es keinen Grund – und es erscheint auch sinnlos – zwischen der wachsenden Industrialisierung und Digitalisierung einerseits und der im Menschen verinnerlichten Spiritualität andererseits einen unmittelbaren, kausalen Zusammenhang herzustellen. Und dennoch gibt es Verknüpfungen im menschlichen Denken selbst, die mit der Technikentwicklung bis hin zur Digitalisierung in Verbindung gebracht werden können. Das führt mich zu der eher spekulativ anmutenden Frage: Ist das Spirituelle im Menschen ein Moment der Anwandlung zur Umwandlung vom Analogen zum Digitalen? Inwieweit kann davon ausgegangen werden, dass die menschliche Spiritualität an der Technikentwicklung, einschließlich der Digitalisierung, beteiligt ist? Um diese Fragen zu beantworten, ist für das Verständnis eines Zusammenhangs zwischen *Technikentwicklung und Spiritualität* ein erneuter Rückgriff auf die Geschichte des Denkens erforderlich.

Obwohl der technische Fortschritt in der Biologie (physisch, geistig) des Menschen begründet ist, eilte dieser in der Zeit des Cro-Magnon-Menschen vor ca. dreißigtausend Jahren davon. Die Technikentwicklung verselbstständigte sich immer mehr. Der Gleichklang im Fortschritt von Mensch und Technik löste sich immer mehr auf.[174] Wirkungskräfte gaben der Technikentwicklung eine eigene Dynamik.

Obwohl *Körper und Geist des Menschen* in ihm eins sind, so sind sie zugleich von Natur unterschiedlicher Qualität: materiell in der Physis, ideell im Bewusstsein. So sehr Technikentwicklung ein Produkt menschlicher Körper- *und* Geisteskraft ist, so sehr war es auch die bedürfnisgebundene Kreativität des Menschen, die die Technikentwicklung immer mehr vorantrieb. Die vorauseilende Technik blieb für das Zusammenleben der Menschen nicht ohne Folgen. Sie gab einerseits den Menschen mehr Rückhalt in der Wirklichkeitsbewältigung, in der Aneignung und Nutzung der Natur. Andererseits forderte die Technikentwicklung den Menschen zunehmend heraus, deren Beherrschung in den Griff zu bekommen. Das war insofern nicht einfach oder gar nicht gegeben, wenn sie nicht erlernt, sozialisiert und kulturell vererbt wurde.

Die Technikentwicklung verfängt sich in doppelter Weise in Spiritualität. Zum einen wird mit einem fehlenden Gleichklang zwischen Technikentwicklung und Sozialisationsniveau Spiritualität befördert. Der Umstand ist weitestgehend darin begründet, dass die Technikentwicklung (Werkzeugherstellung) anfänglich über Jahrtausende eine Kreation des *einzelnen* Menschen war und blieb. Die erworbenen Erfahrungen (Wissen) über die Herstellung von Werkzeugen (Technologie) wurden nicht weitergegeben. Die starke Integration von Mensch als Individuum und Natur war durch ein starkes animistisches Denken im archaischen bestimmt.

Zum anderen haben wir es auch damit zu tun, dass die Zunahme kollektiver Lebensbewältigung, an Bedarfen und Bedürfnissen, die Technikentwicklung beflügelte. Das machte sowohl einen höheren Lernaufwand als auch eine gebrauchsfähige Wissensvermittlung erforderlich. Das wiederum hatte mehr soziale Abhängigkeiten zur Folge, so dass Regeln des Zusammenlebens mit Ge- und Verboten immer wichtiger wurden. Hierin ist eine weitere Quelle spirituellen Denkens und Verhaltens zu finden. Die Rituali-

---

[174] Vgl. F. Klix, a .a. O., S. 144, 148 f.

sierung und Symbolbildung fanden als Ausdruck gemeinschaftlichen Geistes ihren Zugang ins spätere kollektive menschliche Bewusstsein. Die Tür zur spirituell gebundenen sittlichen Gemeinschaft als kulturelle Lebensform war geöffnet.[175]

Jede Technikentwicklung setzt die menschliche Wahrnehmung und Erfahrung, das Wissen über die Natur, die Fähigkeit und Fertigkeit zur Naturveränderung voraus. Jeder Technikfortschritt geht nicht ohne das *Lernen*. Er benötigt das unaufhörliche Lernen von Mensch zu Mensch – ein Lernen über sich selbst, das Zusammenleben und die Natur, über das Herstellen und den Gebrauch von Werkzeugen.

Das im Menschen *natürlich angelegte* Potenzial zur Spiritualität, mit Hilfe des menschlichen Bewusstseins Gedankenbilder zu erzeugen, die von der äußeren Lebenswirklichkeit weit entfernt, irreal sind, ist eine *kreative* Kraft, die sowohl der Technikentwicklung als auch der menschlichen Lebens- und Technikbewältigung zugutekommt. Darauf baut sich eine vom Menschen *erworbene* Spiritualität auf, die sich in Ritualen, Verhaltensweisen und in der Herstellung von Bildern, Zeichen, Symbolen und Gegenständen zeigt. Hier lässt sich eine Verbindung zum Animismus herstellen. Jene Spiritualität war durch das Lernen bestimmt und geprägt. Ist sie erlernt und damit verinnerlicht, verliert sie ihren ursprünglichen, natürlichen Charakter, wird sie Gedanke, Verhalten, gefestigtes, sozialisiertes Ritual. Ist sie als Ritual gespeichert, wird das Erlernen weniger.

Spiritualität braucht keine kognitive Leistungssteigerung. Sie benötigt in ihrer Existenz keine Technikentwicklung, auch wenn sie sie bedingte. Die Spiritualität ist von eigener Qualität. Auch wenn sich das Spirituelle (Ritual, Equipment, Verhalten) im Laufe der Geschichte der Gesellschaft veränderte, so ist es im Grunde in Wesen und Funktion beständig geblieben.

Die Spiritualität greift auf assoziative Gedächtnisleistungen zurück. Anders formuliert: Das assoziative Denken ist der Nährboden für das Menschlich-Spirituelle. In dem Moment, wo Kognition (assoziatives Denken) mit Kommunikation (Sprach- und Zeichenbildung) zu den wichtigsten Quellen für das Entstehen höherer intellektueller Prozesse wurden, war

---

[175] Vgl. Philosophie Magazin, Thema Hegel, Sonderausgabe Nr. 24/2023, S. 34 f.

die Grundlage für die Spiritualität gelegt. Die Macht der Natur über den Menschen, das handwerklich Gelernte, die Faszination über das, was Mensch aus der Natur für sich zu leisten vermochte, trugen wesentlich zur Spiritualität bei.

Der Mensch brauchte, um überleben zu können, einen anpassungsfähigen Informations- und Kommunikationsaustausch. Die Resultate des assoziativen Denkens flossen mit ein.

Der Mensch entfernte sich von der Natur, d. h. er löste sich aus der Naturentwicklung und ging seinen eigenen (gesellschaftlich-technischen) Weg. Im Zuge dessen verselbstständigte sich auch das Spirituelle; spätestens mit dem monistischen Theismus ging der Mensch eigene, vom ihm bestimmte Wege.

Die Eigengesetzlichkeit der Signalbildung nimmt mit dieser Entwicklung immer mehr die Gestalt von Zeichen an, die die Grundlage für das vom Menschen Abstrakte legten – einschließlich für ein monistisches Gottesverständnis. Die Abwendung von der Vielgötterei (Polytheismus) hin zu *einem* Gott (Monotheismus) forderte von dem Menschen ein hohes Allgemeinverständnis und eine adäquate Abstraktionsfähigkeit ab. Da das gegeben war, ist es historisch begründet und nachvollziehbar, dass das Viel-Götter-Bild dem Ein-Gott-Verständnis wich. Es war eine natürliche Folge der menschlichen kognitiven Geistes- und Gesellschaftsentwicklung.

Der Schluss des Gedankens ist, dass das menschliche Denken zur Zeit des archaischen Denkens über die vielen Jahrtausende in zwei Richtungen verlief: Es nahm den Weg des Rationalen und Wirklichkeitsgebundenen *und* den des Magischen, Suggestiven, an den Glauben gebundenen.

Liegt dann nicht die Überlegung nahe, dass das Analoge *und* Digitale gleichermaßen vom Spirituellen *und* Abstrakten beseelt ist? Im Kapitel I des ersten Teils wurde der diskursive Anfang zu dieser Frage gemacht. Er wird im Kapitel VI des zweiten Teils des Buches über die wechselseitige Einflussnahme von Spirituellem und Digitalem fortgeschrieben.